西藏文化传承发展协同创新中心系列丛书

西藏融入"一带一路"的历史与现实研究

刘 凯 ◎ 主编
陈敦山 ◎ 副主编

·广州·

版权所有 翻印必究

图书在版编目（CIP）数据

西藏融入"一带一路"的历史与现实研究/刘凯主编，陈敦山副主编．—广州：中山大学出版社，2019.7
（西藏文化传承发展协同创新中心系列丛书）
ISBN 978-7-306-06659-6

Ⅰ．①西⋯　Ⅱ．①刘⋯②陈⋯　Ⅲ．①"一带一路"—地方史—研究报告—西藏　Ⅳ．①K297.5

中国版本图书馆 CIP 数据核字（2019）第 143015 号

XIZANG RONGRU YIDAIYILU DE LISHI YU XIANSHI YANJIU

出 版 人：	王天琪
策划编辑：	嵇春霞
责任编辑：	李艳清　粟　丹
封面设计：	曾　斌
版式设计：	曾　斌
责任校对：	罗雪梅
责任技编：	何雅涛
出版发行：	中山大学出版社
电　　话：	编辑部 020-84111996，84113349，84111997，84110779
	发行部 020-84111998，84111981，84111160
地　　址：	广州市新港西路 135 号
邮　　编：	510275　　　传　真：020-84036565
网　　址：	http://www.zsup.com.cn　　E-mail:zdcbs@mail.sysu.edu.cn
印 刷 者：	虎彩印艺股份有限公司
规　　格：	787mm×1092mm　1/16　15 印张　239 千字
版次印次：	2019 年 7 月第 1 版　2019 年 7 月第 1 次印刷
定　　价：	52.00 元

如发现本书因印装质量影响阅读，请与出版社发行部联系调换

目录

前言 …………………………………………………………… 1

川藏"茶马古道"及其文化价值研究 …………… 王 川 温文芳 / 1

唐蕃古道沿线文物遗存考古调查与价值评估…… 席 琳 余小洪 / 49

"一带一路"背景下的西藏边疆建设与边疆治理研究

………………………………… 孙 勇 朱金春 王思亓 / 102

"面向南亚开放重要通道"建设的对策研究

………………………………… 狄方耀 谭天明 毛阳海 / 145

西藏融入"一带一路"的历史基础与现实任务

………………………………………… 牛治富 崔海亮 / 184

前　言

2015年3月28日，国家发展和改革委员会、外交部、商务部联合发布了《推动共建丝绸之路经济带和21世纪海上丝绸之路的愿景与行动》（简称《愿景与行动》），这是关于"一带一路"建设的最重要的顶层设计和规划，使"一带一路"建设开始加速推进。2017年5月14日至15日，"一带一路"国际合作高峰论坛在北京成功举行。与会代表约1500人，来自五大洲130多个国家和70多个国际组织，其中有29位外国国家元首、政府首脑和3位重要国际组织负责人出席圆桌峰会。此次高峰论坛成为"一带一路"建设和国际合作进程中的一座里程碑。2016年，中国与"一带一路"沿线国家的进出口总额为6.3万亿元人民币（9535.9亿美元），占当年中国进出口总额的25.7%。到2017年6月底，"一带一路"成员国增至80个。

《愿景与行动》赋予了全国18个省、自治区及一些省区的重要区域具体的任务，其中赋予西藏的战略任务是"推进西藏与尼泊尔等国家边境贸易和旅游文化合作"。中央第六次西藏工作座谈会提出"把西藏打造成为我国面向南亚开放的重要通道"。国家《沿边地区开发开放规划（2011—2020）》中规划的"三圈三带"包括西藏可以参与的环喜马拉雅经济合作带和西南国际经济合作圈。《西藏自治区"十三五"时期国民经济和社会发展规划纲要》（简称"西藏自治区'十三五'规划纲要"）集中体现了相关目标任务，为"建设国家面向南亚开放的重要通道"，"主动融入丝绸之路经济带和'孟中印缅经济走廊'，推进'环喜马拉雅经济合作带'建设"。

由于西藏在国家"一带一路"建设和"治边稳藏"战略中的重要地位和承担的重要任务，西藏参加"一带一路"建设的伟大实践急需理论指导。有鉴于此，西藏民族大学2011西藏文化传承发展协同创新中心（简称"本中心"）组织一批校内外专家实施了关于"一带一路"和面向南亚开放的重要通道建设的系列课题，各课题组分赴西藏各地，广泛深入地开展实地调查，形成多篇调研报告、咨询报告或成果要报，上报给自治区党政部门后产生了积极的反响,各课题组在此基础上完成了多篇高质量的课题研究报告。本中心按照原创性、实用性的标准,从众多研究报告中精选出 5 篇优秀报告结集出版,它们是:《川藏"茶马古道"及其文化价值研究》(王川、温文芳)、《唐蕃古道沿线文物遗存考古调查与价值评估》(席琳、余小洪)、《"一带一路"背景下的西藏边疆建设与边疆治理研究》(孙勇等)、《"面向南亚开放重要通道"建设的对策研究》(狄方耀等)、《西藏融入"一带一路"的历史基础与现实任务》(牛治富、崔海亮)。我们将这本书命名为《西藏融入"一带一路"的历史与现实研究》,这是国内首部研究西藏融入"一带一路"的著作,具有重大学术价值和现实意义。

本书可以为专家学者研究西藏融入"一带一路"问题提供借鉴,可以为政府部门开展"一带一路"建设提供理论支持,也可以为民族院校研究生、本科生了解西藏经济对外开放和区域经济布局提供帮助。受编者水平等因素影响,书中难免存在纰漏,敬请广大读者斧正。

编 者

2017 年 12 月 31 日

川藏"茶马古道"及其文化价值研究[①]

王 川 温文芳[②]

一、"茶马古道"的历史沿革

(一)"茶马古道"得名由来

"茶马古道"概念的提出源于学界对茶马互市历史的认知,最早于20世纪90年代初由木霁弘、陈保亚、李旭、王晓松、李林等6名青年学者提出。"茶马古道"首先是一个学术专名和特殊的文化概念,具体来讲,"茶马古道"是以滇藏川三角地带为中心,以茶马互市为主要商业行为,伸向中国内地、印度、东南亚的古代文明古道。"茶马古道"的概念是在茶马互市的历史背景下提出的。茶马互市的形成有3个前提条件:一是盐业运输,古老的盐业造就了茶马互市的道路物质基础;二是佛教传播路线的改变,中亚伊斯兰教的兴起阻止了佛教原先的传播途径,佛教改由西南传入中国内地,这是"茶马古道"得以延续的精神支柱;三是藏族聚居区对茶叶的巨大需求,茶叶在唐代中后期时已经在吐蕃上层非常盛行,西藏巨大的茶叶需求为茶马互市绵延几千年的历史奠定了坚实的基础。

"茶马古道"是一个有着深厚历史文化内涵的概念,有广义和狭义之分。广义的"茶马古道"是指自古以来存在于青藏高原、川西高原和云贵高原及其周边地区的原始古道。"茶马古道"的兴起经历了不同的原始形态,包括直立人古道、早期智人古道、晚期智人古道、新石器古道、民族古道、盐运古道和马帮古道。这些古道的原始形态是茶马古道兴起的必

[①] 本研究报告系王川教授承担的2011西藏文化传承发展协同创新中心(西藏民族大学)2016年重点招标课题"川藏'茶马古道'及其文化价值研究"的阶段性研究成果。

[②] 作者简介:王川,男,四川师范大学教授,博士生导师;温文芳,女,西藏民族大学副教授。

要条件。① 狭义的"茶马古道"是指从唐朝以来的古道。由于唐宋以后在这条古道上贸易的代表性商品是茶和马，故称之为"茶马古道"，"茶马古道"这一概念实际上是借用历史上唐宋以来实际存在的茶马互市的史实而命名的。茶马贸易是指唐宋以后中国内地农业地区与西南边疆游牧地区之间进行的以茶和马为代表性商品的贸易。②

本课题研究对象的空间范围是四川省、西藏自治区，时间范围是唐朝至今，所论述的川藏"茶马古道"属于狭义的概念。

（二）"茶马古道"历史沿革

（1）"茶马古道"的形成。

"茶马古道"以茶马互市为主要内容。内地与边疆的生产、生活方式差异的存在促使了茶马互市的产生，在早期古道的基础上形成了特色明显的"茶马古道"。同时佛教在中国传播路线的改变也是茶马古道形成的客观条件。

我国是世界上种茶、制茶和饮茶最早的国家。起初，茶只是作为一种药材，到了西汉时期开始作为饮料，在魏晋南北朝时期，汉地已经普遍形成饮茶习惯。唐朝后期饮茶的风气盛行，一些城市出现了茶馆，茶树广泛种植于南方多地，制茶业亦具相当规模，饮茶的习惯至唐代已极为普遍。

我国藏族群众生活在海拔3000米以上的高寒地区，糌粑、奶类、酥油、牛羊肉是藏族群众的主食。高寒地区的人们需要摄入较多含热量高的脂肪，但该地区缺乏蔬菜，糌粑又燥热，过多的脂肪在人体内不易分解，因此《滴露漫录》等古籍称"其腥肉之食非茶不消，青稞之热非茶不解"。茶叶既能够分解脂肪，又能防止燥热，因而藏族群众在长期的生活中形成了"宁可一日不食，不可一日无茶"的饮食习惯，但藏族聚居区不产茶，只能用兽皮、药材和马匹从四川及云南换回茶叶。在内地，民间役使和军队征战都需要大量的骡马，而藏族聚居区和川、滇边地则产良马。于是，具有互补性的茶和马的交易即"茶马互市"应运而生。这样，藏族聚居区和川、滇边地出产的骡马、毛皮、药材等和川、滇及内地出产的茶叶、布匹、盐和日用器皿等在横断山区的高山深谷间南来北往，流动

---

① 参见陈保亚《论茶马古道的起源》，载《思想战线》2004年第4期。
② 参见张永国《茶马古道与茶马贸易的历史与价值》，载《西藏大学学报》2006年第2期。

不息,并随着社会经济的发展而日趋繁荣,形成一条延续至今的"茶马古道"。

同时,"茶马古道"的兴起也与佛教在中国的传播路线的改变有关。佛教在陆路上的传播路线最初主要沿中国西北的丝绸之路东渐。公元前80年左右,印度佛教经由克什米尔,越过葱岭,传入西域于阗地区。西行求法的法显出行取丝绸之路,返回取海路,唐玄奘往返都是取丝绸之路。《旧唐书》的《西戎传》较早地记录了这一事实:龙朔(公元661—663年)初,大食"击破波斯,又破拂菻,始有米面之属。又将兵南侵婆罗门,吞并诸胡国,胜兵四十余万"①。"大食"即阿拉伯帝国,"拂菻"即东罗马帝国(拜占庭帝国),《旧唐书》的记载说明信奉伊斯兰教的阿拉伯帝国已经进入中亚和印度一带。随着信奉伊斯兰教的阿拉伯帝国兴起,北方丝绸之路上的佛教传播开始受阻。《大唐西域求法高僧传》记载玄照法师第二次到印度未归的理由,进一步证实了丝绸之路受阻的情况:"但以泥波罗道吐蕃拥塞不通,迦毕试途多氏捉而难度。遂且栖志鹫峰,沈情竹苑。"②西北佛教传播路线受阻后,当时的许多高僧也积极寻找新的陆路传播路线,故而出现了佛教陆路西南转向的路线,主要为唐蕃古道、蜀身毒道、滇藏道和川藏线。川藏线上有关早期佛教传播的情况主要反映于一些佛教寺庙。例如,雅安永兴寺始建于唐,地处雅安市蒙山西麓,是以汉传佛教为主的佛寺。康定塔公寺修建于公元7世纪中叶,塔公寺后来是藏传佛教萨迦派(俗称"花教")俄尔巴传承寺院。康定南无寺位于康定县城南,是著名的黄教寺庙,北宋年间建,原为藏传佛教中的一座白教寺庙,建于今跑马山。以上是川藏线上始于唐宋时代的佛寺。

由以上内容可见,川藏线从唐代开始已不同程度地成为佛教的重要传播路线,这也反映出在"茶马古道"的形成过程中,佛教传播向西南转向也起了不可忽视的作用。随着伊斯兰教不断东渐,迫使佛教对西南陆路传播路线的依赖更强。"茶马古道"的形成也有利于佛教的传播。

有学者提出:直立人古道、早期智人古道、晚期智人古道、民族古道、盐运古道和马帮古道是"茶马古道"的原始形态,没有这些早期古道,就没有"茶马古道"的兴起和繁荣。"茶马古道"是对盐运古道和马

---

① 刘昫:《旧唐书》卷198《西戎龟兹传》,中华书局1975年版。
② 义静:《大唐西域求法高僧传》,王邦维点校,中华书局1981年版,第17页。

帮古道的直接继承和扩展。① 由于"茶"和"马"两个因素的组合，就使盐运古道和马帮古道转换成了"茶马古道"，并且逐渐向周围扩展，形成辐射范围极广的茶马古道。

(2)"茶马古道"的发展。

A. 唐朝。

唐代饮茶盛行，"溺之甚，穷日尽夜，殆成风俗"②，甚至达到了"茶为食物，无异米盐，于人所资远近同俗，既祛竭乏。难舍斯须，田间之间，嗜好尤切"③。内地饮茶习俗也随着唐王朝对外经济文化的不断交流传到了周边的少数民族地区，吐蕃就是深受饮茶文化影响的一个部落。

自唐永徽元年（公元650年）至长庆元年（公元821年）的170余年间，唐朝与吐蕃边界摩擦不断。双方的斗争主要集中在4个地区：一是吐谷浑；二是西域之安西4镇；三是南诏；四是唐朝本土的河陇之地。《旧唐书》载："西戎之地，吐蕃是强。蚕食邻国，鹰扬汉疆。"④ 频发的战争使双方贸易不能正常开展，因而极大地制约了输藏茶叶的数量，也影响了饮茶习俗在西藏的普及。此时，茶只供王室和贵族享用，普通人民尚未形成饮茶之风。吐蕃上层虽拥有了唐朝名茶，却不知道当时的煮茶法，茶在当时主要是王室作为珍贵的保健药收藏，并没有成为广大藏族群众生活的日常所需。

到了晚唐，唐朝与吐蕃进入和睦相处时期，这就使汉藏民族经济、文化交流有了长足的发展。同时，由于战争状态的结束，为茶叶大量输入藏族聚居区创造了条件，这就为藏族群众饮茶之风的形成提供了物质基础。吐蕃王朝的热巴巾赞普开展了空前的尊佛运动，推行了"七户养一僧"的制度，藏族聚居区的僧人脱离生产，专事修行，对于每日打坐诵经的僧人来说，茶的提神、"涤烦疗渴"的作用尤其重要。在这一时期，又有大批汉族禅僧来藏传法或经吐蕃去印度求法，他们将内地烹茶的方法和饮茶的习俗传给了藏族聚居区的僧人。据《汉藏史集》记载，"对于饮茶最为精通的是汉地和尚，此后噶米王（即赤松德赞）向和尚学会了烹茶，米

---

① 参见陈保亚《论茶马古道的起源》，载《思想战线》2004年第4期。
② 封演：《封氏见闻记》卷6。
③ 刘昫：《旧唐书》卷173《李珏传》，中华书局1975年版，第4503页。
④ 刘昫：《旧唐书》卷198《西戎龟兹传》，中华书局1975年版，第5303页。

扎贡布又向噶米王学会了烹茶，这以后便依次传了下来"。由于藏族群众对喇嘛向来十分崇敬，因此喇嘛们的饮茶习惯极易被人效法。

吐蕃王朝的最后一位赞普朗达玛"灭佛"以后，大量僧侣被迫还俗，遂将在吐蕃上层流行的饮茶之术传到了吐蕃民间。"务于不寐，又多不夕食，皆许其饮茶，人自怀挟，到处煮饮。从此辗转相仿效，遂成风俗。"① 茶叶在吐蕃大众中的传播如星星之火，很快便有了燎原之势，成为藏族的一种习俗。为了加强对茶叶的管理，唐朝制定了专门的茶叶贸易的政策。其一是实行专门的"茶马互市"。开元十九年（公元 731 年），唐朝允许茶马互市在赤岭（即今青海湖东面的日月山）进行。其二是实行茶税。据记载，"茶税开始于唐德宗建中三年（公元 782 年）九月，与漆、木、竹、商钱并税"②。其三是实行"榷茶制"。《旧唐书》记载："五涯献榷茶之利，乃以涯为榷茶使，茶之有榷税自涯始也。"唐朝实行"榷茶制"的目的就是把茶叶的经营置于官府的垄断之下，严禁私茶贸易。至赤松德赞时期，藏族聚居区即以马匹大量换取内地的茶叶等物资，茶马贸易开始发展起来。吐蕃为了加强对茶叶贸易的管理，派专人负责经营汉藏茶叶贸易，称为"汉地五茶商"③。总的来看，唐朝的茶马贸易处于形成和开拓阶段，政府对贸易的经营和管理不健全，贸易的形式主要是"贡""赐"的形式，贸易的数量呈急剧扩大之势，贸易的区域包括西部的大部分地区。所有这些特点都为茶马贸易在宋朝的大兴奠定了基础。④

B. 宋朝。

由于宋朝高度重视茶马贸易，茶马贸易开始大兴起来，"茶兴于唐而盛于宋"。宋朝建立后实行高度集权的中央统治，除了统一军权和政权以外，还实行了一系列财权集中措施，"聚兵京师，外州无留财，天下支用，悉出三司"⑤。但是，宋朝的财政支出远远大于财政收入，主要是因为需支出的官俸、军费多，交与外族的岁币多。

---

① 封演：《封氏闻见录》卷 2。转引自王川《茶与藏族文化》，见王川《拉萨河畔 60 日：拉萨河流域的自然生态与人文景观》，广东人民出版社 2001 年版，第 292 页。
② 吕思勉：《隋唐五代史》，上海古籍出版社 2005 年版。
③ 保沃祖拉廷瓦：《智者喜筵》，西藏山南洛扎版。
④ 参见张永国《茶马古道与茶马贸易的历史与价值》，载《西藏大学学报》2006 年第 2 期。
⑤ 脱脱：《宋史》卷 179《食货志》第一百三十二，中华书局 1977 年版。

同时，宋代茶马互市的兴盛还与宋朝的国防军事需要有密切的联系。借鉴唐朝"国家大事在戎，戎之大事在马"的历史经验，熙宁七年（公元1074年），熙河路经略使王韶奏神宗曰："西人颇以善马至边，其所嗜唯茶，而乏茶与之为市，请趣买茶司买之。"①宋朝还试图借茶叶笼络外族，《宋会要·食货》载："祖宗设立互市之法，本以羁縻远人。"出于以上的多重目的，宋神宗采纳王韶的建议，决定实行茶马互市制度，派李杞入蜀筹办此事，朝廷给予"茶马互市"格外的重视。

宋朝通过设置茶马司管理茶马贸易。宋神宗熙宁七年（公元1074年），宋朝派"李杞入蜀，经画买茶，于秦、凤、熙、河博马"。李杞提出"卖茶买马固为一事也，乞同为提举买马"②。元丰四年（公元1081年），群牧判官郭茂恂又提出："茶司既不兼买马，遂立法以害马政，恐误国事，乞并茶马司为一司。"③ 之后，茶场司和买马司合并，更名为都大提举茶马司，统一管理川茶的运输、销售和买马事务。为了保证康藏的茶叶供应，以方便实施茶马互市的国策，宋户部郎中黄廉元祐元年（公元1086年）上奏"禁南茶勿入陕西，以利蜀货"④。为保证茶马互市政策的贯彻执行，宋朝在成都府路和陕西府路设置了数十个买茶场和卖茶场；熙宁八年（公元1075年），在熙河路设置了6个买马场，后又在四川的黎州、雅州、泸州等地增设买马场。

宋朝的茶马贸易较之唐朝有了长足的发展和进步，体现在对贸易经营和管理的制度化和系统化上，贸易的数量也在进一步增加。同时，茶引制度的出台促使茶马贸易进入了较成熟的发展时期。茶马贸易将过去的用绢帛、金银、钱币相兼的商品交换的贸易形式变成具有官营垄断特点的以茶换马的物物交换的特殊经济贸易形式，作为当时的一项财政来源的重要举措而获得政府的高度重视。

C. 元朝。

元朝继续沿袭宋朝的"禁榷垄断"制度，视私贩茶者与贩私盐者同罪。由于元朝在畜牧业方面吸取了唐宋以来的经验，建立了自己齐备的马

---

① 脱脱：《宋史》卷167《职官志》第一百二十，中华书局1977年版，第3969页。
② 脱脱：《宋史》卷167《职官志》第一百二十，中华书局1977年版，第3969页。
③ 脱脱：《宋史》卷167《职官志》第一百二十，中华书局1977年版，第3969页。
④ 脱脱：《宋史》《黄廉传》。

政制度，使战马的储备得到了保证，因不乏战马，故不再将川茶运往西北藏族聚居区交换战马，而改为就地销售。同时，元朝又采用"因其俗而柔其人"的治藏之策，这样一来，藏马便在元朝脱离了原来的角色。但是元朝仍然重视茶叶向藏族聚居区的销售，主要是因为茶马贸易带来的巨额赋税，据《元史·食货志》载，元世祖至元六年（公元1269年），茶税年纳银达1500万锭。① 为此，元朝曾一度设立"西番茶提举司"，由官府统购茶叶，在碉门等地互市。因官府加价过高，难以为继。元朝官府不得不放弃经营，改由商人自行购销，按引纳税，听其销往藏族聚居区。虽然元朝对茶马互市并不重视，但是却非常重视对古道的开拓，大力开辟驿路，设置驿站，使川西、滇西北与西藏的茶马古道大大延伸。

（3）"茶马古道"的繁荣。

汉藏茶马贸易的极盛时期是在明朝。进入明朝，茶马贸易在制度、内容和方式等方面都发生了很大变化。明朝通过完善的茶马贸易制度不仅实现了茶马贸易的经济效益，也巩固了明朝对西藏的统治。正如明朝《严茶议》所记"茶之为物，西域吐番，古今皆仰信之。以其腥肉之物，非茶不消；青稞之热，非茶不解，故不能不赖于此也。是则山林草木之叶，事关国家政体之大，经国君子固不可不以为重而议处之也"。完善的贸易制度、严格的经营管理体现的既是一种经济关系，也是一种政治关系。

为保证茶马贸易的顺利进行，从明初开始先后制定了一系列制度，主要是茶马司的设置、茶课制度、茶法。

A. 茶马司的设置。

明朝在地方设置了一系列的茶马司，制定了"以其地皆肉食，倚中国茶为命，故设茶课司于天全六番，令以市马，而入贡者又优以茶布。诸番恋贡市之利，且欲保世官，不敢为变"② 的治藏之策，据《明太祖实录》记载，"置秦州（今天水）茶马司，设司令正六品。司丞正七品。不久又设洮州（临潭）茶马司。洪武六年（公元1373年）十月己未，置河州茶马司"。《太祖实录》随后又记载"罢珧州茶马司，以河州茶马司总之"。《明史·职官志》记载："洪武中，置洮州、秦州、河州三茶马司，

---

① 参见脱脱《宋史》卷173《食货志上》。
② 《明太祖实录》卷72。

设司令、司丞。……三十年（即洪武三十年，公元 1397 年）改秦州茶马司为西宁茶马司。又洪武中，置四川永宁茶马司。"①

B. 茶课制度。

所谓茶课，就是茶商对政府所纳的茶税，明代的民地茶课制始于洪武四年（公元 1371 年）。《明太祖实录》记载："户部言，陕西汉中府、金州、石泉、汉阴、平利、西乡县诸处，茶园共四十五顷七十二亩，茶八十六万四千五十八株，每十株官取其一，民所收茶，官给直买之。无户茶园，以汉中府守城军士薅培，及时采取，以十分为率，官取其八，军收其二。每五十斤为一包，二包为一引，令有司收贮，令与西番易马。"②《明太祖实录》又载："户部言，四川产巴茶，凡四百七十七处，茶二百三十八万六千九百四十三株，茶户三百一十五，宜依定制每茶一株，官取其一，征茶二两；无户茶园，令人薅种，以十分为率，官取其八。岁计得茶万九千二百八十斤，令有司宁候西蕃易马。"③ 所收的茶课"具令有司贮，候西蕃易马"，使明朝每年的收入增多。

C. 茶法。

1361 年，朱元璋立法禁止私茶出境，对违法者处罚甚严，"凡犯私茶者与私盐同罪，私茶出境与关隘不议者论死"④。《大明会典》详细记载了对"犯私茶者"的处罚规定："诸人但犯私茶，与私盐一体治罪。如将已批验截角退引，入山影射照茶者，同私茶论。一出园茶主，将茶卖与无引由客与贩者，初犯笞三十，仍追原价没官；再犯笞五十，三犯杖八十，倍追原价没官。一客商贩到茶货，经过批验所，违者笞二十。一伪造茶引者处死，籍没，当房家产，告捉人赏二十两。"⑤ 正是由于明朝对茶马互市的重视，才导致了明朝对犯私茶者有如此严格的处罚。

明代的汉藏茶马贸易主要有 3 种形式：一是官办贸易，二是民间的私茶贸易，三是从藏族聚居区来朝的僧俗贵族的朝贡贸易。

---

① 张廷玉：《明史》卷 75《职官志四》，上海古籍出版社 1991 年版，第 203 页。
② 《明太祖实录》卷 70，洪武四年十二月庚寅条，见西藏民族学院主编《明实录藏族史料》第一集，第 15 页。
③ 《明太宗实录》卷 72，洪武五年二月乙巳条，见《明实录藏族史料》第一集，第 17 页。
④ 张廷玉：《明史》卷 80，上海古籍出版社 1991 年版。
⑤ 李东阳：《大明会典》卷 37。

D. 官办贸易。

有学者指出："一旦处在不同经济发展层次的聚落有了接触，相互之间的影响就不可避免。接触的产生则通过了各种方式，基本的方式就是交往，通过相互交往、通过贸易交往、通过访问交往、通过文字交往等等。在国家产生之后，各种交往方式的产生无非通过两种形式：官方的和民间的。在具有不同生计传统的人群之间，交往提供了人们相互了解、相互学习、相互融合的各种机会。"① 汉藏毗邻，唐蕃之后，汉藏交往渐密，两个政权之间不可避免地以战争或和平的方式进行政治接触与社会物资的交流。而这种接触很大程度上是在政府主导或控制之下进行的。历史上，两方出于财政和边防安全的考虑，在川藏茶马贸易的过程中，双方均重视与对方的交往与接触，在贸易方面也呈现出极强的政府影响。

在西藏纳入中华版图之后，中央政府则更多地出于对边地秩序化管理和长久经营的考虑，将政府影响推及治藏的各个方面，官办贸易则是其中的一个重要措施。汉藏双方均十分重视此类接触，中原王朝将贸易的绝对经营权牢牢控制在政府手里，从机构的设置到汉藏之间的具体接触上都具备很浓厚的官方色彩，以此保证中央对边疆的控制。

E. 私茶贸易。

虽然明朝制定了严格的法律以禁止私茶贸易，但是明朝的私茶贸易却一直比较兴盛，特别是到后期差发马制度废除以后，私茶贸易更为昌盛，终于成为明代中后期中原与藏族聚居区贸易的主要形式。正所谓"茶马互市，利之所在，人皆趋之，禁令越多，走私之风越盛"②。尽管明朝中央政府严禁民间私茶贸易，但实际上无法控制这一顺应民心的贸易方式，因而民间私茶贸易的生命力相对强大。同时由于明朝中后期国力渐弱，赈济饥荒之粮、镇边军队之饷都有赖于商人运茶而解决，这就更使明朝中央政府无暇他顾，以商人为主的民间私茶贸易日益兴盛起来。私茶贸易一定程度上来说是官办贸易的补充与拓宽。从商业经济史的角度来看，商品经济的发展必然要求打破国家的垄断而实行自由流通；加上明朝中后期国力日落，法纪陵夷，开中制与买运制度更从根本上动摇了国家的茶马贸易垄

---

① 马戎、周星：《中华民族凝聚力形成与发展》，北京大学出版社1999年版，第357～358页。

② 陈光国：《青海藏族史》，青海民族出版社1997年版，第321页。

断权。于是，在官市日趋衰微之时，私市逐渐活跃起来。从嘉靖初年开始，以商人为中心的私市贸易逐渐成为明后期茶马贸易的主要形式。而他们又是官市是否得以举行的条件，商人在茶市贸易中起着越来越重要的作用。有学者认为私茶贸易有以下4种方式：番汉商人之间的"通番贸易"、边境地区各族军民的贸易往来、边镇将吏私自兴贩、朝贡番僧在获得赐茶外，还在政府的保护和允许下沿途私易茶货，数量很大，有至数万斤者。① 可见，所谓"私茶贸易"，其兴起、发展极大地弥补了官办贸易的不足。在官办贸易受到政治等因素的影响而进入颓势期间，私茶贸易成为茶马贸易的重要增长点之一。

同时，私茶贸易的发展又使茶马贸易的形式更加多样化，拓宽了茶马贸易的外延，打破了相对固定的贸易地点，也突破了时间的限定。这一切对活跃川藏茶马贸易市场、充分调动区域内物质交流、发挥生产要素的市场整合产生了官办贸易无法比拟的作用。

F. 朝贡贸易。

明王朝统治了藏族聚居区以后，元朝遗留下来的土官和贵族只要表示效顺，朝廷皆授予官职，给印信，令其世袭。据《明史》记载，"授喇嘛、禅师、灌顶国师之号，有加至大国师、西天佛子者，悉给以印诰，许多世袭，且令岁一朝贡"②。朝贡贸易就是藏族聚居区官员定期来朝"贡马易茶"，实际上是介乎官办贸易、民间私茶贸易之间的一种贸易。来贡僧侣与官员返回时得到朝廷的大量赐茶，于是出现"市买私茶等货，以此缘（沿）途多用船车，人力运送，连年累月，络绎道路"③的繁荣景象。为了进一步强化在分封模式下所包含的政治隶属关系，明政府规定受封者有定期向明王朝朝贡的义务，由明王朝对进贡者授以官爵，并根据"厚往薄来"的原则，给予丰厚的赏赐，一般是贡物的3倍之值。这种"朝贡"制度对边地诸头人与区域性实际控制者具有极大的吸引力，"以利趋之"激发了藏族僧侣上层的进贡热情，以致进贡的人数逐年增加。长期的"入不敷出"使明王朝不得不限制藏族僧侣来京朝贡的次数和规模。但因朝贡时，藏族聚居区的贡品主要是以马匹为主的西藏土特产，而

---

① 参见郭孟良《略论明代茶马贸易的历史演变》，载《齐鲁学刊》1989年第6期。
② 张廷玉：《明史》卷330，上海古籍出版社1991年版。
③ 《明英宗实录》卷177。

朝廷回赐的主要还是以茶叶为主，因此，这种政治关系实际上也在发挥经济互惠的作用，名为"朝贡"，实为"茶马贸易"。得到回赠的同时在往返途中，藏族聚居区僧俗也会进行贸易，作为途经区域之一的四川毗邻藏族聚居区，自然也在互贸区域内，并成为极为重要的一块。

（4）"茶马古道"由盛而衰。

清朝伊始，中央政权很不稳定，大规模战争不断，清王朝统一全国的战争仍在激烈地进行，同时还有明朝残余势力不断抵抗清朝政府的统治，清朝政府对战马所需甚多。加之清朝政府在西北各地和察哈尔的养马牧场还没建立，导致战马严重短缺。因此，出现国家财政大半尽用于兵的局面。为适应清初大规模战争形势的需要，清政府基本承袭明制，继续推行茶引制，在四川、云南、青海等地设茶马司管理茶马贸易，通过茶马贸易的形式来获取急需的军马。

中央政权稳定后，清朝在边境贸易中逐渐忽视以茶易马，而是更看重茶叶的重税。为了保证茶马贸易带来的巨额利润，清政府推行了更为严格的贸易措施。《四川古代史稿》记载，清朝规定"商民卖茶先向政府纳钱请引，缴多少钱，请多少引，不能过量。茶和引携同随带，如不合就拿办治罪，茶卖出后，把原领引（票）向政府缴销，伪造引者处斩，家产充公。茶农加私卖茶者，打六十棍，茶款没收充公。夹带私茶出境者，押发充军"。

在四川对茶叶贸易制度进行改革，变"茶引制"为"引岸制"，将四川茶定为3种专岸。以雅安、天全、荥经、名山和邛崃5县所产茶专销川藏地区，因5县都居成都南边，故名"南路边茶"；以灌县、大邑等地所产之茶行销松潘一带，产地地处成都西边，故又称"西路边茶"；专销内地的茶叶称为"腹茶"，这就是当时的3种专岸。

在清朝时，四川在茶马贸易中的角色更加重要了。康熙三十五年（公元1696年）准行打箭炉市，蕃人市茶贸易，康熙四十一年（公元1702年）在打箭炉设立茶关，在大渡河上建泸定桥，开辟直达打箭炉的"瓦斯沟路"。从此，打箭炉就成了西陲重镇。正如石硕所言："使边茶市场由雅安碉门深入到藏族聚居区，从此打箭炉成为南路边茶总汇。乾隆时期，松潘也发展成为川西北、甘青乃至蒙古的西路边茶集散地，人渐稠密，商贾辐辏，为西陲一大都会。"

清朝前中期是历史上茶马贸易继续发展的时期。到了清朝后期，清政府在藏族聚居区和其他民族地区建立了马场，基本解决了马匹的来源问题，不必单纯依赖用茶叶交换马匹，而且全国性的战争活动也减少了，作为茶马贸易主要角色的马就逐渐淡出了历史舞台，茶马贸易的地位和作用逐渐消失。同时，茶马贸易地位的减弱还离不开边疆经济的发展变化。一方面，由于边疆地区经济的发展、人民生活的改善，对内地商品的需求增加，吸引各地的商人进入边疆，不断冲破官办茶马贸易的垄断。另一方面，茶叶是我国较早的出口商品之一，我国长期在世界茶叶市场中占优势地位，而且茶叶出口价值占出口总值一半以上，因此清政府对茶叶的重视已从以往的茶马贸易转向出口贸易。

康熙七年（公元1688年），裁免茶马御史，乾隆二十五年到二十七年（公元1760—1762年），清朝分别裁撤各地茶马司。"茶马交易"这种特殊的贸易形式终于退出了历史舞台。茶马贸易虽然停止了，但通过茶马贸易而建立起来的各种经济交流远远超过历史上茶马贸易的规模和水平。历代的汉藏茶马贸易到了清代就变为内地和边疆、汉族和藏族之间全面的物资交流和经济活动，促使汉藏的经济更加牢固地结合在一起。

清末，由于英帝国主义发动入侵西藏的战争，迫使清政府和英帝国主义签订了中英《印藏条约》和《印藏续约》，开放西藏亚东为商埠，规定在条约签订的5年之内，印藏贸易互不纳税，造成印度茶叶大量倾销西藏，致使南路边茶在藏销售剧减，市场萎缩。藏地形成川茶和印度茶叶激烈竞争的局面。清光绪三十三年（公元1907年），川滇边务大臣赵尔丰以官督商办名义筹资50万两白银，认引11万张，创立"边茶股份公司"，强迫茶商入股，力图统一经营南路边茶，结果亦无起色，随着辛亥革命成功，公司随之解体停办。

（5）"茶马古道"的新发展。

民国时期，由于军阀战乱和川藏纠纷，虽以国家和政府名义的茶叶输藏逐渐减少，但是汉、藏商人之间的茶叶贸易却保持活跃态势，南路边茶呈现不减势头，年产量稳定在800万斤上下，茶号仍有五六十家，每年政府发放茶引保持在8万引左右，基本维持了对西藏的供应。内地茶叶仍畅行于藏族聚居区，在当时特殊的历史条件下，"茶马古道"仍成为沟通内地与藏族聚居区的重要经济桥梁，并一直延续至民国末期。

抗日战争期间，日寇封锁了滇缅公路，海上交通也被截断，中华民族到了生死存亡的关头。1942年，美国的驼峰飞行计划付诸实施，成群的飞机日夜飞行，从重庆、昆明、丽江、横断山脉和野人山地到加尔各答，但完全服务于战争。大后方物资紧缺，于是，"茶马古道"负起了历史的重任，数万匹骡马组成的马帮和藏族聚居区的牦牛运输队浩浩荡荡，络绎于途，创造了"茶马古道"的辉煌，也有力地支援了抗日战争，为民族解放战争的最后胜利做出了不可磨灭的贡献。①

历经岁月沧桑，"茶马古道"犹如一条文化大走廊，连接着沿途的各个地区，促进了西南地区农业、畜牧业的发展，更促进了沿途地区的宗教、风俗文化、意识形态的发展。"茶马古道"所见证的正是汉、藏乃至西南地区民族间逐渐聚合的历史过程。现今，人们在古老的"茶马古道"沿线地区建立了便捷的现代交通运输方式，大大便利了藏族聚居区与内地的经济文化交流。1950年川藏公路开建，1954年川藏北路正式通车，川藏南路1958年正式通车。随着这些现代化交通线路的建成和交通工具的出现，大部分"茶马古道"与其所配套的交通运输方式被替代。

但由于西南地区地形复杂，有些路段十分险要，现代的交通工具要想通过十分危险，因此至今在某些险要的路段上偶尔还可见马帮和背夫的身影，他们肩负着汉藏间的茶、虫草、马、牛、骡等货物的运输，"茶马古道"也成了目前依然在运转的文明古道。

二、川藏"茶马古道"的分布及路线

"茶马古道"是一个有着特定含义的历史概念，它是指唐宋以来至民国时期汉、藏之间以进行茶马交换而形成的一种交通要道或者一种民族交流渠道，是中国古代朝廷在尚不具备征税条件的西部游牧民族中实行的一种财政措施，是中原农耕民族和西部游牧民族之间进行的一种以"以茶易马"或"以马换茶"为中心内容的以物易物的特殊商业贸易形式。②具体说来，"茶马古道"主要分南、北两条道，即滇藏道和川藏道，另外还包括了青藏道。"茶马古道"的这几条道都不是单一路线，都只是前往藏族聚居区的大致方向。每条古道都有若干条分支路线与之交汇，形成交

---

① 参见木永顺《论茶马古道的形成、发展及其历史地位》，载《楚雄师范学院学报》2004年第4期。

② 参见象多杰本《略论茶马互市的历史演变》，载《青海社会科学》2007年第5期。

通网络。其中，川藏线最为重要。从明朝开始，有大量的茶叶通过川藏道输入藏族聚居区，藏族聚居区的僧侣贵族也纷纷从川藏道入贡，川藏茶道成为官道。清朝初期，川藏茶道进一步繁荣，显示了其强大的生命力。

(一) 川藏道线路起源

川藏道可追溯到秦汉时期。有史书记载，秦汉时期，巴蜀茶叶开始外传①，蜀地和雅安地区的商人开始用少量的茶叶与大渡河以西的当时称为牦牛羌、牦牛夷的部族进行骡马牦牛交易，形成了从蜀地通达康定以西，新都桥塔公草原的木雅藏族地区的道路，即由成都出发，经临邛（邛崃）、雅安、严道（荥经），逾大相岭至牦牛县（汉源），然后过飞越岭、化林坪至沈村（西汉沈黎郡郡治地），渡大渡河，经磨西至木雅草原（今康定县新都桥、塔公一带）的牦牛王部中心。这是最早的民间茶马交易的商道，被称为牦牛道或马道。② 这就为以后川藏道的形成奠定了基础。不过，这时饮茶之习在我国尚未普遍形成，茶叶价高量少，尚不可能被藏族聚居区大量使用。输入藏族聚居区的茶数量有限。中国官方的茶马互市最初见于公元8世纪的唐人封演的《封氏闻见记》，其中记载古人饮茶"始自中地，流于塞外，往年回纥入朝，大驱名马，市茶而归"。

在唐代，青藏道是西藏与中原地区往来的交通要道。唐代吐蕃王朝对外扩张，除在南线争夺南诏外，都是经青海地区，在北线争夺河西、陇右，在西线争夺安西4镇，在东线争夺剑南，唐蕃之间的和亲、问聘等使臣往来都是由天水、大非川、暖泉、河源、通天河到逻些（今拉萨）。文成公主和金城公主也是经青海入藏。因此，唐代中原与西藏地区的交通要道是青藏道而不是川藏道。唐代内地茶叶输往西藏的茶道也是青藏道。随着吐蕃王朝的瓦解，宋代藏族聚居区处于分裂状态，青藏道已失去军事要道和官道的作用。基于对战马的需要，内地中央政府于北宋时在西南地区设专管茶马互市的机构。北宋神宗熙宁七年（公元1074年）在成都设立"茶马司"。宋、元、明、清时期，各中央朝廷多次大规模通过川藏古道把茶叶以及其他大批中原物产输进藏族聚居区。

---

① 参见胡小毅《茶文化与养生》，中国物资出版社2004年版。
② 参见亮炯·朗萨《恢宏千年茶马古道》，中国旅游出版社2004年版。

(二) 川藏道线路形成

自唐代永徽年间起，中央王朝在川西的灵关和川路地区即置有羁縻州，其后屡有废置，最多时有50余州，唐代由雅州都督府管辖，宋时对该地区仍然保持着羁縻统治。四川藏族聚居区与内地的主要通道是：

"灵关路"：雅安—芦山—宝兴—丹巴—康定；

"川路"：雅安—天全—泸定—康定；

"西山路"：灌县—汶川—松潘。

只是上述这些道路地形险恶，艰险难走。除当地部族进贡使臣出入之外，几乎没有人进入这一地区。

宋代，随着碉门茶马互市的兴起，通过碉门将内地茶叶运往藏族聚居区的道路逐渐开通。元朝把藏族聚居区直接置于中央王朝的统治之下，设置通往藏族聚居区的驿站使汉藏之间的交通得到空前发展。元代把茶马互市推至碉门，使四川通往康区的交通有所发展。

川藏道从明朝才开始兴盛起来。明朝在雅州、碉门设置茶马司，每年数百万斤茶叶输往康区并转至乌思藏，从而使茶道从康区延伸至西藏。而乌思藏等藏族聚居区每年多达两三千人贡使的往来使川藏道成为主要的官道和贡道，促进了茶道的畅通，进一步加强了对康区和西藏的经营，设置驿站，放宽茶叶输藏的限制，打箭炉成为南路边茶总之地，更使川藏茶道进一步繁荣。这样，在明清时期形成了由雅安、天全越马鞍山、泸定到康定的"小路茶道"和由雅安、荥经越大相岭、飞越岭、泸定至康定的"大路茶道"，再由康定经雅江、理塘、巴塘、江卡、察雅、昌都至拉萨的"南路茶道"和由康定经乾宁、道孚、炉霍、甘孜、德格渡金沙江至昌都与南路会合至拉萨的"北路茶道"。这条由雅安至康定、康定至拉萨的茶道既是明清时期的川藏道，也是今天的川藏道。①

川藏茶马古道以今四川雅安一带产茶区为起点，首先进入康定，自康定起，川藏道又分成南、北两条主线：北线是从康定向北，经道孚、炉霍、甘孜、德格、江达抵达昌都（即今川藏公路的北线），再由昌都通往卫藏地区；南线则是从康定向南，经雅江、理塘、巴塘、芒康、左贡至昌都（即今川藏公路的南线），再由昌都通向卫藏地区。这两条主线有4个

---

① 参见贾大泉《川茶输藏与汉藏关系的发展》，载《社会科学研究》1994年第2期。

交汇点：雅安、康定、昌都、拉萨。此外，还有若干条支线与这两条主线相连。

（三）川藏道线路分布

宋朝在熙、河、兰、湟、庆等州设置专门的茶马互市的市场，实行茶叶专卖的"引岸"制度。这一时期虽在四川的黎（汉源）、雅（雅安）亦设立茶马互市口岸，专门供给康区茶叶。但由于当时所易之马主要产自青海一带，故大量的川茶是从川西的邛崃、名山、雅安和乐山等地经成都、灌县（都江堰）、松州（松潘），过甘南，输入青海东南部，然后分运至青海、西藏各地。这条茶道一直延续至今，经由这条道输往藏族聚居区的川茶亦被称为"西路茶"。

元政府在藏族聚居区大兴驿站，于朵甘思境内建立了19处驿站，从而使四川西部与西藏间的"茶马大道"大大延伸。明朝特别重视茶在安定藏族聚居区、促进国家统一中的作用，政府制定了关于藏族聚居区用茶的生产、销售、贩运、税收、价格、质量、监察的一系列法规和制度，限制入藏销售数量，抑制茶商投机倒把。由于朝廷对朝贡者不仅厚赏崇封、赏赐"食茶"，还允许其在内地采购限额外的茶叶，从而使藏族聚居区宗教上层、地方首领纷纷朝贡求封。今存藏文奏文《西番馆来文》即有如此记载："今来进贡，专讨食茶，望朝廷可怜见，给予食茶勘合，前去湖广等处支茶应用，并乞与官船脚力等项回运便益。"① 返回时总是"茶驮成群，络绎于道"。为了加强与长河西、朵甘思各部的关系，缩短运距、方便茶运，明太祖命四川官府劈山开道，开辟了自碉门（天全）经昂州（岩州，今泸定岚安镇）逾大渡河至长河西（康定）的"碉门路"茶道，并于昂州设卫，驻军以保护茶道畅通。成化六年（公元1470年），又规定乌思藏、朵甘思各部朝贡必须从"四川路"来京。于是，四川不但是边茶的主要生产地，而且成为茶马互市的最主要贸易区，形成了黎、雅、碉门、岩州、松潘5大茶市口岸。

从明朝开始，川藏茶道正式形成。早在宋元时期，官府就在黎、雅、碉门（今天全）等地与吐蕃等族开展茶马贸易，但数量较少，所卖茶叶

---

① 西藏社会科学院中国社会科学院民族研究所、中央民族学院：《西藏地方是中国不可分割的一部分》（史料选），西藏人民出版社1986年版，第165页。

只能供应当地少数民族食用。迄明朝，政府规定于四川、陕西两省分别接待朵甘思及西藏的入贡使团，而明朝使臣亦分别由四川、陕西入藏。由于明朝运往西北再输入藏族聚居区的茶叶仅占川茶全产量的 1/10，即 100 万斤，支付在藏族聚居区"差发马"所需茶叶，其余大部分川茶则由黎雅输入藏族聚居区。而西藏首领向明廷朝贡的主要目的是获取茶叶。因此，他们就纷纷从川藏道入贡。"秦蜀之茶自碉门、黎、雅抵朵甘、乌思藏，五千余里皆用之。其地之人不可一日无此。"① 于是，洪武三十一年（公元 1398 年）五月，朝廷在四川设茶仓 4 所，"命四川布政使移文天全六番招讨司，将岁输茶课乃输碉门茶课司，余就地悉送新仓收贮，听商交易及与西蕃市马"。天顺二年（公元 1458 年）五月，明朝规定今后乌思藏地方该赏食茶，于碉门茶马司支给。又促使乌思藏的贡使只能由川藏道入贡，不再由青藏的洮州路入贡。到成化二年（公元 1466 年），明廷更明确规定乌思藏赞善、阐教、阐化、辅教 4 王和附近乌思藏地方的藏族聚居区贡使均由四川路入贡。而明朝则在雅州、碉门设置茶马司，每年数百万斤茶叶输往康区转至乌思藏，从而使茶道从康区延伸至西藏。而乌思藏贡使的往来又促进了茶道的畅通。于是，由茶叶贸易开拓的川藏茶道同时成为官道，而取代了青藏道的地位。明代川藏茶道分为"南路"（黎碉道）和"西路"（松茂道）两条。"南路茶道"中，由雅州至打箭炉段又分为两路：一路由雅安经荥经，逾大相岭至黎州，经泸定沈村、磨西，越雅加埂至打箭炉，因其是自秦汉以来就已存在的大道，故名为"大路"；另一路由雅安经天全两河口，越马鞍山（二郎山），经昂州，过大渡河至打箭炉，因其是山间小道，故称为"小路"。由这两条路上运输的茶分别被称为"大路茶"与"小路茶"。自打箭炉至西藏的茶道路线是：打箭炉北行，经道孚、章古（炉霍）、甘孜，由中扎科、浪多、柯洛洞、林葱（原邓柯县）至卡松渡过金沙江，经纳夺、江达至昌都，然后经类乌齐、三十九族地区（丁青、巴青、索县等地）至拉萨。由于这条路所经大部分地区为草原，适合大群驮队行住，故自明至清一直是川藏茶商驮队通行的大路。"西路茶道"由灌县沿岷江上行，过茂县、松潘、若尔盖经甘南至河州、岷州，转输入青海。

清代，四川在治藏中的区域作用大大提高，驻藏的官员、派遣的戍

---

① 《明太祖实录》卷 251。

军、所需之粮饷基本上由四川拣派、供给。四川与西藏关系的日益密切，进一步推动了川藏的"茶马贸易"。不过这一贸易已不再是"以茶易马"，而是以茶为主，包括土产、百货等各种物资的全面的汉藏贸易。康熙四十一年（公元1702年），朝廷在打箭炉（康定）设立茶关，这是改善川藏交通的重大步骤。此前，藏商庞大的牛马驼队大多至打箭炉而止，由打箭炉至雅州、碉门的路多为羊肠小道，路线不易驮运。清代打箭炉茶关设立后，川藏线上的茶马互市出现了有利的分工：打箭炉以东至雅州、大全、荥经的茶包均雇佣脚夫背运；打箭炉以西由藏商改用牛皮包装，用牦畜驮运。这样的分工解决了茶马的运输问题。之后，又于大渡河上建泸定桥，开辟直达打箭炉的"瓦斯沟路"。打箭炉成为川茶输藏的集散地和川藏"茶马古道"的交通枢纽。康熙五十七年（公元1718年），为平定准噶尔乱藏，开辟了自打箭炉经理塘、巴塘、江卡（芒康）、察雅至昌都的川藏南路大道，沿途设立粮台、塘铺。由于这条路主要供驻藏官兵和输藏粮饷队伍来往使用，故习惯上称之为"川藏官道"。但实际上，此道也经常是茶商驮队行经之路。而由打箭炉经道孚、甘孜、德格、江达至昌都的茶马古道则习惯上被称为"川藏商道"。两道汇合于昌都。由昌都起又分为"草地路"和"硕达洛松大道"两路，至拉萨汇合。"硕达洛松大道"由昌都经洛隆宗、边坝、工布江达、墨竹工卡至拉萨；"草地路"即上述的由昌都经三十九族至拉萨的古代茶道。昌都是两条川藏茶道的汇合点，也是滇藏、青藏交通的总枢纽，因而成为"茶马古道"的又一重要口岸。这样一来，在明清时期形成了由雅安、天全越马鞍山、泸定到康定的"小路茶道"和由雅安、荥经越大相岭、飞越岭、泸定至康定的"大路茶道"，再由康定经雅江、理塘、巴塘、江卡、察雅、昌都至拉萨的"南路茶道"和由康定经乾宁、道孚、炉霍、甘孜、德格渡金沙江至昌都与南路会合至拉萨的"北路茶道"。这条由雅安至康定再由康定至拉萨的茶道既是明清时期的川藏道，也是今天的川藏道。

综上所述，在唐至清的1000多年间，逐步形成了几条由中原地区通向藏族聚居区的"茶马古道"，其中以四川道为入藏的主道。另外，青藏道、滇藏道不在本文的叙述范围之内，故而不做叙述。

川藏道历史上主要有黎沈、碉门、松潘3路。其中，松潘路指由成都经过都江堰到松潘，再经过草原地区到甘南等地。黎沈道则开通最早，经过雅安、荥经、天全进入甘孜藏族聚居区，是入藏商道中的主要干道，至今仍然在联系西藏与内地的过程中发挥着重要作用。

（1）黎沈道。即从成都南下，共分为4段：①成都至打箭炉段：经雅安、荥经达汉源，再西行过泥头驿、林口尖、飞越岭、化林坪、冷碛尖、泸定桥、大烹坝、头道水、柳杨到打箭炉，然后又分为南、北两路。②打箭炉至巴塘段：通称"南路"，或称"康南大道"，即从康定出关翻折多山经理塘、义敦到巴塘。③巴塘至察木多（昌都）段。④察木多至拉萨段：中经浪荡沟、恩达寨、瓦合寨、嘉裕桥、洛隆宗、硕般多、巴里郎、拉子、丹达、郎吉宗、阿兰多、甲贡、多洞、拉里、山湾、宁多、江达、鹿马岭、乌苏江、墨竹工卡、德庆到拉萨。

（2）碉门道。从成都至雅安分路西行，经碉门（天全）到两路口分为两道：一路翻二郎山下冷碛，经泸定、瓦斯沟上康定，一路过银厂沟到岚安，沿大渡河东岸上丹巴。再北上经阿坝州的金川、阿坝到甘肃的临潭、拉卜楞等地。也可由丹巴西行经道孚、炉霍、甘孜、德格、江达到昌都，人们常将这条道称作"康北大道"或"北路"。再从昌都经达塘、拉沟、三巴、墨竹工卡到达拉萨。

（3）松潘道。由成都向西北行，经灌县、威州、茂县、松潘出黄胜关，经郎木寺、拉卜楞到西宁，汇入进藏大道。

三、川藏"茶马古道"的作用

如今，推动古道繁荣的茶马贸易已经衰退，然而，"茶马古道"沿线是民族文化富集的地区之一，成为民族文化研究的最佳基地；同时，"茶马古道"是世界上地势差异最复杂的区域，拥有独特的高山峡谷地貌，气候复杂多变，拥有世界上最丰富的多样性生物物种，成为研究高山峡谷地貌和植物的最佳场所。随着世界旅游业的发展，"茶马古道"也将成为颇受人们关注且极具旅游价值的地区之一。那么，茶马古道究竟为后人留下了哪些宝贵的遗产？

1. 民族融合、民族团结之路

"茶马古道"是中国西南一张巨大的网，把生活在其中的中国各族人民紧密团结在一起。围绕着"茶马古道"，各民族加强了联系和沟通，促进了各民族之间政治、经济、文化的互动、发展和融合，增进了彼此间的情感，寻找到了彼此认同的基础。正如学者汤开建指出的："有宋一代，汉人与边境地区蕃族通婚的现象屡禁不止，而逐渐发展成为一种趋势……这种汉蕃杂婚、各族混居的现象在当时的西北地区已相当普遍，这种状况的持续，其结果必然是新的民族融合的出现。"① 由于藏族聚居区饮茶需求的逐年增加，茶马古道日益繁荣，从明清时期开始，川陕汉商、西北回商、西南苗商、彝商、羌商等纷纷加入川藏贸易，形成多民族的人数可观的商贸队伍。巴塘集"蛮民数百户，有街市，皆陕西客民贸易于此"。道孚之"汉商颇多饶裕皆陕人"，藏商"惟贩牛、羊、毛革与买换茶叶之商贾为矩"。北路之霍尔章谷（炉霍县），"汉人市场此为最早，故有百物可购"。察木多（西藏昌都）为川藏道南北两路入拉萨汇经之地，扼四川、青海、西藏之要冲，有"番民四五百户，汉人贸易者数十家，与番杂处"②。在藏族群众的眼中，这些内地的各族商人往往被视为"汉商"。可见，当时就出现了陕西、四川、云南、陕西、甘肃等地从事茶马贸易的汉族和其他少数民族逐渐迁入青藏高原地区居住；同时，藏族群众也逐渐向藏族聚居区外扩散，形成了"茶马古道"影响范围内外诸多区域内及临近民族间交汇的盛况。

在漫长的历史时期，这种民族交流、交融是不间断的。而这些活跃的移民现象充分反映出当时由于茶马贸易的繁荣，在长期的生产、生活中，内地人士与当地人通婚不断增加，二者融合的现象明显，这是自民国时期以来，进藏的内地人往往发现，川藏道一带，如康定、巴塘等，"扯格娃"（团结族）最多的内在原因之一。某些康藏研究学者也与藏族女子成婚。如公元20世纪30年代，任乃强先生与康区土司的女儿成婚，③ 推动了康藏研究的发展。从这个意义上说，茶马贸易推动了沿线地区民族的融合。

千百年来，"茶马古道"上的"茶"既是主体也是主题，既是物质的也是精神的，既是历史的也是现代的，体现了地区间、民族间相互依存、共生共荣的传统生活。世人皆知藏族群众嗜茶，一般却不易理解其情感和依赖的程度之深。尤其现今交通方便，茶价低廉，供应充足，饮茶成为生活常态，旧时对茶的渴求与呼唤已经消隐。你只会在个别的时刻，隐约可

---

① 汤开建：《北宋与西北各族的马贸易》，《中亚学刊》第三辑，中华书局1990年版。
② 张莉红：《论明清川藏贸易》，载《中国藏学》1993年第3期。
③ 参见《新亚细亚》的照片报道，载《新亚细亚》1933年第6卷第1期。

听到历史的回响——汉文史料中多有藏族群众"嗜茶如命""艰于粒食,以茶为命""如不得茶,则病且死"字样;而藏族聚居区民谚则有"汉家饭果腹,藏家茶饱肚""宁可三日无食,不可一日无茶"之说。①

"茶马古道"是一条穿越时空的纽带,也是一个融合不同群体与文化的载体,把各民族的历史、文明串联起来,成为一个丰富的共同体,不断向前发展。这其中有和平方式的接触,也不乏激烈的战争碰撞,但不可否认,这一切对民族融合、民族价值观趋同、民族间的相互了解及对中华民族共同体的认同产生了积极作用。这种历史性的接触与碰撞不应该局限于单个群体的得失对比和对部分历史时期的割裂式评析,而应该置于中华文明衍生、发展、稳固、辉煌的大格局下进行长时段的纵深探讨。"茶马古道"对于民族融合与民族团结的影响而言,是直接且全面性的。"茶马古道"因茶马贸易而兴、而广、而丰富、而立体化,从而具有融合诸民族个体、诸民族文化的牵系力和韧性。茶马贸易促使诸民族间更为全面地接触,甚至其以战争形式将诸多民族融为一体,将诸单一民族文化糅合为复杂而丰富的多元一体文化。在保留原生民族的优秀基因的同时,也在融合中摒弃了落后因子,直接带动沿线相关地区及周边的地区社会发展。如唐蕃之间虽屡经战争洗礼,但"茶马古道"的存在使两大政治体在向一体化融合道路上更多了一些交融与缓冲空间,弥除芥蒂而接纳对方,因千丝万缕的联系而愈来愈向创造并认同共同的价值体系而迈进。虽在以后的历史发展中,两政权先后进入分裂期,但"茶马古道"并未随之被隔断,反而更多元化,更多的区域被纳入"茶马古道"范畴,进而推动这一区域逐渐走向统一,也激发了诸民族希冀与域外实体接触的潜在需求。

经有宋一代的进一步发展,区域内诸民族的联系更为紧密。历元至明代,经清入民国,"茶马古道"虽然在贸易形式、政治框架等层面发生了较大的改变,但因"茶马古道"的存在,诸民族间差异性渐弱、互补性层累,呈现犬牙交错的态势,邻近区域的民族间由两方或多方向互信互通、交融渗透至一体多元发展。用茶叶交换马匹,一方面满足了少数民族的需求,使他们不至于扰乱中原;另一方面用茶叶换马,既耗散了少数民族的作战工具,又加强了中原王权的军备力量,实在是两全齐美的好办

---

① 参见四川新闻网雅安频道综合《茶马遗风》,2010年1月11日,http://www.newssc.org。

法。因此，在明代，茶马交易巩固国防的政治需要远大于茶马互市的经济需要。对此，明代主管西部茶马交易的都御史杨一清讲得很清楚，他认为国家在西部推行茶马交易的实质就是"戎人得茶，不能为害，中国得马，是为我利……实贤于教万甲兵矣"。可以说，"茶马古道"是千百年来西南多民族认同、糅合的一个黏合剂与润滑油，多方吸引而又留有各自发展的空间，形成今天多民族和谐共建西南、民族接触融洽的格局。

从茶马互市的出现来看，它基于各族人民生产与生活的迫切需要，是统一多民族国家中各族人民相互联系、相互依存的必然。同时，它的发展也在客观上起着增进民族和睦、维护社会安定的作用，有利于国家的统一。民族团结是狭隘的单一民族或几个民族为自卫与获得共同的利益与诉求而建立的相对机械化、单一性互保性质的盟约类利益体。利尽而群散，民族团结并未上升到一个荣辱与共、肝胆相照的层面。这种不稳固的联盟也是一颗不定时炸弹，有利则聚，无利择善而从，一家独大或引发群起而攻的情况，联系的单一与利益的固化会将社会发展拖入死寂的深渊。"茶马古道"的建立逐渐呈现网络化联通作用后，为民族团结注入了可供共同汲取的营养，搭建了协同共进、荣辱相随、难以剥离的关系网，将不同的文化体、民族群的利益无限放大，将共同认可的价值诉求不断强化，推陈出新，不断演化出新的共同利益与价值认同。"茶马古道"将沿线诸民族有机地结合在一起，为民族团结增添了一种来自文化交织节点深层次的文化价值认同与利益趋一。尤其晚清至抗日战争期间，西南诸民族间的内部共同价值认同及对中华民族的认同从官方层面下移，在广大底层民众中建立了深厚的认同基础。到抗日战争期间，诸民族才能以一个团结的共同体一致对外，保家卫国。这种广泛而深层次的民族团结无疑有"茶马古道"的巨大贡献。

同时，民族团结也将茶马贸易形式由单一推向多元，由官方单营突破为以官方为主、民间为辅，进一步演化为官民互通与民间诸民族完美契合的状态。民族团结与"茶马古道"相辅相成，可以说，"茶马古道"是一条穿越时空的纽带，串联起了各民族的历史、文明，铸起了中华民族发展、进步、团结、和平的丰碑。"茶马古道"是汉藏文明交流融合的重要通道，是汉藏族群文化沟通和情感、心理上彼此亲近和靠拢的主要纽带。

2. 民族文化的传播之路

"茶马古道"沟通着今四川、云南、西藏3地的古代文化，是古代文明交流和传播的重要通道。在长期的交往中，增进了对彼此不同文化的了解。"茶马古道"的兴起使大量藏族聚居区的商旅、贡使有机会深入祖国内地，领略博大精深的中原文化；同时，也使大量的汉族、回族、蒙古族、纳西族等民族商人、工匠、戍兵进入藏族聚居区，感受古老的藏文化。"茶马古道"得以延续千年并不能简单地用"贸易"一词以蔽之。虽然"茶马古道"以沿线汉族、藏族、回族、彝族等诸族互通有无为前提，以茶马贸易为大宗而具备存在的外显性价值，但这一贸易体制的存在本身就是对对方文化认同的体现，也是对对方生活方式与文化的接纳。"茶马古道"与"丝绸之路""唐蕃古道"等一样，曾是中国历史上著名的西部国际贸易古通道之一，在古代中国对外经济文化交流和古文明传播中起过重要的历史作用；也是历史上中国藏族聚居区连接祖国内地，并外延至南亚和中亚的纽带；是中国西南各民族自古以来相互交往、融合的走廊；是历史上西藏各族人民和中华各族人民同生共存、团结和睦的桥梁和象征；也是藏族、汉族不断交融和西藏自古以来是中国的一部分的历史见证。①

"茶马古道"在漫长的历史发展长河中已经突破了单一的物资交流功能，而将沿线诸多文化体用贸易线路连接了起来，具备了文化传播功能，沿线诸民族间贸易的过程也是文化传播的过程。有学者认为："茶马古道"是青藏高原上一条异常古老的文明孔道；"茶马古道"是人类历史上海拔最高、通行难度最大的高原文明古道；"茶马古道"是我国西部文化原生形态保留最好、最多姿多彩的一条民族文化走廊。"茶马古道"不仅是一个旅游品牌，更是一个文化品牌。"茶马古道"上的斑斑印痕不仅记录了千百年来藏族人民不畏艰难险阻，孜孜不息地与恶劣的自然环境相抗争的民族精神，也记录着藏族群众的开放意识，记录着汉族、藏族人民源远流长的情谊。因此，"茶马古道"本身就是藏族历史的一个重要组成部分，它是藏族的一段可歌可泣的历史足迹，也是中华民族宝库中一份珍贵而厚重的历史文化遗产。从这个意义上说，开发和宣传"茶马古道"这个品牌既能宣传藏族的历史、展示藏族多姿多彩的文化和民族精神，也能展示藏族与中国其他民族的紧密关系与逐渐聚合的历史过程。此外，"茶

---

① 参见格勒《"茶马古道"的历史作用和现实意义初探》，载《中国藏学》2002年第3期。

马古道"沿线本身就是一条展现藏族文化的走廊,是藏族文化之多样性及与其他民族文化交流、互动的一个极为典型的地区。①

同时,川藏"茶马古道"不仅作为汉藏民族文化交融的重要载体,在其发展演变的过程中促进了沿线不同文化种群的交流,衍生了无数文化遗产,是一条不可多得的遍布瑰宝的文化线路②,更是一个历史文化的载体,蕴含着极为丰富的文化内涵。例如,伴随这一古道诞生的茶文化、汉藏商贸文化就值得深入发掘,将其开发为特色旅游产品;邛崃作为"茶马古道"的起点和边茶的主要生产基地,可借助"茶马古道"打造"中国茶的故乡""茶马古镇"等品牌。③

在"茶马古道"的许多城镇上,藏文化与汉文化、伊斯兰文化、纳西文化等不同文化共同交汇、互相吸收,出现了文化交融的现象。如学者石硕所言:"事实上,茶马古道并不只是在唐宋时代汉、藏茶马贸易兴起以后才被开通和利用的,早在唐宋以前,这条起自卫藏,经林芝、昌都并以昌都为枢纽而分别通往今川、滇地区的道路就已经存在和繁荣,并成为连接和沟通今川、滇、藏3地古代文化的一个非常重要的通道。它不仅是卫藏与今川、滇地区之间古代先民们迁移流动的一条重要通道,同时也是今川、滇、藏3地间古代文明传播和交流的重要孔道。"④"茶马古道"的文化传播作用并非单一、单向的,而是交互而生的既有本民族特色又具备共通性的一系列文化外显,相对独立而又具备内在联系。如阳耀芳所言:"在茶马古道上聚居着20多个少数民族,他们拥有不同的生活环境、饮食结构、服饰起居及文化习惯,在长期的交往中,交融形成了一系列各具特色的民族茶饮文化。这些茶饮习俗包括了最原始的吃茶文化——从基诺族的凉拌茶到富有哲理的白族三道茶,从藏族群众赖以生存的酥油茶到代表现代都市休闲文化的成都盖碗茶,其形成是一个当地土著文化与中原文明相互影响,中原、西藏的文化相互依存,汉族及各少数民族茶文化相互交融创新逐步演变的过程。而这些交融渗透演变与民族变迁、地理条件、

---

① 参见石硕《茶马古道及其历史文化价值》,载《西藏研究》2002年第4期。
② 参见冯子木《川藏"茶马古道"文化线路遗产保护框架与GIS技术应用研究》,重庆大学硕士学位论文,2016年。
③ 参见任新建《茶马古道的历史变迁与现代功能》,载《中华文化论坛》2008年S2期。
④ 石硕:《昌都:茶马古道上的枢纽及其古代文明——兼论茶马古道的早期历史面貌》,中国藏学网,2003年8月9日,http://www.tibetol-ogy.ac.cn。

历史事件及社会政治经济和文化进步有着紧密的联系。"①

在康定、巴塘、甘孜、松潘、昌都等地,既有金碧辉煌的喇嘛寺,也有关帝庙、土地庙等,有些地方还有清真寺、道观,出现多种文化兼容并包的局面。从各地而来的商人还在"茶马古道"沿线的城镇上建立起湖广会馆、川北会馆等各地会馆,同时也将川剧、京剧、秦腔等戏剧传入藏族聚居区。不同的民族节日、不同的饮食习俗在此地共同存在。中国广阔疆域内的民族文化通过"茶马古道"进行传播,促进了文化的和谐。

3. 佛教传播之路

"茶马古道"因茶马贸易而兴盛,也随着茶马贸易的不断发展而在不断延伸着它的道路。

如前文所述,随着信奉伊斯兰教的阿拉伯帝国的兴起,北方丝绸之路上的佛教传播开始受阻。西北佛教传播路线受阻后,当时的许多高僧也积极寻找新的陆路传播路线,故而出现了佛教陆路西南转向的路线。川藏线因此从唐代开始已不同程度地成为佛教的重要传播路线,藏传佛教与汉传佛教就沿着这条古道在青藏高原及周围地区广泛传播,两者在四川的康定、雅安一带衔接。"茶马古道"因此成为佛教传播的神圣通道。

在藏族聚居区,寺院之间都有一定的隶属关系,而且无论是哪个教派的喇嘛,都有到拉萨朝圣拜佛的习俗。没有到过拉萨的喇嘛根本没有升迁的可能,只能是寺里最低等级的"奔着"(小喇嘛)。而一般的喇嘛要成为"格亚"(相当于佛学博士),更要到拉萨的三大寺庙学习很长的时间,参加考试辩经。至于遇到达赖"坐床",各寺都要派人前去送礼朝贺;而本寺的"活佛"转世,也要到拉萨"查书",寻找转世灵童的线索。由于路途遥远艰辛,各地喇嘛与拉萨的联系往往就靠频繁的马帮商队作媒介,沿着茶马古道往来,这样一来,宗教文化也就沿"茶马古道"渗透到沿线的各个民族地区,扩散到马帮商人们所及的各个地方。"茶马古道"就这样奇特地将川、藏两地的宗教文化等贯穿在了一起。

在藏族聚居区,广大藏族群众及其他喇嘛教信徒有朝拜神山转经的习俗。没有朝拜神山转经的人被认为死后不能超度苦海,生前就要受人歧视。例如,康定一年一度的"四月八"转山会现已演变为传统的民族节日。"茶马古道"沿途就有多座神山,而"茶马古道"与朝山转经路线是

---

① 阳耀芳:《"茶马古道"的历史研究与现实意义》,载《茶叶通讯》2009年第1期。

重合的。经由"茶马古道"沿线可见到的难以计数的玛尼堆、转经房和寺庙,可算作茶马古道作为佛教传播之路的一些见证。

川藏线上有关佛教早期传播的记录比较晚,目前还存在的一些寺庙还能够反映出早期佛教传播的情况。如雅安永兴寺始建于唐,地处雅安市蒙山西麓,是以汉传佛教为主的佛寺。康定塔公寺修建于公元7世纪中叶,至今已有1000多年的历史,藏语"塔公"意为"菩萨喜欢的地方",位于四川省甘孜藏族自治州康定县塔公乡,塔公寺是藏传佛教萨迦派著名的寺庙之一,有"小大昭寺"之称,是康巴地区藏族群众朝拜的圣地之一。康定南无寺位于康定县城南,是著名的黄教寺庙。南无寺原名拉姆则寺,清代乾隆皇帝御赐寺庙匾额,上书"南无寺",故更名至今。南无寺为北宋年间建,原为藏传佛教中的一座白教寺庙,建于今跑马山,五世达赖罗桑嘉措清康熙十六年(公元1677年)将该寺改为崇尚黄教。以上是川藏线上始于唐宋时代的佛寺,但年代需要进一步确定。川藏线上更多的是明代以后的佛寺。①

宗教对文化传播在中外文明进程上的历史作用明显,这在"茶马古道"上也不例外,具有重要作用。

唐代以来,随着唐、蕃交往的密切,互相遣使,汉藏宗教间的接触逐渐随之密切。宋元之后,入明代,随着中央王朝对藏族聚居区管辖的加强和管辖方式的多样化,诸多汉藏宗教间的联系由浅入深。尤其是藏族聚居区在清代格鲁派一家独大后,政教一体的发展模式在藏族聚居区开始建立,宗教影响力扩散到藏族聚居区方方面面,藏族聚居区宗教有了更为广泛的影响力。由藏入内地的"茶马古道"上出现愈来愈多的朝贡僧侣和专司贸易的僧侣,在朝贡和贸易途中也与中原地区的宗教有了更为深入的接触与交流。这一宗教间的广泛交流与互动如汉藏间佛、道、儒、回等间的接触,因国家的统一和相互间贸易的加强而有了更多的对话机会。"茶马古道"沿线也是一个多民族聚集带,不同的民族或许有不同的宗教信仰,相同民族内部也可能有多个宗教信仰交织在一起。这是因"茶马古道"而衍变出的社会现象。"茶马古道"沿线的村庄、古镇有单一民族聚居的情况;有以某一民族为主,杂居其他民族的情况;还有几个民族杂

---

① 参见陈保亚《路陆佛教传播路线西南转向于茶马古道的兴起》,载《云南师范大学学报(哲学社会科学版)》2007年第1期。

居的情况。不同宗教信仰的人们有了交往联系,通过商贸的交易有了文化的交融。本课题组在调查中发现,四川、云南的汉族商人、回族商人往往是跨民族通婚比较常见的群体,他们往往娶西藏当地的女子为妻,这样一来,他们的信仰往往也影响了配偶一方。如西藏昌都,民国以来,进入该地的不少回族人娶当地女子,藏族妻子往往在婚后皈依伊斯兰教。①

沿着"茶马古道",大批其他民族的民众进入藏族聚居区,从事经济、文化等活动。如今天仍然活跃于藏族聚居区的回族同胞就是最好的证明。他们不仅在藏族聚居区立足,更定居于西藏,开枝散叶,与藏族聚居区其他民族一道,成为几百年来汉藏交往的贡献者和见证人。此外,还有其他民族在"茶马古道"上活动,成为历史的创造者。由于不同的文化在"茶马古道"上绽放,因此"茶马古道"不仅仅是一条单纯的商品运输道,它还是民族文化交流、宗教文化传播、经济信息传递的桥梁和纽带,将发达地区先进的思想理念和生产技术引进到欠发达的地区,打开欠发达地区人们了解外面世界的窗口,促进了当地经济文化的发展和进步。宗教的影响力随着"茶马古道"的拓宽而有了更大的影响范围。今天,在藏族聚居区有道教信仰、清真寺、丹达神、关公等内地宗教信仰,而内地也不乏藏传佛教的影响。如原为第二十四军军长兼川康边防总指挥,后任第一任西康省主席的刘文辉就为其信仰佛教的母亲制作了一个具备汉藏佛教特色的大型家庭佛龛。整个佛龛为藏汉风格结合,显示了高超的技艺。② 虽然不排除这是基于刘文辉在管理西康时为笼络藏族聚居区上层的考虑,但作为宗教信仰而言,他无疑是虔诚的。这也是当时的宗教文化融合交流的反映,更是长期以来"茶马古道"对宗教传播方面有巨大影响的体现。

随着茶马贸易的发展、"茶马古道"的不断延伸,藏传佛教也沿着这条古道在青藏高原及周围地区广泛传播。这种传播是一种双向交流。佛教从内地传入西藏,逐渐形成具有西藏特点的藏传佛教后又向祖国内地传播。同时从藏传佛教的发展与流传看,其路线大致可分为两条:其一,西藏—青海—甘肃—内蒙古—辽宁—吉林—黑龙江—北京—河北—河南—江

---

① 参见杨纯灵《西藏昌都回族穆斯林和清真寺》,载《中国穆斯林》1995年第3期。
② 参见张岩、根秋登子《西南民族大学博物馆珍藏的刘文辉家庭佛龛》,载《文史杂志》2009年第6期。

苏；其二，西藏—云南—四川—广西—湖北。① 这两条路线中的青藏高原、川西高原和云贵高原部分与"茶马古道"的路线也是基本相同的。

此外，汉传佛教在康定建立了金刚禅寺等，也就是说，随着"茶马古道"的不断开拓与发展，以佛教为代表的宗教也在沿着这条线路不断地传播，因此"茶马古道"实际上也是一条宗教传播大道。②

4. 促进边镇发展之路

"茶马古道"的繁荣促进了古道沿线城镇的发展。如川藏线上的泸定、康定、德格、甘孜、巴塘、昌都等城镇都是由于"茶马古道"而相继出现和繁荣起来的。林隽在其《西藏归程记》记述"理塘、巴塘、道孚、炉霍等集镇也都因茶叶集市和转运而迅速兴起和繁荣。特别是察木多（今昌都）因其为川藏茶路与滇藏茶路的交汇处，又是川藏南、北两路入拉萨汇经之地，各地茶商云集，也迅速成为'口外一大都会也'"③。同时在藏族杂曲《嘻拉棱日纳》中也有这样的描述："……察雅无城已建城……昌都无城已建城……康定无城已建城……道乌无城已建城……甘孜无城已建城……"④ 特别值得一提的是昌都已经发展成为"茶马古道"地区的经济、文化中心，其旅游业已走在前面，成为旅游开发的典范。在这些城镇中还形成了各种各样的帮派，如清代至民国时期，专门经营茶叶的茶叶帮，专营黄金、麝香的金香帮，专营布匹、哈达的邛布帮，专营药材的山药帮等均已经在昌都等地出现。

大渡河畔被称为西泸门户的泸定在明末清初不过是区区"西番村落"，境属沈村、烹坝，为南路边茶入打箭炉的重要关卡。康熙四十五年（公元1706年）建铁桥之后，外地商人云集泸定经商。到宣统三年（公元1911年）设县，1930年已有商贾30余家，其中陕商8家，经营客栈，成为内地与康定货物转输之地。康定在元代尚是一片荒凉原野，关外各地及西藏等地的商人运土产以交换茶叶、布匹，只得搭帐篷、支锅庄，权作

---

① 参见王川《民国时期藏传佛教在内地的流布》，载《西南民族大学学报》2008年第6期。

② 参见张永国《茶马古道与茶马贸易的历史与价值》，载《西藏大学学报》2006年第2期。

③ 林隽：《西藏归程记》，见吴丰培编《川藏游踪汇编》，四川民族出版社1985年版，第106页。

④ 黄奋生：《藏族史略》，民族出版社1985年版，第273页。

住宿之处，明代才形成一个村落。雍正七年（公元1729年）置打箭泸厅，设兵戍守，番汉咸集，交相贸易，成为闹市。从此"汉不入番，番不入汉"的壁垒被打破，大批藏族商人越静宁山进入康区，大批陕商和川商也进入康区，康定成为贸易总汇之所，商业相当繁荣。嘉庆二十年（公元1815年）关税达21868两。宣统三年（公元1911年）改打箭泸厅为康定府。1913年改为康定县，1939年为西康省省会，共有1860户，1.57万人，其中商业人口占6/10，工业人口占2/10，农业人口占1/10；汉人占85%左右，藏族群众约占11%，"为西陲一大都市"。① 四川在清朝时在茶马贸易中的角色更加重要了。康熙三十五年（公元1696年）准行打箭炉市，蕃人市茶贸易，康熙四十一年（公元1702年）在打箭炉设立茶关，在大渡河上建泸定桥，开辟直达打箭炉的"瓦斯沟路"。从此，打箭炉就成了西陲重镇。正如石硕所言："使边茶市场由雅安碉门深入到藏族聚居区，从此打箭炉成为南路边茶总汇之所。乾隆时，松潘也发展成为川西北、甘青乃至蒙古的西路边茶集散地，人渐稠密，商贾辐辏，为西陲一大都会。"②

同时，在这些城镇的辐射下，带动了周边地区的经济发展，促进了农业、手工业技术的进步，繁荣了地区经济。仅以四川为例，宋代四川产茶3000万斤，其中一半经由"茶马古道"运往了藏族聚居区。明代经由黎雅、碉门口岸交易的川茶达3万引，占全川茶引的80%以上。清代经打箭炉出关的川茶每年在1400万斤以上。同时，大批的藏族聚居区土特产也经由此路输出。③

茶马互市的发展和"茶马古道"的繁荣促进了川藏和滇藏沿线高原城镇化的发展。如泸定、康定、德格、甘孜、巴塘、中甸、昌都等比较著名的高原城镇就是随着"茶马古道"的开通、繁荣而相继出现的。其中康定作为"茶马古道"上的交通咽喉，在唐、宋时只是一个架设帐篷的临时露天市场。明以前这里几乎是一片荒凉的牧场，仅有元代留下的碉房和红教寺院，而明代以后，随着边茶在此集散，48家锅庄先后形成，此地日渐繁荣起来。"锅庄"实际上是明代以来的汉藏通商贸易的产物。随

---

① 参见贾大泉、尉艳芝《浅谈茶马贸易古道》，载《中华文化论坛》2008年第S2期。
② 张永国：《茶马古道与茶马贸易的历史与价值》，载《西藏大学学报》2006年第2期。
③ 参见杨仲华《西康纪要》第九章。

着茶马贸易，以"锅庄"形式的固定货栈纷纷兴起，于是市场勃兴，人口递增，成了康藏地区的商品重镇。在它最兴盛之时，"炉城严如国都，各方土酋纳贡之使。应差之役，与部落茶商，四时蟠凑，骡马络绎，珍宝荟萃，凡其大臣所居，即为驮商集息之所称为锅庄，共有四十八家，最大的有八家，称八大锅庄。有瓦斯碉者锅庄之巨擘也，碉在水会流处，建筑之丽，积蓄之富，并推炉城第一。康藏巨商成集于此，此则番夷团结之中心也……全市基建于商业，市民十分之八九为商贾"，由此可见一斑。①此外，任乃强还从《隋书》《新唐书》《旧唐书》和《明史》入手，通过实地调查资料与正史记载相互对照，考订了川藏茶马古道上不少城镇如岚安的历史以及与茶马古道的关系，他为了探寻历史上天全到康定间的交通线路，派人探测，根据实地报告，并询问了当地猎户和远行者，询得古道的信息，为研究川藏"茶马古道"提供了大量的重要信息，认定了这些城镇的兴起与"茶马古道"具有密切的关系。

城市是经济发展的结果，也是经济发展的空间载体，在长期的茶马贸易中，随着沿线物资交换的逐渐扩大，"茶马古道"沿线诞生并发展起来了一部分城市。虽然因物资交易量的大小，这些城市的发展水平参差不齐，但并不能因此而忽视茶马贸易在沿线的重要影响。沿线一些城市可以说是因茶马贸易而建而兴的，只是在漫长的历史发展进程中因为地理位置、交通的限制、信息的滞后并没有成为大型城市，如西藏昌都、拉萨等道路到中华人民共和国成立后才有了翻天覆地的变化，取得了骄人的发展成绩。而在新时代建设沿线城市的同时，我们不能忘记历史上茶马贸易在沿线城市建设中的作用。

5. 巩固边疆之道

茶马贸易的兴盛对促进我国西南边疆的安定和巩固有着积极的作用和意义。张永国在其文章中曾详细论述了茶马贸易对中国西南边疆安全的重要作用。宋元祐六年（公元1091年）成都府利州路钤辖司言："川陕西路茶许客通贩，内外安便，今并为禁地，缘逐处皆是接连蕃蛮，若行禁止，窃虑别生边事。"② 宋朝因此取消了禁令。汤开建总结茶马贸易的3种作用：一是阻止了西北少数民族对宋边境的武力进犯；二是阻止了吐蕃

---

① 参见格勒《"茶马古道"的历史作用和现实意义初探》，载《中国藏学》2002年第3期。
② 徐松：《宋会辑要》（第136册），食货三〇之二六。

同西夏的联盟；三是取得了吐蕃、回鹘同宋联合抗夏的成功。明清时期的茶马贸易的一个重要目的是安边固疆。茶马贸易所具有的安边固疆的作用到了现代还在显现。1929年，十三世达赖派贡觉仲尼前往南京转达达赖"渴欲输诚"的5个内因中的第一条就是"藏人吃茶，全用中国品，中藏绝交，茶价贵至十倍"。① 谭方之在《滇茶藏销》中也提到了加强汉藏茶马贸易的原因，英国人早就深刻认识到茶叶在政治上的重要意义，积极利用在印度的东印度公司向西藏倾销茶叶，"但因藏人不喜欢锡兰茶，而好我国川滇之茶，故直至公元19世纪末，英国人企图西藏茶叶市场野心尚未有所获"②。

最重要的是历代中央王朝通过"茶马互市"和"茶马古道"，实现了"羁縻"政策，从而更加巩固了西南边疆，维护了国家的统一。因此，"茶马古道"与中国历史上著名的丝绸之路和唐蕃古道一样，在促进西南地区，尤其是康藏地区各民族之间的经济、文化交流方面产生了重要的影响。可以说，"茶马古道"不仅是经贸之道、文化之道，也是重要的政治之道，在治藏安康方面产生过不可替代的历史作用。③ "茶马古道"自唐、蕃广泛接触以来一直延续，虽然在元、明、清时期，原先的贸易大宗"茶马贸易"逐渐被其他贸易形式所替代，但"茶马贸易"这一习惯性称呼却一直延续了下来。一定意义上来讲，"茶马贸易"在今天仍然存在并以更为丰富的形式，在国家的大力支持下焕发出无限的生机。在"西部大开发"战略和"一带一路"倡议下，"茶马古道"愈发显示出可供继承的区域发展必要性和国家边防安全的紧迫性。江泽民同志在中央第三次西藏工作座谈会上指出："西藏的稳定，涉及国家的稳定；西藏的发展，涉及国家的发展；西藏的安全，涉及国家的安全。重视西藏的工作，实际上就是重视全局的工作；支持西藏的工作，就是支持全局的工作。"④ 在历史上，西藏的发展的内部动力是西藏地区各民族的协同共进，而外部动力则可从茶马古道的层面来讲。一直以来，西藏社会发展落后，茶马贸易

---

① 参见西藏社科院民族所、民族学院、第二历史档案馆《西藏地方是中国不可分割的一部分》，西藏人民出版社1986年版。
② 谭方之：《滇茶藏销》，见《边政公论》第三卷。
③ 参见格勒《"茶马古道"的历史作用和现实意义初探》，载《中国藏学》2002年第3期。
④ 续文辉、万金鹏、靳海波：《治边稳藏战略思想的理论意蕴》，载《西藏日报》2013年8月17日。

中，藏族聚居区产品输往内地，内地物资同时传入藏族聚居区，在进行物资交换的同时，也是对藏族聚居区的一种经济引导与客观刺激。西藏遭周边邻国环伺，在历史上也不乏印度等国的注目。虽然西藏自吐蕃时代开始逐渐产生了归属中华文明的向心力，至元、明、清，经三代中央政府的管辖而成为中华文明版图不可或缺的一部分。但不可否认，晚清时期，随着清王朝的衰落，西藏外向分裂势力萌生亲英靠印的倾向，但最终这股分裂势力走向了末路。

歪曲历史是包括藏族群众在内的中华儿女所不认可的，是千百年来中央政府有效治边的历史所抨击的。"茶马古道"所承载的茶马贸易是历代中央政府有效治边的重要保证。元朝为了加强对康藏地区的治理，十分重视通藏的交通畅通，把以"茶马互市"为主干线的进藏交通线路定为正式驿路，并一路设置驿站进行管理。元代，在川藏"茶马古道"沿线共设置了19处驿站。从此，"茶马古道"既是经贸之道、文化之道，又是国之道、沿藏之道、安藏之道。"茶马古道"的战略意义更加突出。对中央政府而言，"茶马古道"的政治和军事作用似乎重于经贸作用，到后来"茶马互市"从直接由中央政府经营，逐渐引向任汉藏民间自由互市，互通有无。到了明代，茶马交易又开始兴旺发达。到清朝，这种以贸易而达到有效治藏的方式更为明显。清朝则通过四川茶马贸易古道进军西藏，加强对西藏地区的管理，促进了西藏地方政府与中央政府的政治关系。清末民初，英帝国主义侵略西藏，中央政府就通过川藏道出兵西藏，反对英帝国主义的侵略和西藏上层分裂势力，维持了民族团结。川藏"茶马古道"又成为捍卫我国主权领土完整的国防道。中华人民共和国成立后，随着川藏、青藏、滇藏、新藏等公路的铺筑以及几条铁路与航空航线的开辟，传统的"茶马古道"真正成为历史，成为中华民族的共同记忆，但其对巩固边疆、维护国家统一所发挥的作用永远镌刻于中华民族发展史上，并在新时代有了更为有力的继承与发展。

6. 弘扬马帮精神之路

我国西南地区的马帮作为古代西南地区的一种交通运输方式，对西南地区的经济文化产生了很大的影响。在西南社会发展历程中，在西南的崇山峻岭间，能够依赖的最主要的交通工具就是马帮，这是当地与外界联系的唯一交通工具，粮食、酥油、山货和一些生活用品都是靠它进出运输的。马帮里一般有十几至几十匹马，常年往返于尼汝和县城之间，往返一次需用时 2～4 天。马帮人的生活相当艰辛，长年的马帮生活使他们变得非常敏锐和警觉，他们能够在深夜中通过马铃声的远近来判断马是否跑远了，从而保护马匹与货物。

马帮在千百年的历程中形成了一种独特的文化载体。他们的精神又附着在"茶马古道"上，成为中华民族精神的组成部分。这就是马帮勇于开拓、自强不息、拼搏进取、追求和谐、重信誉、讲信用的精神。

马帮赶马走南闯北，为了谋求生活，面对的都是自己不熟悉的人和陌生的环境，如果没有超强的生存能力和谋生手段，就无法适应马帮生涯。每一个赶马人都要勇于冒险，敢于面对各种挑战，在遭遇土匪强盗和碰上各种危机之时要临危不惧，沉着应对。在马帮生涯中，赶马人不仅劳力苦心，而且要知晓四季更替、天气变化，要能辨别东南西北，要能与沿途的各族民众打交道，要懂骡马的性情。赶马人在马帮中一定要服从马锅头的指挥，懂规矩，顾大局，明白事理，坚决完成自己分内的事情。在货物运输和与人交往过程中，信誉是十分关键的，必须是说一不二，果断干脆，说到做到。在路途中，马帮遇到困难，需要相互全力协助，不计报酬。马帮之间最忌争抢道路、争抢草场、争抢顾客、争抢货物等。

马帮以谋生为目的，若无商业利益，就不会有马帮，也就不存在所谓的"茶马古道"和马帮文化，因此马帮文化具有很强的商业性。现在看来，所有古道的形成原因之一就是各民族之间的商品贸易兴起，"茶马古道"更不例外，由此可以断定，"茶马古道"是一条"因商而辟，因商而兴，也因商而得以流传"的古道。马帮整日穿梭在大西南的山山水水间，他们日出而行，日暮而歇，由此产生了许多驿站，这些驿站逐渐演变成人流、物流的集散中心，最终演变成市镇。

在"茶马古道"上行走的赶马人别妻离子，走南闯北，触景生情，抒发了许多感人至深的赶马调和歌谣，有些歌谣还传唱至今，表现出很强的生命力。马帮生活是一种漂泊的生活，每天都要踏上新的旅程，奔赴陌生的地方，因此充满了未知的诱惑。在赶马生涯中，马锅头们创作了许多源于生活、与现实紧密相连的马帮歌谣和诗词。这些歌谣和诗词反映了赶马人对远方亲人的思念，对山川河流美景的赞美，对现实生活的思考，十分感人、亲切，比喻生动并且朗朗上口。有些马帮歌谣句里行间表现出铿锵激情，他们爱国爱家，在国家需要他们的时候，就义无反顾地为国家奔走呼号。抗日战争时期，许多赶马人投鞭从军，奔赴救国战场，还有一些赶马人则默默地奔走在大西南的"茶马古道"上，为抗日战争大后方的物资运输供应做出了巨大的贡献。当时的一首马帮歌谣就唱道："马铃儿响叮当，马锅头气昂昂。今年生意没啥子做，背起枪来打国战。"

马帮文化是"茶马古道"文化的一部分，它融合吸取了沿线各民族、各地区的文化元素，又有其独特的文化内涵。马锅头作为马队的头领，除了要有上述本领之外，还要有威信和凝聚力，能够统领全队；对路况、商情烂熟于胸；遇到突发事件，需要有很强的应变能力；还要有很好的与人沟通、交际的能力。马队每到一处，住店休息、补充给养、采买物品、与各种人打交道都由马锅头出面，因此马锅头不仅是马帮的核心，也是马帮文化最集中的体现者。[①]

在马帮精神的带动下，更多的西南男儿加入了马帮，成为茶马古道上的运输兵。在长期的茶马贸易的推动下，在马帮精神的基础上，一些规模较大的古镇逐渐发展并自然形成了以街巷为片区、以经营特色商品和专门接待某地马帮为己任的马店，这些马店具有较强的民族性或地域性色彩。

马帮作为大西南一种独特的经济物资流通形式、一种独特的商业行为、一种独特的文明传播载体、一种独特的社会阶层及一种独特的社会组织形式，在历史上与今天都有着重要的文化意义。[②] 如今，沿"茶马古道"修筑的进藏公路上，汽车早已代替了骡马运输。"山间铃响马帮来"这部千年的交通驿运史与它的悲壮艰辛和浪漫诗意同时载入了人类文明进步的光辉史册。

7. 绝美旅游线路

昔日的"茶马古道"已经失去了它原有的功能与作用和旧时的辉煌与繁荣，只留下见证它丰功伟绩的历史。如今的"茶马古道"已经被现代化的公路交通道路网所取代，在新的历史条件下被赋予了新的内涵，其价值远远超出过去意义上的"茶马古道"。"茶马古道"是我国迄今西部文化原生形态保留得最好、最多姿多彩的一条民族文化走廊，拥有挖掘不尽的文化宝藏，是宗教文化与民族风情的组合。"茶马古道"呈网状贯

---

① 参见杨宁宁《论茶马古道的文化内涵》，载《西南民族大学学报（人文社会科学版）》2011年第1期。

② 参见敏塔敏吉《茶马古道上的马帮文化》，载《思茅师范高等专科学校学报》2008年第4期。

通,使各民族的文明相互融合、相互影响,使西南地区成了民族文化的大熔炉。在古道上有蒙顶茶文化圣山、第一只国宝大熊猫的发现地、珍贵的汉代文化遗存等;沿线有蜚声海内外的泸定桥、海螺沟冰川;有风靡世界的康定情歌、青藏高原;有雅鲁藏布大峡谷;还有巍峨的喜马拉雅山、宏伟的布达拉宫等壮丽的自然风光、多彩的民族风情、众多的名胜古迹。

同时,这条千百年来一直存在于青藏高原、川西高原、云贵高原地区的古老的交通孔道是中华儿女用自己的智慧和生命铺就的,是目前世界上已知的地势最高的文明、文化传播古道,是中国藏族聚居区连接祖国内地并延伸至南亚和东南亚的纽带,是中国在对外经济文化交流和古文明传播中起重要作用的国际通道。马帮在古道上留下的斑驳杖痕、驮队踏出的蜿蜒小径让人浮想联翩;沿途古老的村寨、宗教仪轨、藏传佛教寺庙塔林、年代久远的摩崖石刻、古色古香的巨型壁画、奇异的民风民俗让人感受到中华古老文明的绚烂多姿。同时在川藏道、滇藏道途经的横断山区和青藏高原是我国地理、地貌最为复杂,生物多样性最为丰富的地区,有着极高的科学考察价值。这里有六江并流、高山峡谷、神山圣水、塔林冰川、地热温泉、牧场森林、种类繁多的动植物,是探险家的天堂,是研究者的乐园。"茶马古道"就像蜘蛛网的蛛丝一般,托起了中国西南地区灿烂辉煌的历史。"茶马古道"可谓世界上最艰险、最壮丽的古道:"茶马古道"拥有汹涌澎湃的澜沧江、金沙江、怒江、岷江、雅砻江、雅鲁藏布江,还有高耸的二郎山,只有亲身走在这条古道上,才能真切领略到"茶马古道"的壮丽与艰险。

"茶马古道"是祖国统一的历史见证,是民族团结的象征。它就像一座历史的丰碑,让人感受到隽永与深厚的汉藏情谊。"茶马古道"时间跨越2000年,空间跨越川、滇、藏、青等数千千米。任何一地想单独打造这一旅游产品都不可能,必须联手进行,区域分工,彼此联动,各自扮演一个独特的角色。因此,从这个意义上讲,在打造川滇藏旅游吸引物上,"茶马古道"与"南方丝绸之路"可相辅相成,成为促进川、滇、藏旅游联动的最佳纽带。①

国家旅游局专家魏小安关于"茶马古道"的旅游开发问题,曾经提出"茶马古道是滇西北、川西至藏东南历史上茶马互市所形成的一条驿

---

① 参见任新建《茶马古道的历史变迁与现代功能》,载《中华文化论坛》2008年第3期。

道，在这条古道上，集中了中国最好的自然景观和人文景观，经过适度开发，完全可以成为世界级的旅游绝品"，认为茶马古道旅游开发应该作为区域联动开发战略的内容之一，列于国家级的旅游发展规划中，这一全世界旅游的"极品、新品、精品、珍品、绝品"正是川藏茶马古道的又一大文化遗产价值及特征所在。① 随着茶马古道的旅游开发，它将对西藏及周边地区经济社会的全面发展起到更好的促进作用。不久的将来，人文荟萃、自然奇绝的"茶马古道"作为人类文化交流的活化石和物证，必将成为继丝绸之路之后的一个全新亮点，成为中国富有魅力、极具潜力的黄金旅游热线之一。

四、保护川藏"茶马古道"的意义及措施

正如上文所述，"茶马古道"为后人留下了不可估量的遗产价值，故而保护茶马古道任重而道远。

进入 21 世纪以来，西部的西藏自治区、四川省、云南省、青海省等积极联合，展开研究，进行了多次联合考察及科学研讨。

由中共西藏昌都地委、行署倡议并与四川甘孜藏族自治州、云南迪庆藏族自治州联合举办的"茶马古道"学术考察研讨会于 2002 年 6 月 1 日在成都开始，2002 年 6 月 17 日于拉萨结束，这次大型综合科学考察与研讨活动历经四川、云南、西藏 3 省区。

笔者受主办单位之邀，参与了这一科学考察盛事。西藏文化传承发展协同创新中心（西藏民族大学）2016 年重点招标课题立项后，笔者与考察小组于 2016 年两次进行了川藏"茶马古道"的考察。综合考察所见，本课题组认为，在当前中国市场经济快速发展和西部大开发的条件下，需要趁势对"茶马古道"进行大力的宣传、深入的发掘和精美的包装，因为研究和开发"茶马古道"具有以下几点十分重要的现实意义。

---

① 参见王川《"茶马古道"旅游品牌打造的思考》，载《西南民族学院学报（哲学社会科学版）》2003 年第 2 期。

（一）保护"茶马古道"的意义

1. "茶马古道"是重要的历史文化遗产

"茶马古道"与中国古代的"丝绸之路"一样，是中国历史上著名的国际贸易通道，是中国与南亚、中亚的经济文化交流的纽带。同时，它也是国内中原与西南边疆地区互通有无的桥梁，在这条茶马互市的贸易走廊上，藏族人民和汉族人民相互交往、相互融合，增进着民族的共同生存、共同繁荣的情谊，使各族人民牢牢团结在祖国大家庭中，巩固了我国的西南边疆安全。通过"茶马古道"的研究，能激起人们共同回忆各族人民共同开发西南边疆的历史，可对各族群众进行爱国主义教育，发扬民族品格。"茶马古道"是祖国统一的历史见证，是民族团结的象征。由汉藏各族人民共同开辟的这条道路见证了藏族聚居区与祖国不可分割的关系，见证了藏族与汉族等民族间水乳交融的关系。

同时，深入发掘"茶马古道"的文化内涵对推进汉藏地区的精神文明和文化建设具有重要意义。"茶马古道"是一个历史文化的重要载体，蕴含着极为丰富的文化内涵，例如这条古道所蕴含着的商贸文化与茶文化。藏族人民生活中不能缺少酥油茶、藏传佛教寺院把茶作为宗教饮品都说明了"茶马古道"对茶文化形成所产生的巨大作用。关于藏族的饮茶、用茶礼俗可归纳为"敬""逸""和""静""怡"5字，即：献茶有礼，是为敬；用茶不羁，是为逸；以茶调食，是为和；饮茶宁心，是为静；茶事寓乐，是为怡。这种茶礼俗不仅能提高藏族聚居区人民的生活质量，还对陶冶民族情操也起着重要的作用。除茶之外，还有雅安"汉代文化"，汉源"富林文化"，康定"锅庄文化""康巴文化"，藏族聚居区多姿多彩的"民族文化""民俗文化"，古老、神秘的"藏传佛教文化"等，这些中华民族传统文化的瑰宝、中华文明的精髓随着社会的进步、科技的发展、人民群众生活水平的日益提高，必将越来越多地引起社会各界的关注，成为人们精神文明生活的享受。

"茶马古道"可以让人领悟先民们当时开凿茶马古道的艰辛与伟大。面对复杂的地质结构、剧烈的地壳运动、高寒缺氧、气候无常等情况，还有可能发生的地震、山崩、雪崩、冰崩、泥石流、滑坡等灾害威胁，汉藏古代先民们为了生存的需要，突破险恶的自然地理环境对人类生存的限制，以超凡的勇气和智慧踏出这条艰难之路。"正二三，雪封山；四五六,淋得哭;七八九,稍好走;十冬腊,学狗爬"① 这个民间谚语也充分描绘了"茶马古道"通行的艰难程度。千百年来,背夫和马帮们正是靠着人马脚力踩出了这条坎坷崎岖的古道,依靠人背马驮,源源不断地为藏族聚居区驮去茶、糖、盐等生活必需品,从藏族聚居区为内地群众换回马匹、牛羊和皮毛等物资,成为西南内地农业地区和边疆游牧业地区的通道,充分发挥了进出西藏陆路通道的功能,对汉藏地区的政治、经济、文化的发展有着举足轻重的作用和深远的影响。

2. "茶马古道"是旅游精品

"茶马古道"沿线风景独特,生物与民族文化资源丰富,在"茶马古道"线上畅游既是人与自然的和谐之旅,也是人们的精神之旅。

"茶马古道",风景独特,文化内涵深厚,资源独特,举世无双,至今尚有丰富的旅游资源有待发掘。仅以历史文化而言,可谓沿路都是宝,如康定的情歌、炉霍的驮队、泸定的号子、各地健在的昔日背夫等。② "茶马古道"线上值得关注的旅游区有:蒙顶茶文化圣山,第一只国宝大熊猫的发现地,珍贵的汉代文化遗存,蜚声海内外的泸定桥、海螺沟冰川,风靡世界的康定情歌、青藏高原、雅鲁藏布大峡谷,巍峨的喜马拉雅山,宏伟的布达拉宫……这里有壮丽的自然风光,多彩的民族风情,众多的名胜古迹。"茶马古道"旅游线路的全力打造将会成为我国最有吸引力的旅游线路之一。故而"茶马古道"旅游资源的开发要加强以自然旅游资源优势为基础的资源开发利用,同时注重人文旅游资源的利用和开发,并把二者有机地结合起来,进行全方位、多层次的深度开发。对那些市场潜力大、功能齐全的旅游地积极引导,大力扶持,对还未开发的旅游资源进行合理开发,对已开发的旅游资源则仍然要不断完善其各方面的功能,避免其遭到破坏,增加其内涵。无论是在自然资源上还是在文化资源上,"茶马古道"都是一条具有国际影响力的古道,它的旅游品牌效应具有不可复制性,拥有巨大的国际旅游市场潜力,对国内外游客都有很大的吸引力。

3. "茶马古道"具有丰富的生物种类和民族文化

"茶马古道"不仅穿越我国著名的横断山脉,它的沿线还分布着高山

---

① 石硕:《茶马古道及其历史文化价值》,载《西藏研究》2004年第3期。
② 参见王川《"茶马古道"旅游品牌打造的思考》,载《西南民族学院学报(哲学社会科学版)》2003年第2期。

峡谷，景色壮丽，拥有世界上最丰富的生物种类。"茶马古道"的沿线是世界上地势差异最大、中纬度海洋性冰川最多、山地自然灾害发生最频繁的地区，拥有世界上独特的高山峡谷地貌，是博大的"地理博物馆"；气候复杂多变，拥有世界上最丰富的生物种类，是东亚植物区系的核心地带，其垂直带谱囊括了北半球几乎所有的生物种群，是世界上罕见的物种资源库，蕴含着科学研究和生态旅游的巨大潜力。

同时，"茶马古道"沿线民族密布，拥有丰富多彩的民族文化。保护"茶马古道"可引起大家对保护生物多样性、民族文化多样性的关注，促使大家共同关注"茶马古道"的生态环境与旅游开发的协调、可持续发展。

"茶马古道"的旅游价值正是建立在独特的自然地理环境和人文生态环境基础上的，具有不可再生性，一旦被破坏，其价值将会一去不复返。优秀民族文化的消失在某种意义上说比自然环境的生态破坏和环境污染更加难以恢复和重建，因此需要开发"茶马古道"路线，使其产生明显的经济效益和社会效益，以此唤醒人民对民族文化重要性的认识和觉悟，使传统的民族文化得到保护和传承。"茶马古道"沿线区域生态环境比较脆弱，珍稀动植物资源丰富，因此，应注意开发与保护相结合，对生态环境、动植物资源、民族风俗进行综合研究，尽快制定保护措施，在发展特色旅游的同时防止环境破坏和掠夺性开发，以保证这一地区的可持续发展。

4. 可促进周边乃至西南边区的经济发展

以"茶马古道"的旅游业刺激沿线城镇经济的蓬勃发展，乃至带动整个西南边区经济的发展。发展旅游业无疑是帮助贫困地区脱贫致富的一个重要途径。

1999年在联合国可持续发展署第七次会议上，"旅游扶贫"口号被明确提出，联合国首次将贫困人口和贫困问题放在了首位，号召各国政府与当地社区、社会各界通力合作，最大限度地开发旅游资源和消除贫困。李柏槐也曾谈道：旅游扶贫是指以贫困地区特有的旅游资源为基础，以市场为导向，在政府和社会力量的扶持下，通过发展旅游业，使贫困地区的经济走上可持续的良性发展道路，实现贫困人口的脱贫致富。20世纪80年代以来，旅游扶贫开发作为反贫困的一种方式，开始受到国内外旅游学界和业界的密切关注，但目前的研究尚显不够系统。① 发展"茶马古道"旅游可以扩大西南边区就业面，安置过剩劳动力。贫困地区之所以贫困，主要是缺乏劳动就业机会。由于西南地区产业结构单一，大量劳动力都集中在种植业、畜养业上，加上贫困地区人均占有耕地少，劳动力利用不足和剩余的现象十分突出。旅游业为劳动密集型产业，"茶马古道"文化线路的开拓势必需要大量的人员，一定程度上可以帮助缓解西南地区的就业压力，使部分劳动力得到安置。

通过"茶马古道"的旅游发展，能促进西南地区百姓观念的转变，开拓人们的眼界。每年大量游客涌进西南地区，把许多沿海经济发展较快地区的信息也带进了西南地区，有利于西南地区与发达地区的文化、人才和物资交流，开拓西南地区人们的眼界，改变西南地区传统、单一的农业、畜牧业生产模式。

5. 可推动茶产业经济的发展

"茶"作为茶马古道的重要构成部分，通过对茶马古道的关注，也能刺激茶产业的发展。

借打造"茶马古道"之势，弘扬、挖掘四川的茶历史、茶文化，让更多的国内外消费者了解川茶和川茶文化。如川茶的文化圣山——蒙顶山、康熙御赐"天下第一圃"——邛崃等，都蕴含着丰厚的茶文化底蕴。由于茶马互市的盛行，使当时的雅安成了交易的中心。在雅安茶当中，"邛茶"占了相当大的比例。这是因为邛崃是当时川藏线的必经之地，土地肥沃，气候温和，雨量充沛，盛产茶叶。附近郊县的茶农均将茶叶运送至邛崃，经雅安辗转至茶马古道，因此邛崃在当时的成都平原上有"小茶都"的称谓。由此可见，在闻名于世的"茶马古道"上，邛崃是一个重要的驿站。

此时，四川蒙顶茶早在唐代就被陆羽品评为"天下第一茶"。2012年，国际茶文化研讨会暨第八届蒙顶山国际茶文化旅游节在四川雅安隆重举行，以极具中国特色的茶文化演绎使来自海内外的嘉宾倾倒，同时也为雅安的茶叶发展打开了一扇新的窗户。从那时起，每年都会有外地游客、外宾来蒙顶山朝圣祭祖。韩国、蒙古以及欧洲各国茶商对四川茶叶、雅安

---

① 参见李柏槐《四川旅游扶贫开发模式研究》，载《成都大学学报（教育科学版）》2007年第6期。

茶叶有很大的兴趣，对此，通过川藏茶马古道的推广，进一步提高川茶的影响力，扩大交流，川茶对外出口的前景是可观的。"茶马古道"的形成离不开茶文化，如今可借开发"茶马古道"旅游之际，加强茶文化的发展，将具有地方特色的茶文化与旅游业有机结合。

（二）保护"茶马古道"的措施

面对"茶马古道"所存留的巨大价值，该如何科学地打造"茶马古道"的旅游品牌呢？主要从以下几方面入手。

1. 加强"茶马古道"的科学研究

作为一个新的旅游品牌，"茶马古道"旅游的发展既需要报刊、电视、广播等媒体的宣传，共同增强"茶马古道"的影响力，也需要对"茶马古道"进行相关的学术研究，以获得历史学、藏学、旅游学等学科的支持。虽然目前在"茶马古道"领域的研究取得了一定的进展，但是与"丝绸之路""唐蕃古道"等文化线路相比较，"茶马古道"的科学研究仍然有较大研究空间。对"茶马古道"的研究还有待于从学术领域向大众化认同拓展，"茶马古道"旅游资源的开发和历史遗产的保护需要广大公众的参与，需要社会的重视与响应。同时，目前的学术研究也大多以线索梳理和发展规律探讨为主，而将研究成果升华为文化品牌进而打造成一个大众所认同和向往的民族文化品牌是当务之急。与"茶马古道"相关的学术研究以文学作品为主，在史学方面而言，目前尚无一部专门研究"茶马古道"的论著，因此仍需要投入大量的科研力量，加强"茶马古道"的学术研究。

通过"茶马古道"相关学术研究的支撑，深入地发掘、整理、研究、保护沿途各民族的传统文化，丰富"茶马古道"的内涵，以此增强"茶马古道"旅游的竞争能力。在开发"茶马古道"的同时也需要注意保护"茶马古道"，需要更多行业的专家学者进行深入的考察和研究，对其进行理论上的支撑，这样才能使"茶马古道"向着更好的方向发展。

2. 明确政府在"茶马古道"旅游开发中的职责与功能

因为"茶马古道"文化线路所经地区十分广阔，行政区域多，开发所需资金大，开发时间长，同时面临着开发基础条件差、生态环境极易遭到破坏的问题，所以需要发挥政府的主导作用，从宏观上整合资源。避免低层次、破坏性的项目开发，在对"茶马古道"的旅游开发中力求把对自然环境、人文环境的不良影响降至最低。基于对"茶马古道"旅游开发的长远考虑,对"茶马古道"的开发应走可持续发展的旅游线路。

同时,需要坚持政府对经济发展的引导作用,注意引导经济要素的市场配置,如昌都市,当地政府全面评估了昌都地区对外开放对当地社会发展的总体效应,积极向国家有关部门申请全面对外开放政策,希望国家政策、自治区决策层方面能够有所松动、有所推进。

交通问题是"茶马古道"开发最主要的瓶颈。由于高原地区的气候、地质环境的影响,有些路段即便修好,也可能会遭受泥石流冲击,因此路段修建后能否及时、得当地进行维护也将影响当地的交通状况。加大"茶马古道"交通基础设施的建设,可以增强旅游区域的可进入性,给"茶马古道"的发展带来新的契机。

3. 坚持特色旅游发展之路

"茶马古道"文化线路的发展要保持自己的鲜明特色,但人们往往忽略此线路上的城市存在的一些问题,如盲目采用内地城市的现代化风格,放弃了承载自己历史和文化的街区、建筑等,甚至放弃自己古老的民族风格,日益现代化。这样就会导致文化线路缺乏自己的特色,没有足够的吸引力。

做好特色旅游还需要积极开发具有"茶马古道"特色的旅游商品。目前,旅游产品的老化、单一是中国藏族聚居区旅游业落后于其他省区的重要原因。因此解决这一个问题就需要在旅游产品方面创新。"茶马古道"旅游新产品的开发应注意以下三大特色:如三江、高山峡谷、冰川、森林、温泉等独特的自然景观;锅庄文化、茶文化、康巴文化、格萨尔文化等风味浓郁的民族风情;四川康定的锅庄、甘孜的踢踏舞、木雅的藏戏、巴塘的弦子、芒康的邦达昌古宅等沉淀厚重的历史文化。在这三大特色的基础上,不断挖掘"茶马古道"四季旅游的潜力,推出"茶马古道"沿线各点的旅游新产品。例如"康定温泉疗养游"、地质公园、主题公园、博物馆、节庆等,将自然生态、人文景观相结合,形成"茶马古道"旅游文化的优势。同时,作为人类较高需求的旅游活动,游客十分期望能在旅游活动中体现自我,简单的、原始的"观光游览"已经不能满足人们的旅游需求,旅游行程中必须增添更多参与性、刺激性内容,使游客们能深刻体味"茶马古道"艰险的自然地理和丰厚的历史内涵。

在打造"茶马古道"旅游商品中,基本的原则是因地制宜,利用当地的原材料，采用传统工艺技术生产商品。积极引导、扶持"茶马古道"沿线各点生产当地的特色产品，这些产品会颇受游客的欢迎，如德格印经院生产的藏纸、传统印刷画，西藏江达的"六字真言"刻石，昌都柴维乡、噶玛乡一带的佛像制作，四川德格的南派藏药，西藏昌都的日通藏药等。虽然这些特色产品在日新月异的今天，可能会有过时感，但这不能否认其辉煌的历史。一些具备历史底蕴的特色产品应该被正视和尊重，让其在新时代焕发出新光彩。

4. 实行多元化投资的方略

要实现"茶马古道"文化线路的价值，必须加强"茶马古道"沿线的硬件、软件建设，提高它的综合接待和应急能力。目前"茶马古道"旅游开发存在着交通运输、通信等基础设施建设滞后的问题。这就面临着资金的问题，单纯依靠国家或地方政府投入并不现实，而由于基础条件较差，单纯依靠市场推进也不可能。

有学者就曾提出这样的建议：实施多元化的资金筹措战略，组合各种不同性质的资金，发挥最大效益。筹措国债等财政性资金，主要用于沿线交通等基础设施建设。在基础设施建设方面，推进发行地方债券或彩票募集资金。积极利用国际金融组织、政府间贷款或技术援助。充分利用金融性资本，加快基础设施或经营性项目的建设。积极引进投资，加快宾馆、景点等经营性领域的建设。条件成熟后，出售"茶马古道"的特许经营权，直接上市融资。鼓励当地企业、农牧民等投资参与旅游开发与经营。创造一种公众参与机制，向社会募集赠款，并鼓励志愿者参加建设。此外，西南地区还可以以开发茶马古道旅游为契机，以"茶马古道"这个旅游品牌为核心，把区域内的旅游资源组合起来，组建一个"茶马古道"大型的旅游开发集团，用集约化的模式开发经营。① 相对来讲，"茶马古道"沿线地区的社会经济发展明显落后于中国沿海地区甚至大多数内地地区社会经济，需要更多的助力来实现"茶马古道"沿线社会经济的跨越式发展和可持续发展。在这一建议的基础上，本课题组认为，第一，可以考虑将部分暂时无法建设的区域与设施通过市场化运作，整体外包给投标中标的专业性团队，使其合理利用现有资金进行筹划。合理利用已有资

---

① 参见刘小方、李海军《世界文化线路遗产的保护与旅游开发——以四川省为例》，载《桂林旅游高等专科学校学报》2007年第2期。

金就是对多元化投资的方略的再次细化与落实。第二，做好前期的可行性研究，经过筛选后，选择最佳综合投资方案，以求达到最优开发效果。

5. 加强品牌宣传

积极实施"茶马古道"的品牌宣传、推销、打造等各项活动，利用各种渠道、对外活动，加大"茶马古道"旅游总体形象的宣传，进行整体包装，全方位地提升"茶马古道"文化线路的格调，拓宽国内与国外的市场。

发展旅游业离不开旅游市场的开拓，而旅游市场的开拓有赖于旅游的市场营销。因此，加大宣传是旅游业赖以生存和发展必不可少的手段。"茶马古道"旅游资源虽然丰富多彩，但是要想外界了解它的旅游特色，激起游客的旅游欲望，是需要充分运用现代营销手段加大营销力度的。应用媒体、网络技术、电视、广告、报纸杂志等进行宣传，建立"茶马古道"旅游网站、制作旅游宣传多媒体资料，如宣传光盘、画册、明信片等，图文并茂地进行宣传，主动拓宽旅游的信息渠道，不断提高旅游地的知名度，产生规模效应，吸引更多的游客，扩大市场份额。

同时，采取对外引进人才、对内培养人才的方式，组建一批熟悉"茶马古道"历史、景观、文化内涵，并且懂得汉语、藏语、外语的旅游业人才，向旅游者介绍茶马古道所蕴含的历史文化。旅游从业人员是旅游产品与旅游者之间的"桥梁"，面对陌生的旅游空间、历史、地理和文化，游客需要借助他们的讲解去了解、认识旅游产品。同时，旅游从业人员也是旅游地最好的宣传者，他们的言行举止在一定程度上代表了旅游地的形象，会给游客留下深刻的印象。因此，需要培养大批懂得管理、善于营销和热情服务的旅游业人才，可以加强与高校的旅游院、系、专业的合作，通过定期培训、委托培养的方式，尽快培养出一支高素质的旅游业人才队伍。

6. 联合开发

由于茶马古道线路横跨了西藏、四川、云南3省区，因此可以由这几个相关省、市、自治区整体推出"茶马古道"这一旅游品牌，进行统一开发、优势互补、联合发展等方面的旅游开发合作，并拆除跨地区之间的旅游壁垒，取消旅行社、导游地域服务的限制等。

由于"茶马古道"沿线地质、生物多样性意义重大，因此，可以仿效易贡国家地质公园，积极着手3省区有关地带的国家地质公园的申报。

鉴于"茶马古道"沿线民族、文化的多样性,应以德格印经院、昌都芒康盐井、昌都卡若文化遗址为重点,积极筹划世界文化遗产的申报。具体到"茶马古道"而言,如昌都、林芝地区的然乌湖—帕隆藏布—易贡湖冰川、滑坡、泥石流区,甘孜地区稻城—理塘第四纪古冰帽区,昌都侏罗纪—白垩纪红层区申报为国家地质公园,甚至申报为世界自然遗产。而德格印经院、昌都芒康盐井等可以在西藏、四川两地政府的主持下,积极谋划,申报为世界文化遗产等。

2002年首届川、藏、滇"中国香格里拉生态旅游区"座谈会至今,四川、云南、西藏3省区达成了加强区域经济联合、共同开发建设"中国香格里拉生态旅游区"的共识。香格里拉是云南已经成功开发的一个旅游品牌,是一个被全世界所接受的大品牌。"茶马古道"的开发要善于利用香格里拉的品牌效应,以香格里拉带动沿线旅游开发。而香格里拉的旅游品牌也需要靠"茶马古道"来提升层次和增加内涵。香格里拉目前已经成为旅游热线,成为大家向往的世外桃源,香格里拉可以说是对茶马古道旅游魅力的一种描述,而"茶马古道"则是香格里拉旅游资源的线路组合。因此,"茶马古道"的旅游开发与中国香格里拉生态旅游区建设并不是无关或对立的,而是相辅相成、相互支持的。两者的互动关系可以为:把香格里拉作为"茶马古道"的引导,以"茶马古道"延伸香格里拉的内涵。

五、结语

作为一个有着深厚历史文化内涵的概念,"茶马古道"有广义和狭义之分。历史上的"茶马古道"也并非一条,认可度最高的为青藏、川藏和滇藏3条。就本课题研究而言,则着眼于川藏,并基于整个历史时期来综合研究川藏"茶马古道"。在不同的历史时期,"茶马古道"的路线和交易方式会有一些变化,但总体而言,"汉茶易边马"是最主要的交易方式,而且构成了一个路线集合图。由于唐宋以后主要是"以茶易马"或"以马换茶"为主的茶马交易,故称之为"茶马古道"。在我国古代商贸史和民族史上占有重要地位的茶马贸易自唐朝出现以来,历经宋、元、明、清至民国,其延续时间长达千余年,它在中国古代民族关系史中的地位是不可低估的。

文化线路作为近年来新出现的世界文化遗产类型之一，改变了过去世界遗产对人类文明的"点"状展示，而成为以重大的人类活动为脉络的"线"性、区域性展示，更加真实、准确地反映了人类文化的发展与传播。而川藏"茶马古道"作为川西与藏东南沟通连接的主要纽带，沿线大多是汉族、藏族交错聚居之地，是一条功能性的交通线路和移民通道，地处地势差异最大、中纬度海洋性冰川最多、地表活动最活跃的高原，拥有众多独特的自然风光和人文景观。以文化线路这一视点来对川藏"茶马古道"进行研究具有特殊的意义：文化线路这一遗产保护思想在我国文化遗产保护领域之中的运用还不多，对这一保护思想体系的演绎、实践有助于我国在文化遗产保护领域的保护体系完善化、先进化。① "茶马古道"丰富地展示了藏族与中国多民族大家庭的紧密关系。"茶马古道"对见证和揭示自唐以来中国西南各地各民族之间、汉藏之间的经济文化交往具有不可替代的意义。"茶马古道"的文化线路开发将形成强大的影响力和辐射力，也将成为整个西南地区实现旅游协同发展的总体战略和共同品牌。

回溯历史，"茶马古道"是在政治、经济、民族交往等基础上形成的一种历史性产物。中原对周边民族的凝聚力主要源自中原的农业经济及其文化。而沟通不同民族间联系的历史使命正是双方通过互通有无的商业贸易及婚聘、朝贡、迁徙等多种形式的交往来实现的。茶马贸易就是因两大经济区域分工而形成的交换活动，它把不同地理区域、不同风俗习惯、不同语言文化、不同生计方式的民族联系在一起。因此，对民族贸易的探讨无疑是中华民族多元一体格局研究的一个重要方面。② 对于"茶马古道"、茶马贸易的研究在一定意义上来说，就是对漫长的历史时期汉族、藏族关系的一个综合考量。茶马贸易不仅仅是简单的物质交换，更重要的是在此作用力下交往的诸民族对对方的认同和对中华民族共同体的认同。尽管这个认同的过程并不是一帆风顺的，但毫无疑问，它是一直向积极方面延伸的。从民族政权并立到多民族中央政权的形成，这其中有茶马贸易的影

---

① 参见冯子木《川藏"茶马古道"文化线路遗产保护框架与 GIS 技术应用研究》，重庆大学硕士学位论文，2016 年。

② 参见王晓燕《历史上官营茶马贸易对汉藏关系的影响》，载《青海民族研究》2010 年第 1 期。

响，有"茶马古道"这一大动脉、大桥梁的联通作用。就历史角度而言，本课题的历史意义不言而喻。

就现实需求而言，"茶马古道"沿线蕴藏着丰富的历史文化底蕴，保留了一大批能够为"茶马古道"的历史意义作证的历史遗迹，但沿线经济发展与社会面貌仍相对落后。这是国家战略需求，更是沿线民众与地方政府亟待解决的问题。如何发掘自身的优势，赶上旅游发展的浪潮是摆在沿线民众、地方政府和国家面前的一个难题。如何在开发与保护之间取得一个效益最大化的平衡点，就需要全面而深入地看待这一命题。求发展、谋未来需要历史来作证，历史更需获得现实的发展而愈发丰满，需要大智慧、需要包容度。"茶马古道"文化线路研究是一个历史命题，更是一个现实需求，对其中之一的川藏茶马古道的研究则是板块之一。"茶马古道"使西南多民族逐渐聚合，是民族团结、祖国统一的历史见证。川藏"茶马古道"是世界上海拔最高、地势最险峻的文化传播古道，也是一条路程长、路途遥远的文明古道。随着"茶马古道"的旅游开发，它将对西藏及周边地区经济社会的全面发展起到更好的促进作用。不久的将来，人文荟萃、自然奇绝的"茶马古道"作为人类文化交流的活化石和物证，必将成为继丝绸之路之后的一个全新亮点，成为中国颇富魅力、极具潜力的黄金旅游热线之一。而这一切都需要国家和相关研究单位给予大力支持与关心；需要学界同仁一道努力，发掘更多的文化内涵，树立文化品牌；需要社会层面的认同与支持；需要吸取世界相似"文化线路""遗产廊道"的研究和开发、保护经验。同时，对"茶马古道"的研究应该成为"一带一路"倡议的重要一环。在历史时期，"茶马古道"不仅联系祖国区域内的沿线地区，更是沟通南亚、中亚的动脉，其作用不可低估。在新时期，随着国力渐盛，能否从内部发掘文化软实力成为一个国家强盛与否的一个标志。随着国家"一带一路"倡议的提出与实践以及"面向南亚开放的重要通道"倡议与布局的面世，中国需要更多的文化品牌来与周边国家、与世界进行交流与互动。"茶马古道"应该在这一历史机遇中携历史底蕴而以诸多方式参与其中，并焕发出新的活力。

随着现代公路的开辟畅达，那条仅供骡马、牦牛驮队行走其上的千年古道沉寂了差不多半个世纪。今天我们对"茶马古道"的重提、重走和重新张扬并非意在恢复其旧有功能，事实上，那条迤逦数千里、穿越整个横断山脉的天堑古道的完整形象早已不复存在：它大半被现代公路所覆盖，小半因人迹罕至而荒芜，只在局部路段，仍有小群的农牧民驮队在从事着短途的盐粮农牧交换。重提、重走与重新张扬是基于对这条伟大古道存在意义的重新认识，这份珍贵的历史文化遗产需要重新发掘，其极高的学术价值无法量化；而它之于旅游开发和经济发展极具分量的作用已成为沿途至少包括西藏昌都、四川甘孜、云南迪庆3个地区的共识。①

  本研究通过梳理历史概况而对川藏"茶马古道"与茶马贸易做一蠡测，并对未来沿线社会经济发展提供一些建议，以期通过"以点带面"式的立体、宏观考察来丰满"茶马古道"研究中的川藏线板块。"茶马古道"已成历史，茶马贸易也被广泛的全球化所替代，但我国作为茶马贸易的发起国，并将影响力施诸周边国家，更应该从中发掘共同认可的文化品牌，建立更为全面而历史久远的合作基础。

  同时，在国家大力推行"一带一路"倡议的背景下，在西藏开拓"面向南亚开放的重要通道"以及西藏、四川推动改革开放深化发展、云南打造联通东盟"桥头堡"战略的当今，川藏"茶马古道"文化价值与内涵的发掘及其文化产业的开发与利用具有更为重要的现实意义。此研究仅为抛砖引玉。

---

① 参见四川新闻网雅安频道综合《茶马遗风》，2010年1月11日，http://www.newssc.org。

唐蕃古道沿线文物遗存考古调查与价值评估[①]

席 琳 余小洪[②]

唐蕃古道是连接中原唐王朝和西藏高原吐蕃王朝的交通要道。搞清楚唐蕃古道的路网结构、线路变迁，对深入探讨唐与吐蕃的政治、经济、文化交流，丰富丝绸之路的内涵等都具有较为重要的意义。本文主要根据唐蕃古道沿线田野考古调查的结果，结合历史文献记载，重新勾勒了唐蕃古道的路网结构；并对唐蕃古道沿线文物进行遗产价值评估，提出开发利用对策。

一、唐蕃古道考古工作概述

最早记载唐朝与吐蕃之间交通的史料是《释迦方志》[③]《往五天竺国传》《新唐书·地理志》[④]《大唐西域求法高僧传》等几种，其中《新唐书·地理志》记载稍详，从鄯城（今西宁）至逻些（今拉萨）之间的行程、驿站和里数基本具备。除此之外，散见于正史、典志、诗文的相关记载亦可资参考。

公元20世纪以来，中外学者对这条古道多有研究，如中国学者吴景敖《西陲史地研究》[⑤]、严耕望《唐代茂州西通吐蕃两道考》[⑥]、范祥雍

[①] 本研究报告系席琳博士、余小洪博士承担的2011西藏文化传承发展协同创新中心（西藏民族大学）2016年重点招标课题"唐蕃古道沿线文物遗存考古调查与价值评估"阶段性研究成果。

[②] 作者简介：席琳，女，陕西省考古研究院，助理研究员；余小洪，男，西藏民族大学讲师。

[③] 道宣：《释迦方志》，范祥雍译，上海古籍出版社2011年版。

[④] 欧阳修、宋祁等：《新唐书》，中华书局1975年版。

[⑤] 吴景敖：《西陲史地研究》，中华书局1948年版。

[⑥] 严耕望：《唐代茂州西通吐蕃两道考》，载《香港中文大学中国文化研究所学报》1968年第1期。

《唐代中印交通吐蕃一道考》①，日本学者佐藤长《清代唐代青海至拉萨间的道程》②等。其中佐藤长著述中附有地图，标注出道路走向与途经地点，首次将线路标定在现代地图上。

1983—1985年，青海文博单位与北京民族画报社共同组织了"唐蕃古道"的实地考察，获得了大量第一手资料，为解决长期困扰学术界的关于"唐蕃古道"的走向等问题奠定了基础。考察之后，出版了《唐蕃古道》③，同时，还汇编了两套未公开出版的资料集，分别为《唐蕃古道史料辑》《唐蕃古道志——资料选编》。

2014年，陕西省考古研究院、甘肃省文物考古研究所、青海省文物考古研究所、四川省文物考古研究院、西藏自治区文物保护研究所组织了2014年唐蕃古道考察，对唐蕃古道沿线文物遗存进行了系统深入的考古调查，取得了一系列重要的新发现，出版了《从长安到拉萨——2014唐蕃古道考察纪行》④一书。

2016年，西藏民族大学西藏文化传承发展协同创新中心立项2016年度重点课题"唐蕃古道沿线文物遗存考古调查与价值评估"，组建了由陕西省考古研究院西藏考古研究室张建林研究员、席琳助理研究员，西藏民族大学文物与博物馆学教研室余小洪、王文轩老师，西藏文物保护研究所夏格旺堆研究员，青海省文物考古研究所蔡林海研究员等人构成的课题组。在2014年唐蕃古道考察的调查成果的基础上，结合近年的考古发现，于2016年10月历时10余天重点调查了唐蕃古道沿线青海玉树、海西、西宁境内的考古遗存，旨在进一步搞清楚唐蕃古道主干道、核心区域的唐蕃考古遗存；于2017年3月历时10余天调查了青海西宁至甘肃张掖、武威（祁连山北麓地带、河西走廊）、宁夏固原一线的相关遗存，旨在进一步搞清楚这些地区吐蕃遗存的分布与现状，以及唐蕃古道与丝绸之路的关系。课题组成员于2016年6月—2017年10月，利用各种机会，还分别

---

① 范祥雍：《唐代中印交通吐蕃一道考》，见《中华文史论丛·1982年第四辑》，上海古籍出版社1982年版。
② [日] 佐藤长：《清代唐代青海至拉萨间的道程》，青海博物馆筹备处编，1986年。
③ 陈小平：《唐蕃古道》，三秦出版社1989年版。
④ 陕西省考古研究院、甘肃省文物考古研究所、青海省文物考古研究所、四川省文物考古研究院、西藏自治区文物保护研究所：《从长安到拉萨——2014唐蕃古道考察纪行》，上海古籍出版社2017年版。

对唐蕃古道沿线陕西、四川、西藏段内其他有关遗存进行了考察。

2017年9月，经国家文物局批准，青海省文物局组织青海文物考古研究所、陕西省考古研究院、西北大学文化遗产学院、青海省社会科学院、青海师范大学5家单位联合开展了"丝绸之路南亚廊道——'唐蕃古道'（青海段）"考古调查，为"丝绸之路南亚廊道"申遗工作提供学术支撑。

此外，在20世纪八九十年代北京大学考古文博学院、青海省文物考古研究所在都兰开展的考古发掘工作基础①上，2013年12月，陕西省考古研究院张建林研究员、席琳助理研究员及西北大学于春博士等对青海都兰县境内的鲁丝沟吐蕃摩崖石刻进行了考察②。2014年，青海省文物考古研究所与陕西省考古研究院在都兰热水哇沿水库进行了考古发掘工作。③这些考古调查、发掘工作初步勾勒出了唐蕃古道从西宁过赤岭、石堡城，到达都兰的路线。

上述关于唐蕃古道的数次大规模、系统深入的考古调查与研究搜集积累了大量关于唐蕃古道沿线文物遗迹的第一手资料，为我们进一步厘清唐蕃古道的路网结构与线路变迁奠定了坚实的考古资料基础。

二、唐蕃古道田野考古调查资料梳理

2016—2018年，课题组在2014年唐蕃古道考察的基础上，结合考古新发现，重点补充调查了甘青地区的有关遗存，并利用各种机会，分别踏访了陕西、四川、西藏段的有关遗存，详细经过如下：

根据课题组的调研计划，2016年7—8月，项目组对陕西境内全段以及甘肃境内东段线路上的唐蕃古道沿线文物遗存进行了考察，重点补充调查了唐代帝陵中的吐蕃赞普或使臣石刻造像。2016年9月，项目组对西藏境内的唐蕃古道遗存进行了考察，重点补充调查了具有明显唐代建筑构

---

① 参见北京大学考古文博学院、青海省文物考古研究所《都兰吐蕃墓》，科学出版社2005年版。

② 参见于春、席琳《守望千年青海都兰县鲁丝沟摩崖造像调查记》，载《大众考古》2016年第8期。

③ 参见青海省文物考古研究所李冀源、胡晓军、陈海清、梁官锦《青海都兰热水哇沿水库发掘古代遗址和墓葬——出土墨书古藏文卜骨与木简》，载《中国文物报》2015年7月3日。

件与塑像风格的朗巴朗增拉康造像及与唐蕃会盟关系密切的仁达摩崖造像。2016年10—11月，项目组对青海和四川境内的唐蕃古道沿线文物遗存进行了考察，重点补充调查了玉树境内的吐蕃佛教造像与吐蕃墓葬遗存以及唐蕃古道重要标志性遗存——石堡城遗址。2017年3月，对甘肃境内河西走廊中段武威、张掖、敦煌及青海段海北地区通往河西走廊的祁连山古道沿线的相关遗存进行了补充调查，完善了唐蕃古道的路网结构。此外，2016—2017年，课题组还利用各种机会对青海、西藏境内有关遗存进行了持续调查。

（一）陕西段田野考古调查

1. 概述

唐蕃古道陕西段大致线路为长安（今西安市）—始平县槐里驿（今兴平市）—马嵬驿（今兴平市马嵬坡）—望苑驿（或为武功县驿）—扶风县驿（今扶风县）—武功县驿（今武功县）—龙尾驿—岐山县石猪驿（今岐山县）—凤翔府（今凤翔县）—汧阳县驿（今千阳县）—陇州治所汧源县（今陇县），包含了唐蕃古道的起点唐长安和关中西部的重要屏障——大震关，线路多与陕西境内的丝绸之路线路重合。该线路上的重要遗址有大唐西市（唐蕃古道的贸易起点）、大明宫（唐蕃古道的政治起点）、马嵬驿（唐蕃古道关中中部的重要驿站）、亭子头（唐蕃古道关中西部的重要驿站）、大震关（唐蕃古道关中西部的重要关隘）等。

2. 田野考古资料

课题组于2016年7—8月对陕西境内与唐蕃古道有关的重要遗址进行了考察。

（1）大唐西市遗址。

位于陕西省西安市西郊的莲湖区，始建于隋，兴盛于唐。遗址平面呈长方形，南北长1031米，东西宽927米。外围城墙基部宽4米左右，城墙内有顺城道；城内有东西、南北向各两条宽约16米的大街，使路网结构平面呈"井"字形，将西市分为九大板块。街道的土路面经长期碾压，车辙清晰可见；街道两侧设有排水沟，早期为木板筑壁，晚期为砖砌，并有修补痕迹；"石板桥"（即唐代的过水涵洞）由7块石板组成，用铁卡固定，东西长5.5米，南北宽1.75米。街道两侧遗存丰富，分布有店铺和作坊，出土物可分为建筑构件、日用品、装饰品、加工工具等，其中以日用品为主，装饰品中色泽艳丽的蓝宝石戒面和紫水晶饰品应是西域的舶来品。①

唐朝时期，长安城内东西两侧各设置一个市场，其中"西市"因多胡商而更著名。当时的西市商业贸易西至罗马、东到高丽（今韩国和朝鲜），是占地面积最大、建筑面积最大、业态最发达、辐射面最广的世界贸易中心、时尚娱乐中心和文化交流中心。大唐西市以其繁荣的市场体系、坚实的经济基础支撑着整个唐帝国的贸易体系，是唐蕃古道的贸易起点。大唐西市复原模型与东北十字街北侧石板桥与道路车辙痕迹见图1。

图1　大唐西市复原模型与东北十字街北侧石板桥与道路车辙痕迹

（2）大明宫遗址。位于陕西省西安市北郊的未央区龙首原，是唐蕃古道的政治起点，也是唐蕃关系的决策中枢。始建于公元634年，是唐太宗李世民在位时期为其父李渊修建的避暑行宫，但后来由于李渊的逝世而被迫停工。公元663年，唐高宗李治下令将其扩建，自此大明宫不再只是一座离宫别殿，而是作为大唐帝国的正式皇宫。宫殿平面略呈梯形，东西1.5千米，南北2.5千米，共有11座城门，正门名丹凤门，正殿为含元殿。大明宫丹凤门遗址与含元殿遗址见图2。含元殿以北有宣政殿，宣政殿左右有中书、门下2省及弘文、史2馆。此外，有别殿、亭、观等30余所，是唐王朝最为显赫壮丽的建筑群。自高宗咸亨元年（公元670年）以后，大明宫成为朝政活动的中心，是后来唐代的政令中枢所在。② 大明宫丹凤门遗址与含元殿遗址见图2。

---

①　参见庄锦清《唐长安城西市遗址发掘》，载《考古》1961年第5期。
②　参见中国社会科学院考古研究所、西安市大明宫遗址区改造保护领导小组《唐大明宫遗址考古发现与研究》，文物出版社2007年版。

图 2　大明宫丹凤门遗址与含元殿遗址

（3）马嵬驿遗址。

位于陕西省咸阳市兴平县西的马嵬镇。《通典》记载："有马嵬故城。孙景安《征涂记》云：马嵬所筑，不知何代人。姚苌时，扶风丁附以数千人堡马嵬，即此也。"① 兴平县唐属京兆府，据《元和郡县志》载，"马嵬故城在县西北二十三里"。公元756年，反叛唐朝的安禄山军队攻入潼关，唐玄宗携杨贵妃、宰相杨国忠、太子李亨以及诸皇亲国戚、心腹宦官离开长安，逃往四川。至马嵬驿时，护驾军士杀了祸国殃民的杨国忠父子，陈玄礼要求唐玄宗缢死杨贵妃。兵变发生的另一促成因素当与午饭无着落有关，有关史料皆有这样的记载，其中，《资治通鉴》记载："会吐蕃使者二十余人遮国忠马，诉以无食，国忠未及对，军士呼曰：'国忠与胡虏谋反！'"② 景龙四年（公元710年），中宗送金城公主入番，别于马嵬驿。③

杨贵妃墓现为陕西省省级重点文物保护单位，位于马嵬镇西500米处。陵园大门顶额横书"唐杨氏贵妃之墓"7字。进门正面是一座3间仿古式献殿，穿过献殿就是高3米的半球形墓冢。墓冢的周围砌以青砖，周围有3面回廊，上嵌大小不等的石碑，刻有历代名人游后的题咏。据文献记载，公元757年，唐军收复长安，李隆基自成都回来，曾密令迁葬杨贵妃，所以此墓是原来的旧墓还是迁葬后的新墓，或只是杨贵妃的衣冠冢，都无确证。马嵬坡环境与杨贵妃墓见图3。

---

① 杜佑：《通典·州郡三·京兆府》，王文锦等点校，中华书局1988年版。
② 司马光：《资治通鉴》，中华书局2013年版。
③ 参见顾祖禹《方舆纪要·陕西二·西安府》，中华书局2005年版。

图3　马嵬坡环境与杨贵妃墓

（4）亭子头遗址。即今陕西省凤翔县柳林镇亭子头村，位于凤翔县城西约8千米处、柳林镇东约500米处，地处汧渭之会东北平坦开阔的台塬地带的西部，西北、西南部邻近古代交通要道——汧河河谷，是从长安通往西域和吐蕃的重要交通节点。唐高宗时，吏部侍郎裴行俭护送波斯国王子回国①时过此地。村内中心广场现有新修的亭子头碑以及亭子。碑嵌于砖砌的两面坡式屋形碑楼内。碑楼顶部以瓦当、兽面滴水、砖等构成顶部横梁、两面坡顶部及滴水外沿；下部依碑形砌成外长方形、内拱顶长方形的结构。碑正面为拱形螭首碑额与长方形碑身，碑身中部为"亭子头"3个大字，左侧书裴行俭所作的咏赞柳林美酒的诗；碑背面碑额上浅浮雕3只呈拱形排列的瑞兽。亭子建于低台基上，平面呈六边形，六角各一圆柱，支撑起六角攒尖式顶部。柳林亭子头见图4。

图4　柳林亭子头

---

① 参见刘昫等《旧唐书·裴行俭列传》，中华书局1975年版。

(5) 大震关遗址。位于陕西省陇县固关镇固关林场,其得名于汉武帝曾在此遭雷震的传说,"汉武帝至此遇雷霆,因名"①。汉代名陇关。②大震关在隋唐时期被列为京城四面关中的六"上关"之一③,"凡戎使往来,必出此"④。无论是吐蕃输款"请互市或东寇关中、商旅往来,还是唐王朝设立驿馆、塞道移关,其所经营与往来者皆为此道。安史之乱后,吐蕃占据陇右,经常由大震关入侵,马燧按行险易,立石植树以塞之,下置二门,设篱櫓"⑤拒之。关于大震关的位置,学术界意见很不统一,有清水县东陇山说、通关河西陇山支脉东坡说、陕西陇县西北固关说、陕西陇县西境陇山主脉说、陇县与张川县交界处鬼门关说等。⑥其中以陕西陇县西北固关说较可信。据《元和郡县图志》载:"陇山,在县西六十二里,……大震关在州西六十一里,后周置,汉武帝至此遇雷震因名。"陇州汧源县即今陇县。1唐里约今540米,61唐里约合32.94千米。陇县故关西北的"上关厂"和"下关厂"一带离陇县约30千米,与大震关离陇州汧源县的距离相当;地名"上关厂"和"下关厂"证明两地之间在古代有关隘存在;"上关厂"一带还发现墩台遗迹。由此可知,"上关厂"可能就是《元和郡县图志》记载的大震关所在地。安史之乱后,秦陇地区沦陷于吐蕃,因吐蕃屡经大震关入寇关中,马燧立石植树塞关。秦州收复后,因大震故关久废,大中六年(公元852年),薛逵东移30唐里筑安戎关,称为新关,以别大震故关。《元和郡县图志》成书于元和八年(公元813年),即薛逵筑安戎关的38年前,其所记载的大震关应该是大震故关。关于认为大震关应在陇县、张川交界处的老爷岭一带的说法,虽然老爷岭离陇县的距离与上关厂离陇县的距离相当,但无地名和考古遗迹的印证,所以,将大震关确定在"上关厂"一带可能更恰当。大震关所在山口见图5。

---

① 李吉甫:《元和郡县图志·关内道·陇州》,国家图书馆出版社2011年版。
② 参见杜佑撰《通典·州郡三·陇州》,王文锦等点校,中华书局1988年版。
③ 参见张说、张九龄等《唐六典·刑部》,中华书局2014年版。
④ 沈亚之:《陇州刺史厅记》,见董浩等《全唐文》,中华书局1988年版。
⑤ 刘昫等:《旧唐书·列传八十四》,中华书局1975年版。
⑥ 参见杨军辉《关于唐大震关的几个问题》,载《甘肃农业》2006年第6期。

图 5 大震关所在山口

(二)甘肃段田野考古调查

1. 概述

唐蕃古道甘肃段的大致路线为清水县(今清水县)—秦州治所上邽县(今天水)—伏羌县(今甘谷县)—陇西县(今武山县)—渭州治所襄武县(今陇西县)—渭源县(今渭源县)—临州治所狄道县(今临洮县)—兰州(今兰州市)—大夏县大夏川驿(在今广河县)—河州治所枹罕县(今临夏市)—凤林关(在今甘肃省临夏市莲花镇)—漫天岭(今小积石山)。其中主体线路大体同于丝绸之路在该区域内的线路,而当中所途经的唐陇右诸州无疑是长安西部的重要屏障。在该线路上,我们考察了古代从渭河进入洮河谷地的交通要道以及渭河上游北源和洮河支流东峪沟的分水岭——鸟鼠山、临洮哥舒翰纪功碑、甘肃省博物馆藏肃南大长岭吐蕃墓出土物、炳灵寺石窟中晚唐吐蕃占领时期的洞窟以及记载唐御史大夫崔琳率入蕃使团途经石窟时所留下的《灵岩寺记》等记载唐蕃关系的汉文和吐蕃文题刻、凤林关遗址、临津渡遗址、积石关遗址。

2. 田野考古资料

课题组于2016年7—8月、2017年3月分别对甘肃境内与唐蕃古道有关的重要遗址和地点进行了考察。

(1) 麦积山石窟遗址。

位于甘肃省天水市麦积区麦积山,始建于后秦(公元384—417年),大兴于北魏明元帝、太武帝时期,孝文帝太和元年(公元477年)后又有所发展。西魏文帝皇后乙弗氏死后,在这里开凿麦积崖为龛而埋葬。北周的保定、天和年间(公元561—572年),秦州大都督李允信为亡父建造七佛阁。隋文帝仁寿元年(公元601年)在麦积山建塔"敕葬神尼舍利",后经唐、五代、宋、元、明、清各代不断的开凿扩建或重修,成为中国最著名的石窟群之一。约在唐开元二十二年(公元734年)的时候,因为发生了强烈的地震,麦积山石窟的崖面中部塌毁,窟群分为东、西崖两个部分。洞窟现有编号194个,其中东崖54个,西崖140个,洞窟"密如蜂房",栈道"凌空飞架",层层相叠,惊险陡峻。其仿木殿堂式石雕崖阁独具特色,洞窟多为佛殿式而无中心柱窟。①

(2) 伏羲庙遗址。

位于甘肃省天水市秦州区西关伏羲路,是目前中国规模最宏大、保存最完整的纪念上古"三皇"之一伏羲氏的明代建筑群,也是中国国内唯一有伏羲塑像的伏羲庙,原名太昊宫,俗称人宗庙,始建于明成化十九年至二十年间(公元1483—1484年),前后历经九次重修,形成规模宏大的建筑群。清光绪十一年至十三年(公元1885—1887年)第九次重修后,占地面积13000平方米,现存面积6600多平方米。

建筑坐北朝南,院落重重相套,四进四院,宏阔幽深。庙内古建筑包括戏楼、牌坊、大门、仪门、先天殿、太极殿、钟楼、鼓楼、来鹤厅等共10座;新建筑有朝房、碑廊、展览厅等6座。新、旧建筑共计76间。牌坊、大门、仪门、先天殿、太极殿沿纵轴线依次排列,层层推进,庄严雄伟。

(3) 鸟鼠山。

鸟鼠山位于甘肃省渭源县城西南8千米处,海拔2609米,为西秦岭北支山脉之一部分,系渭河上游北源和洮河支流东峪沟的分水岭,是古代从渭河进入洮河谷地的要道和古代中原通往吐蕃的必经之地。

中国早期文献中便有关于鸟鼠山的记载,《尚书·禹贡》载:"导渭自鸟鼠同穴,东会于沣,又东会于泾;又东过漆沮,入于河。"又载"禹

---

① 参见魏文斌《麦积山石窟初期洞窟调查与研究》,甘肃教育出版社2017年版。

贡导渭自鸟鼠同穴。鼠之山有鸟焉，与鼠飞行而处之，又有止而同穴之山焉，是二山也。鸟名为鵌，似鵽而黄黑色。鼠如家鼠而短尾，穿地而共处"。《山海经》称"鸟鼠同穴山，渭水出焉"。《山海经校注》云："渭水出鸟鼠同穴山，东注河，入华阴北。"晋郭璞注释："鸟鼠同穴山，今在陇西首阳县，渭水出其东，经南安、天水、略阳、扶风、始平、京兆、宏农、华阴县入河。"鸟鼠山因鸟鼠"同穴止宿"而得名。郦道元《水经注》云："渭水出陇西首阳县渭谷亭南鸟鼠山。"鸟鼠山见图6。

图6　鸟鼠山

（4）哥舒翰纪功碑遗址。

位于甘肃省临洮县城南大街，现坐北向南，镶嵌在砖龛内，四周设置有保护栅栏，唐天宝八年（公元749年）所立。碑额高0.92米，两侧刻有狮形瑞兽，饰祥云纹，中间仅存"丙戌哥舒"4字。碑身高4.25米、宽1.84米，有3道裂纹，表面斑驳陆离，风化严重，刻隶书12行，字势雄健，笔力遒劲，传为唐明皇李隆基御笔，许多文字在"文化大革命"中被砸毁，可辨认者仅67字，已不能成文。清代临洮籍诗人吴镇曾集剩字为《唐雅》六章。碑座高2.4米，共5个阶层，层层内收。

哥舒翰生年不详，为突厥族哥舒部人。天宝六年（公元747年），为陇右节度使。期间，他多次率兵击败吐蕃，并于公元749年攻克吐蕃在青海的战略要地石堡城，进而取得黄河九曲之地。这次军事胜利使吐蕃的扩张野心受挫，洮河流域因此一度安定下来。[①] 临洮哥舒翰纪功碑就是为纪念他在抵御吐蕃入侵中原的卓越功绩而立。该碑已于1981年被列入甘肃

---

① 参见刘昫等《旧唐书·哥舒翰传》，中华书局1975年版。

省省级文物保护单位。哥舒翰纪功碑见图7。

图7 哥舒翰纪功碑

（5）大长岭吐蕃墓葬遗址。

位于甘肃省肃南裕固族自治县马蹄区西水乡二夹皮村东北的大长岭上，距二夹皮村村委会约10千米。墓葬由墓道、甬道、前室和后室4部分组成。墓主人为一成年男性，头南脚北，仰身直肢。头戴银丝网盔帽（已残破），内有缝制的黄丝绸垫，头上梳有20厘米长的两根发辫，用黄丝绸缠绕；身着盔甲，腰系牛皮腰带，上有精致的金饰件；脚蹬高腰牛皮马靴。身体右边放有铁制宝剑一口，后室地面尚有一残损箭筒，内装箭10支（铁箭头）；左边放有8把腰刀（大、中、小3种）。① 该墓葬出土各类器物143件，大致可分为5类，即金器类、银器类、锡器类、铁器类和木器类。金器类有单耳带盖镶珠金壶、如意形金饰、金质马鞍、马具金饰件、马靴金扣环、金套环、金质方形带饰、金皮木胎刀销以及其他金饰件；其中，鎏金类有鎏金菱花形三折叠银高足盘、鎏金六龙银杯、鎏金银洗、鎏金铜盏托、鎏金桃形铜饰、鎏金马鞍和马具等。银器类有银匜、银勺等。锡器类有菱花形二龙戏珠锡盘、锡圈等。铁器类有铁质宝剑、连环铁甲等。木器类有门楼图木板画、棋盘门木板画以及十二生肖木板画等。甘肃省博物馆藏大长岭吐蕃墓出土物见图8。墓葬所在地位于丝绸之路上的甘州城南，公元8世纪中叶至公元9世纪中叶，这里被吐蕃占据长达百

---

① 参见施爱民《肃南大长岭吐蕃文物出土记》，载《丝绸之路》1999年第S1期。

余年，直到咸通四年（公元863年），唐王朝复置凉州节度使后，河西走廊才又畅通无阻。大长岭墓葬及墓葬中出土的这批吐蕃文物正是吐蕃占据河西走廊时期的遗存。从墓葬的结构和随葬品分析，墓主的身份较高，可能是一位将军。① 甘肃省博物馆藏大长岭吐蕃墓出土物见图8。

图8　甘肃省博物馆藏大长岭吐蕃墓出土物

（6）凤林关遗址。

位于今甘肃省临夏市莲花镇的原唵哥集。"后魏大统十二年（公元546年），刺史杨宽于河南凤林川置凤林县，因以为名"②，具体地点在唵歌集，因县之名，渡口叫作凤林津，关隘叫作凤林关。其后唐凤林关、吐蕃城桥关、宋安乡关、金安乡关城、元安乡县等均因之未变，均设在西魏旧址，刘满在其《凤林津、凤林关位置及其交通路线考》一文中有详细的考证。③ 也有学者认为凤林关位于炳灵寺河南500米的阎王砭或者在今临夏市城关东北40里、大夏河入河口之西的莲花城。④ 凤林关是唐蕃古道的重要的通道，《旧唐书·吐蕃传》记载："（大历二年）十一月，和蕃使、检校户部尚书、兼御史大夫薛景仙自吐蕃使还，首领论泣陵随景仙来朝，景仙奏云：'赞普请以凤林关为界'。"⑤ 亦可见此关为要害之地。凤

---

① 参见施爱民《肃南西水大长岭唐墓清理简报》，载《陇右文博》2004年第1期。
② 李吉甫撰：《元和郡县图志》，国家图书馆出版社2011年版。
③ 参见刘满《凤林津、凤林关位置及其交通路线考》，载《敦煌学辑刊》2013年第1期。
④ 参见李并成《炳灵寺石窟与丝绸之路东段五条干道》，载《敦煌研究》2010年第2期。
⑤ 刘昫等：《旧唐书·吐蕃传》，中华书局1975年版。

林关口及岩刻"凤林关"见图9。

图9　凤林关口及岩刻"凤林关"

(7) 炳灵寺石窟遗址。

位于甘肃省临夏市永靖县西南35千米处的小积石山中，初名"唐述窟"，系羌语"鬼窟"之意，唐代称灵岩寺，"灵岩"一名一直延续到明代。"炳灵寺"一名最早见于宋代记载，李远在《青唐录》中写道："河州渡河至炳灵寺，即唐之灵岩寺也。"①《宋史·吐蕃传》记载："自炳灵寺渡河至青唐四百里，道险地远，缓急声援不相及，一也；羌若断桥塞隘，我虽有百万之师，仓卒不能进，二也。"② 炳灵寺是藏语"仙巴炳灵"的音译，"仙巴"即弥勒佛，"炳"是数词10万，"灵"是佛的所在，意译为"十万弥勒佛"，有学者推测"炳灵寺"之名始于唐代，是吐蕃对该寺的称呼。③ 大约宋代以来"灵岩""炳灵"互用，一直到清代，喇嘛教在此地盛行，才不再称灵岩寺而专称炳灵寺。

炳灵寺创建于西秦，历经北魏、西魏、北周、隋、唐、元、明、清各代扩建，现存窟龛183个，造像近776身，分石胎泥塑和泥塑两种，壁画面积约900平方米，大型摩崖石刻4方，石碑1通，墨书及石刻造像题记6方。④ 石窟分上寺、洞沟、下寺等处，以下寺为主。窟龛均分布在大寺沟两岸的红砂岩上，层层叠叠，栈道曲折盘旋。

唐蕃战争中，炳灵寺所属河州为唐帝国与吐蕃用兵的重镇，通过炳灵

---

① 李远：《青唐录》，见陶宗仪《说郛》卷53，涵芬楼排印本。
② 脱脱、阿鲁图等：《宋史·吐蕃传》，中华书局1977年版。
③ 参见魏文斌、吴荭《炳灵寺石窟的唐蕃关系史料》，载《敦煌研究》2001年第1期。
④ 参见张宝玺《炳灵寺石窟》，见《永靖炳灵寺石窟研究文集》，甘肃文化出版社2011年版。

寺入蕃的道路是唐蕃古道的官道。炳灵寺石窟内有吐蕃使者的题记，部分造像中的藏传佛教因素亦与吐蕃的一度占领有关，这些都是研究唐蕃关系及交通的重要材料。如阎文儒先生等认为第 64 龛上方张楚金撰《灵岩寺记》描述的军事行动是仪凤三年（公元 678 年）九月李敬玄、刘审礼率领大军与吐蕃战于青海的战事。该文刻于当年十月，时距九月的战事仅一个月。刑部侍郎张楚金是随李敬玄参与这场战事的，时任洮河道行军大总管的李敬玄率大军路过炳灵寺，张楚金于战后的十月在炳灵寺撰文刻石记下了这一事件。第 148 窟外北壁刻魏季随撰《灵岩寺记》高 1.32 米、宽 0.98 米，楷书阴刻，共 30 行，每行 43 字或多一二字不等。该碑中记载了唐蕃关系中以御史大夫崔琳为首的和蕃使团。和蕃使团开元十九年（公元 731 年）三月从长安出发，沿着唐蕃间相互进出的路径，不足一月就抵炳灵寺，由副使撰文描述了出使的前因及所见炳灵寺的盛况，并将使团的成员都镌刻于崖壁上，可以想象到这一使团在炳灵寺礼佛时的盛况。① 炳灵寺所在的小积石山及第 148 窟外崔林使吐蕃题记见图 10。

图 10　炳灵寺所在的小积石山及第 148 窟外崔林使吐蕃题记

（8）积石关遗址与临津渡遗址。

积石关位于甘肃省积石山县大河家镇关门村，地处巍峨的积石山麓，积石峡东口。关口南侧悬崖坡度近 70 度，黄河南岸的石峡谷中有一条车马路从积石关通往青海循化县城。现存关墙一段长 3 米，下宽 2 米，上宽 1 米，残高 2 米，夯筑层 0.2 厘米，用黄土夯成。② 明代《河州志》载：

---

① 参见魏文斌、吴荭《炳灵寺石窟的唐蕃关系史料》，载《敦煌研究》2001 年第 1 期。
② 积石山县博物馆提供了积石关遗址和临津渡的三普数据，在此表示感谢。

积石关"两山如削，河流其中，西临蕃界，险如金城，实系要地。隋置临津关，命刘权镇之，唐李靖伐吐蕃经积石，宋元立积石州，洪武改为关"①。明洪武三年（公元1370年），御史大夫邓愈统帅大军攻克洮山、岷山、河州后，在河州设置24关，积石关为第一大关，筑有扼控咽喉的宏伟关门、碉堡、哨所。作为中原农业民族同青藏高原民族的分界线，积石关历来是中原王朝与其周边民族争夺的军事要地。另外，积石关也是从古河州（今临夏）去往青海的重要关口。

临津渡位于甘肃省积石山县大河家镇大河村，隔黄河与青海省民和县官亭镇相望。古渡口处黄河河面宽125米。《水经注·河水》载："河水又东，临津溪水注之。水自南山，北经临津城西，而北流注于河。河水又东，经临津城北，白土城南……城在大河之北，为缘河津渡之处。"② 文献中的白土城于汉末已有，见于《三国志》"正始九年（公元248年），叛羌屯河关、白土故城"。临津城建于前凉张轨时，《晋书·地理志》载：永宁中（公元301—302年），张轨分西平界，置晋兴郡，所统有临津县。《水经注》又载："隋曰临津关，大业五年，自将伐吐谷浑，出临津关，渡黄河至西平。即临津城矣。"③ 在渡口附近，唐设积石军，金、元设积石州，明设积石关。据《积石山县县志》记载，明代在此设官船两只，水手20名，清初改为民渡。1988年11月14日，大河家黄河大桥竣工通车后，古渡完成了历史使命，停止使用。这里自秦汉以来就是今甘肃和青海间的重要渡口，是唐蕃古道的重要交通节点。积石关遗址与临津渡遗址见图11。

（三）青海段田野考古调查

1. 概述

唐蕃古道青海段的大致路线为龙支县（今海东市民和县古鄯镇）—鄯州治所湟水县（在今海东市乐都区）—唐边州最西县鄯城（今西宁市）—绥戎城（今湟源县北古城）—石堡城（吐蕃铁刃城，在今湟源县

---

① 吴祯：《河州志》，见张羽新《中国西藏及甘青川滇藏族聚居区方志汇编》，学苑出版社2003年版。
② 郦道元：《水经注》，中华书局2009年版。
③ 郦道元：《水经注》，中华书局2009年版。

图11 积石关遗址与临津渡遗址

大、小方台）—赤岭（今日月山）—大非川（今海南藏族自治州共和县切吉草原，一说在今海南藏族自治州兴海县大河坝河上游）—那录驿（今海南藏族自治州兴海县大河坝河上游）—暖泉驿（今海南藏族自治州兴海县子科滩镇）—烈谟海（今苦海）—众龙驿（在今玉树藏族自治州称多县）—多弥国（役属吐蕃，以玉树巴塘草原为中心）—牦牛河（今通天河）—列驿（今玉树县结隆乡）—截支桥（今玉树县子曲河谷）。此路段沿线主要有龙支古城遗址、北古城遗址、石堡城遗址、营盘台遗址、唐蕃界碑、大非川草原、那录驿、暖泉驿、玉树吐蕃时期考古遗存等，课题组于2017年8月还对察汗乌苏河与黑山—花石峡通道的路线及热水吐蕃时期墓葬、遗址以及佛教造像遗存进行了考察。

2. 田野考古资料

课题组于2016年10月—2017年10月对青海境内与唐蕃古道有关的重要遗址持续进行了调查。

（1）龙支古城遗址。

位于青海省民和县古鄯镇柴沟河和案板泉沟两河交汇处的台地上，距河约50米。依地形而建，平面呈不规则长方形，东西长约700米、南北宽80～240米。现存东墙墙基残长约106米、残高约1米；西墙残长81米、残高2～3.5米、基宽2.5～16米、顶宽1.4～15米、夯层厚0.05～0.08米。城内可见一条东西向的田间便道，很可能就是龙支古城原来的东西向中轴大道。城内散布有大量瓦片以及泥质灰陶罐、瓮等的残片，出土有唐代铜镜、泥质灰陶罐、柱础和"开元通宝"钱币等。① 龙支

---

① 参见青海文物志编辑委员会《青海省文物志》，青海人民出版社2001年版。

古城遗址与砖瓦残块见图12。

图12　龙支古城遗址与砖瓦残块

(2) 柏林嘴古城遗址。

位于青海省湟源县寺寨乡上寨村贡家营一社，南面山脚下即为扎草公路。柏林嘴古城东西长120米、南北宽175米。城墙残宽1～2米、残高0.5～1.1米，夯土层厚0.05～0.12米。城门不详。城墙东、西、南3面均为悬崖峭壁，北面与大梁梁山相连。古城东北部最高处有一夯筑哨台。另外，在古城东、西及中部也筑有烽火台各一座。城墙为石块及沙土夯筑而成，城内多见青砖、陶片等遗物。三普调查时在地面采集到瓦片、灰陶片、残铁器等遗物。考察队在柏林嘴古城附近一村民家中见到了采集于城中的"开元通宝""宋元通宝"等唐宋钱币，为古城的时代找到了依据。从采集的遗物及古城残存的遗迹来看，可以判断该古城为唐代的一处古城，主要功能为军事防御。① 柏林嘴古城建筑遗址与出土钱币见图13。

(3) 北古城遗址。

位于青海省湟源县城关镇光华村东1000米处的山地上，地处东峡西口，与隔河相望的南古城扼控峡口两侧。② 古城北侧为护城壕，东、西两侧为自然冲沟，南临断崖。四面皆有城墙，城墙四角各有马面，北城墙长150米，中间有1马面；东城墙长412米，中间有5个等距的马面；南城墙长414米，分东、西两段，西段紧贴悬崖崖壁，东段则向里稍错开，与崖壁间留有约10米的空隙，南门即开在错开处，门向东，错开处即为进

---

① 参见青海文物志编辑委员会《青海省文物志》，青海人民出版社2001年版。
② 参见青海文物志编辑委员会《青海省文物志》，青海人民出版社2001年版。

 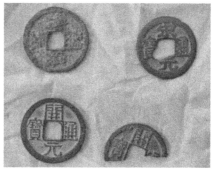

图 13　柏林嘴古城建筑遗址与出土钱币

出大道；西城墙长 478 米，中间偏北开有一门，门向西。两门皆宽约 10 米。在东城墙外由第一个马面起，自北向南至湟水边，沿南部山梁的东断崖又修筑有一条长约 500 米的围墙，围墙高约 4 米，宽 3 米，有一门与古城南门相对，围墙的尾端建有一高 11 米，长、宽各 12 米的瞭望台。出古城西门折向北角再折向西有大道，大道北山上筑有 3 个相同并列的瞭望台，台高 19 米，底径 15 米，顶径 11 米。台底为原生土层，土层上采用夯筑，夯层内夹有圆形穿木，每排穿木相距约 0.5 米，穿木之间相隔 0.3 米左右。城内采集到砖、陶片等文物标本，公元 20 世纪 80 年代在城内还采集有开元通宝数枚、骨骼及石马各一件。砖的制法、大小厚薄等与日月山出土的唐蕃分界碑的砖完全一致。① 特别是在 2014 年的调查过程中，还发现了唐代花纹方砖，可见其时代。北古城遗址城墙与马面、砖瓦见图 14。

图 14　北古城遗址城墙与马面、砖瓦

---

① 参见李智信《青海古城考释》，西北大学出版社 1995 年版。

(4) 石堡城遗址。

又称"铁刃城",最初系吐蕃建立的边陲军事城堡,位于青海省湟源县日月藏族乡大茶石浪村西南的大、小方台之上,西邻109国道与湟水上游支流药水河,西南距日月山口唐蕃分界的赤岭遗址仅10千米,地理位置十分重要。因日月山口无险可守,地势险要的石堡城就成了唐蕃双方在边陲地带争夺的战略要地。① 大方台和小方台均为不规则台地,仅东北侧坡势稍缓,其余3面均为陡峭崖壁。小方台在北,略偏西,大方台在南,略偏东,两台之间有一道很窄的石梁相连。小方台平面略呈不规则三角形,北窄南宽,南北最长约110米、东西最宽约103米。台地边缘可见局部暴露的石砌基础,应为外围墙体基础;中部有凹凸不平的块状区域,因上层堆积物覆盖,砌石遗迹暴露很少,但最初应为建筑的墙体基础。台地西南部有一小高台,系修整基岩而成,基岩上垒砌石砌墙基,现存部分边长约8米、高约3米,西北角可见人工垒砌的石块,或为瞭望台的基础部分。调查中,在小方台遗址仅发现少量板瓦残片,时代偏晚。② 大、小方台之间相距约110米,连接二者的山梁顶部很窄,可见人工凿刻的石槽与柱洞,且地表可看到陶器残片以及砖瓦残块。山梁西坡陡峭,未见遗迹现象;东坡稍缓,局部暴露出建筑基址的砌石。过山梁后可到达大方台。大方台整体呈东南—西北向条状,东西最长约180米、南北最宽约50米,中部偏西处及东端地势较高,其余部分微内凹。台地边缘亦可见明显的石砌墙体,应为台地边墙的基础。台地内部建筑基址的石砌墙基部分较清楚,散落在地表的砖瓦残块较多。中部偏西处亦有一小高台,现存部分边长约7.8米、高约2米,南侧为加工规整的基岩,顶部有被掏挖的痕迹,散落较多的砖、板瓦、筒瓦残块以及陶器残片。经观察,大方台发现的部分砖瓦残块的时代为唐代。通过课题组2017年10月的实地调查,可以确认石堡城遗址地势险要,是扼守赤岭3个山口的唯一要塞,吐蕃控制时期建立了完善的石构防御体系,唐朝攻克该城后设立军堡,因而遗留下了唐代的砖瓦建筑材料。石堡城遗址远景、石道路与出土物见图15。

---

① 《资治通鉴·唐纪》卷23:"其城三面险绝,唯一径可上。吐蕃但以数百人守之,多贮粮食,积檑木及石。唐兵前后屡攻之。不能克。"

② 参见青海文物志编辑委员会《青海省文物志》,青海人民出版社2001年版。

图15 石堡城遗址远景、石道路与出土物

（5）营盘台遗址。

位于青海省湟源县日月乡哈拉库图村的野牛山上。遗址平面呈长方形，南北长55米、东西宽49米，城的外侧还有两道环壕，宽约8米。城南部和东南部的部分夯土墙保存较好，夯层厚约0.11米。城内有明显建筑遗迹9处，仅剩高出地面的高台。城门开于古城南墙正中，宽2.9米。城北有一座烽火台，东西长8米，南北宽6米，残高约3米，烽火台夯层明显，夯土中夹杂红烧土和白灰墙皮，外部部分区域还保留有花岗岩的卵石护墙。遗址区采集到灰陶片、瓷片、"开元通宝"等遗物。[①] 营盘台古城遗址远景、全景与夯土墙、墩台见图16。

（6）唐蕃分界碑。

碑首已残，20世纪80年代在青海省湟源县日月山口出土，现存于青海省湟源县博物馆后院。用青灰色砂岩雕刻，残宽1.13米，残高0.63米，厚0.23米，碑首正面刻双螭垂首，圭形碑额，背面无文字。

碑身与碑座位于日月山口的日月亭内。其中，月亭内现存分界碑的碑

---

① 参见李智信《青海古城考释》，西北大学出版社1995年版。

图 16　营盘台古城遗址远景、全景与夯土墙、墩台

座和碑身，碑首不存，为砂岩凿刻。整体高约 2.57 米。龟趺座高约 0.57 米，碑座前宽 1.17 米，后宽 1.04 米，龟趺整体呈椭圆形，头部已经残损，左右两侧为腿，卷尾，龟背中间开槽嵌入碑身；碑身高 2 米，最宽处 0.76 米，厚 0.28 米。日亭内仅发现一龟趺，用砂岩凿刻。整体呈椭圆形，龟趺头残，整体长 1.23 米，宽 0.99 米，高 0.6 米，龟尾部下垂；龟背中间榫槽长 0.61 米，宽 0.23 米，深 0.24 米。碑身不存。湟源县博物馆所藏的碑首当为其中一块碑的碑首。① 唐蕃分界碑碑首、碑身与碑座见图 17。

（7）热水墓地与官却和遗址。

热水墓地位于从热水乡至那日马拉黑山的察汗乌苏河两岸台地及山间谷地上。墓葬区东部紧接鄂拉山，西连柴达木盆地东南隅并与布尔汗布达山东麓相邻，以察汗乌苏河为界可分为南、北两区：北区东西长 1000 米，南北宽 500 米，以热水一号大墓为中心；南区墓葬分布在河岸台地和露丝

---

① 参见陕西省考古研究院、甘肃省文物考古研究所、青海省文物考古研究所、四川省文物考古研究院、西藏自治区文物保护研究所《从长安到拉萨——2014 唐蕃古道考察纪行》，上海古籍出版社 2017 年版。

图 17　唐蕃分界碑碑首、碑身与碑座

沟内。墓葬可分为大型墓葬和中小型墓葬两类，一般由封土堆、墓室及周围的祭祀坑组成。封土堆形制根据墓葬的规模大小有别，根据调查和发掘情况可知，平面形制多为梯形覆斗。大型墓葬在封土堆构筑时一般在夯土中夹杂圆木、石块、牛羊骨骼和沙柳枝条等，外围垒砌石砌边框。大型墓葬一般为多室或双室，中小型墓葬多为单室，墓室或为土圹，或用石块垒砌，或用砖木构筑。青海省文物考古研究所、北京大学考古文博学院、陕西省考古研究院等单位曾独立或联合对该墓地进行了数次考古发掘，出土有石器、骨器、铜器、铁器、陶器、木器、漆器、金银器、古藏文木简牍与卜骨、纺织品、棺板画等文物。①

官却和遗址位于察汗乌苏河北岸、热水墓地西部。2014 年为配合哇沿水库建设，青海省文物考古研究所与陕西省考古研究院联合对水库淹没及涉及区的古代文化遗存进行了考古发掘，发现并确认了热水墓地周边的首个重要遗址——官却和遗址，清理房址 9 座、成排灶坑 31 座、灰坑 14 座。房址出土物有陶片（陶罐、陶灯、陶甑、陶纺轮）、铁器残块（甲片、马蹄铁、铁剑、铁钉、铁刀）、铜器残块（铜饰、铜铆钉）、石器（石凿、涂朱石块）、骨角器、炼渣以及动物骨骼、碳样等。②

铁剑、卜骨、陶罐等遗物在墓葬和遗址中均有出土，形制也十分相似；并且房址与墓葬均开口于表土层下。这表明两者具有共时性。墓葬与

---

① 参见北京大学考古文博学院、青海省文物考古研究所《都兰吐蕃墓》，科学出版社 2005 年版。
② 参见李冀源、胡晓军、陈海清、梁官锦《青海都兰热水哇沿水库发掘古代遗址和墓葬——出土墨书古藏文卜骨与木简》，载《中国文物报》2015 年 7 月 3 日。

遗址中同时出现的铁剑、马蹄铁以及遗址中发现的带孔铁甲片都表明这群人很可能与军队活动有关，集中分布的灶坑也表明其生活方式是军事化的集体生活。官却和遗址房址、灶坑与出土物及墓葬、殉牲坑与出土物见图18。

图18 官却和遗址房址、灶坑与出土物及墓葬、殉牲坑与出土物

（8）玉树地区吐蕃摩崖造像与汉文、古藏文题记。

共计4处13组，分布在贝纳沟和勒巴沟内。贝纳沟有1处4组，此次重点调查了毗卢遮那与八大菩萨造像。勒巴沟有3处9组，此次均做了重点考察。贝纳沟与勒巴沟吐蕃佛教造像见图19。

贝纳沟吐蕃佛教造像位于青海省玉树州玉树县结古镇南约13千米的贝纳沟内约500米处的紧靠山脚的崖壁上，壁面亦自上而下微外斜，浮雕毗卢遮那与八大菩萨造像，毗卢遮那位于中间，八大菩萨分为上下两排分列主尊两侧，每侧上下两排，每排左右两个。造像均带藏文题名，身着三角翻领袍服，束高筒状发髻，戴三叶冠，穿圆头靴。依据古藏文题记可知，该组造像雕凿于赤德松赞赞普在位时期的狗年，即公元806年，功能

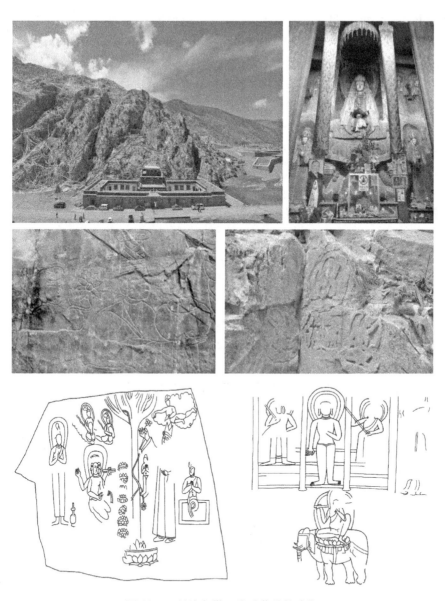

图 19 贝纳沟与勒巴沟吐蕃佛教造像

主要为"用祝赞普父（赤德松赞）子（赤祖德赞）及一切众成无上菩提"①。勒巴沟摩崖造像位于青海省玉树州结古镇贝纳沟造像所在地东北的巴塘乡通天河畔勒巴沟沟口及沟内。②

（9）玉树聂龙加霍列墓葬与章其达吐蕃墓葬。

均为吐蕃时期的封土堆墓葬。聂龙加霍列墓群位于治多县治曲乡治加村的聂龙沟内。根据墓葬所处的地形特征和分布情况，可分为3区，Ⅰ区共5座墓葬，Ⅱ区墓葬最为集中，共9座，Ⅲ区仅1座。封土堆形制全部为梯形，墓室为竖穴土坑，石板封顶，层层叠压，底部铺有小碎石，不铺底板。内部用石条分割出区域。随葬品主要有牛尾骨、银器、铁器、漆器、陶器等。章齐达墓群位于治多县立新乡叶青村，墓地分布有地表特征明显的33座单体墓葬。整个墓地中以M1规模最为宏大，M1封土堆为梯形，前端边长17.3米，后端边长12.6米，侧边长12.5米，高度1.7米左右。封土堆采用岩石人工垒砌，中间以碎石填充。M1封土堆砌石底部的前沿经过修整，基本上处于一条线上，两侧边及后沿随地形。两座封土堆墙体逐级收分，呈3级台阶状，第一、第二级保存较好，第三级局部有所破坏。M1封土堆的内部结构最为复杂，采用岩石砌成的网格状石墙将封土堆上部划分成7个不同的单元，墓室位于中间的一格位置，由墓道、天井、主室、侧室以及主侧室与天井相通的甬道组成。墓道平面呈狭长的长条形，西向，开口于封土堆顶部2/3处，与封土堆顶部齐平。墓道下行共有9级级踏通向天井。天井平面呈长方形。天井南侧甬道与主室相连、西侧甬道与侧室相连。主室与侧室平面呈圆形，略不规整，下半部采用平砌的方式，上半部采用立券的方式，逐渐收分成穹隆顶。顶部留有圆形空洞，用石板封砌墓室顶部。圆形穹隆顶的墓室结构不但与西藏发现的墓葬形制相同，也与近年在海西蒙古族藏族自治州德令哈郭里木棺板画上绘制的吐蕃"拂庐"形制相似。墓内出土的人骨不完整，为一个个体，初步判别为男性。人骨旁还有一个羊的头骨随葬。出土物不丰富，有石器和残碎陶片。③

---

① 汤惠生：《青海玉树地区唐代佛教摩崖考述》，载《中国藏学》1998年第1期。

② 参见谢佐等《青海金石录·勒巴沟佛雕及其石刻（唐）》，青海人民出版社1993年版。

③ 参见乔红、张长虹、蔡林海、马春燕《青海玉树三江源地区史前文化与吐蕃文化考古的新篇章（二）——吐蕃时期的文化遗存》，载《青海日报》2015年4月24日。

包括这两处墓葬在内的青海玉树地区吐蕃时期墓葬的考古调查与发掘工作是继都兰吐蕃墓葬发掘之后最重要的青海唐蕃古道吐蕃考古工作。从墓地布局、墓葬形制、墓葬结构等方面来看，这两处墓葬与西藏本土发现的吐蕃墓葬之间具有许多相同的特点，但也具有若干地方性的特点。玉树吐蕃封土堆墓现状与结构见图20。

图20　玉树吐蕃封土堆墓现状与结构

（四）四川段田野考古调查

1. 概述

唐蕃古道四川段是以考古发现为基础新确认的古道分支路线，这里北连玉树，与青海境内的传统唐蕃古道线路相通，东接江达，与自西藏东部入藏的唐蕃古道南部支线接合。该段道路经过石渠草原和洛须河谷，植被和气候均较玉树向西由藏北草原进入拉萨的唐蕃古道传统路线好，所遗留的吐蕃考古遗存也十分丰富。2014年，考察队重点考察了县境内的"照阿拉姆"、须巴神山、白马神山、麻呷镇等地的吐蕃摩崖造像及墓葬遗存。

2. 田野考古资料

2016年10—11月,课题组重点考察了四川石渠境内与唐蕃古道有关的遗存。

(1) 石渠吐蕃墓葬。

阿日扎吐蕃墓葬海拔4123米,位于阿日扎乡东北部、雅砻江支流东侧的坡地上,其南部最近的居民点为洛吉。在地表发现有排列成行的封土堆,均遭到严重破坏,封土堆底部可见石砌边框,平面略呈梯形,封土堆中部凹陷,具有吐蕃墓葬封土堆的特征,可能为吐蕃时期墓葬。

雅砻江吐蕃墓葬海拔4014米,位于阿日扎乡东部、雅砻江支流各曲的东岸。在地表发现一个疑似封土堆,封土堆破坏严重,在地面呈现较低的小土包,平面略呈梯形,封土堆中部凹陷,为一处疑似吐蕃时期的墓葬。

旺布洞吐蕃墓葬位于石渠县洛须镇烟角村旺布洞,海拔3467米,在该处发现了3个封土堆,封土堆平面呈梯形,封土堆侧面暴露有一层小石块,其中一个封土堆底边22米×11米,高8米。墓葬前部的台地上还采集到了粗绳纹陶片,考察团专家认为陶片时代为新石器时代。① 阿日扎吐蕃墓葬与旺布洞吐蕃墓葬见图21。

图21 阿日扎吐蕃墓葬与旺布洞吐蕃墓葬

(2) 须巴神山摩崖造像与古藏文题记。位于石渠县长沙干马乡政府以北约1.5千米的须巴神山北面西侧山脚处,北距雅砻江约0.5千米,共

---

① 参见陕西省考古研究院等《从长安到拉萨——2014唐蕃古道考察纪行》,上海古籍出版社2017年版。

计发现造像、造像与题记、题记等13幅。造像内容包括佛、菩萨、飞天、动物、供养人、供养僧等，服饰有俗装的三角翻领袍服、辫发、高通状缠头以及菩萨装的斜披帛带、三叶冠等。题记内容有佛像赞颂诗、赞普祈愿文等。第5幅石刻中提到赞普赤松德赞的名字表明该石刻群时代为公元8世纪后半叶。① 须巴神山石刻群供养人与佛像、藏文题记见图22。

图22 须巴神山石刻群供养人与佛像、藏文题记

（3）"照阿拉姆"摩崖造像。位于四川省甘孜州石渠县洛须镇丹达沟内，石刻崖壁坐北朝南。造像为阴线刻，题材为大日如来与二菩萨，其下还有汉文、藏文题记。主尊大日如来像结跏趺坐坐于束腰双兽莲花座上。主尊两侧菩萨站立。右侧菩萨身体右侧刻有横书藏文题记和竖书汉文题记，菩萨仰覆莲座下亦有横书藏文题记。造像汉文题记中的"佛"字是唐代汉地流行的写法，藏文题记的字体特征所显示的年代为公元755年赞普赤松德赞继位到公元826年赤祖德赞进行文字改革之间。② 照阿拉姆摩崖造像与汉、藏文题记见图23。

（4）烟角村摩崖造像。位于石渠县洛须镇嘛呷乡烟角村金沙江北岸50米外的山腰处一块高4米、宽5米的岩石上。阴线刻单尊佛坐像，双层椭圆形头光与双层圆形身光。该像宽2.53米，高3米，束高髻，戴三叶高宝冠。面部短圆，颈部较短，刻三道纹，戴项饰。上身袒露，从左肩

---

① 参见四川省文物考古研究院、石渠县文化局《四川石渠县新发现吐蕃石刻群调查简报》，载《四川文物》2013年第6期。
② 参见故宫博物院、四川省文物考古研究院《四川石渠县洛须"照阿拉姆"摩崖石刻》，载《四川文物》2006年第3期。

图23 照阿拉姆摩崖造像与汉文、藏文题记

至右腰上侧斜披帛带。双臂戴花型臂钏,双手戴腕钏,置于腹前结禅定印。右腿居上结跏趺坐。造像右下部刻有藏文题记,内容为"向朗巴朗增顶礼"。按图像的题材内容和风格的分析,烟角村摩崖造像与须巴神山摩崖造像群和照阿拉姆摩崖造像风格上有诸多相似之处,因此应是同时期的作品。① 烟角村摩崖造像见图24。

（5）呷拉宗吐蕃墓葬。位于四川炉霍县仁达乡呷拉宗村鲜水河左岸的缓坡地带的唐代"冶炼遗存"的上部堆积,实际为一处吐蕃早中期的墓葬,发现有两具人骨。1号人骨的下部为牛骨、羊头骨、大量鸟类肢骨及大量石块,人骨的右腿有残疾迹象,其下为2号人骨。2号人骨周围堆积着大量的石块,包含人骨、兽骨、炼渣等,并随葬有陶罐、铁带扣、铁凿和铜耳坠等物。这两具人骨应是丧葬活动留下的遗存,其性质当为墓葬,而墓室正是经高温烧灼的坚硬结实炉壁,深达1米的椭圆形窑炉在废弃之后形成了一个天然的墓室。炉霍吐蕃墓葬的识别为寻找唐蕃古道南线

---

① 参见四川省文物考古研究院、石渠县文化局《四川石渠县新发现吐蕃石刻群调查简报》,载《四川文物》2013年第6期。

图 24　烟角村摩崖造像

的早期通道提供了重要线索。① 呷拉宗吐蕃墓平面图及出土物见图 25。

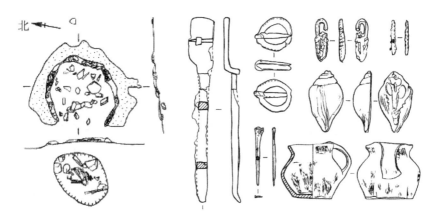

图 25　呷拉宗吐蕃墓平面图及出土物

---

① 参见席琳、王蔚、余小洪《四川炉霍呷拉宗吐蕃墓研究》，载《文博》2017 年第 1 期。

（五）西藏段田野考古调查

1. 概述

唐蕃古道西藏境内自昌都、工布江达至拉萨的南线也是新确认的古道分支路线，既往的考察与研究很少涉及。该路线从四川西北部越过横断山脉地区的金沙江、澜沧江与怒江之后，进入雅鲁藏布江流域，朔流西上，最终到达吐蕃王朝的统治中心、雅鲁藏布江支流——拉萨河流域。该路段发现有大量吐蕃时期的碑刻、佛教造像、墓葬等遗存，其中不乏唐风因素的寺院建筑构件与纪念唐蕃会盟的造像题记等。课题组主要调查了路线走向与沿线的江达县西邓柯摩崖造像、察雅县向康吐蕃圆雕造像、芒康县查果西沟摩崖造像、米林县雍仲增古藏文石刻、工布江达县洛哇傍卡摩崖造像、查拉路甫石窟、布达拉宫、达札路恭纪功碑、大昭寺、唐蕃会盟碑等典型的唐蕃古道文物遗存。

2. 田野考古资料

课题组 2016 年 6 月—2017 年 10 月对西藏段与唐蕃古道有关的遗存进行了持续调查。

（1）西邓柯摩崖造像。位于西藏自治区东部、昌都地区东北部的江达县邓柯乡西邓柯村境内的金沙江西岸。共两处，第一处位于金沙江西侧临近江面的崖壁上，枯水期才完全暴露在外，为一尊单体线刻毗卢遮那像，禅定印，结跏趺坐，束高髻，戴三叶冠，斜披帛带，下身着裙，跣足，坐于扁平仰覆莲座上。第二处位于西侧居民区后面的山坡崖壁上，共4组，均为线刻，题材包括毗卢遮那、坐佛、游戏坐菩萨等，保存状况较差，零星的古藏文题刻亦不是十分清楚，难以释读。其中1组为毗卢遮那单体图像，线刻粗略，保存交叉，从现存状况可知，其均束高髻，戴三叶冠，斜披帛带，禅定印，结跏趺坐。江达县与石渠县相邻，石渠县境内金沙江及其支流雅砻江流域集中分布着四处吐蕃佛教造像地点。位于金沙江沿岸的江达县吐蕃佛教造像地点应与石渠县的属于同一个集中分布区。[①]西邓柯摩崖造像见图26。

---

① 参见霍巍《青藏高原东麓吐蕃时期佛教摩崖造像的发现与研究》，载《考古学报》2011年第3期。

图26　西邓柯摩崖造像

（2）向康吐蕃圆雕造像。位于西藏自治区昌都地区察雅县香堆镇次曲拉康内。次曲拉康位于向康大殿以东约20米处，与坐北朝南的厨房和宿舍之间形成一个西端开门的小巷，由佛堂、库房和廊房3部分组成。廊房位于次曲拉康内东侧，门面北而开，平面呈长方形，进深为4柱，面阔为5间。佛堂位于次曲拉康内西南部，坐西面东，平面呈长方形，进深为2柱，面阔为3间。① 堂内主供拼凑、修补、重装为弥勒的毗卢遮那，周边供台上主供祖师像等。库房位于佛堂北侧，平面呈长方形，进深为3柱，面阔为4间。造像残块就堆放在库房后面的低矮土台上或地面上，残损严重，共计发现拼对确认的造像个体数量达到32件，题材应为毗卢遮那与八大菩萨。各尊菩萨的身份根据现有特征来看，大部分无法辨明，应为金刚手菩萨。造像的主要装束特征为菩萨装，上身左肩至右胁斜披帛带，下身着裙，束高髻，头戴三叶冠，毗卢遮那法界定印、结跏趺坐，菩萨游戏坐，高台式仰覆莲座，背光装饰简单朴素，具有吐蕃时期佛教造像，尤其是菩萨装造像的风格，时代应为公元9世纪前期。除造像残块外，还发现有3块早期建筑的础石残块，这也从一个侧面说明了造像最初便是建有佛殿供奉的。造像及础石的雕凿技法以圆雕为主，辅以浅浮雕和阴线刻表现细部。不过，该处造像的圆雕是将背光与像雕成一体的，莲座

---

① 参见席琳《吐蕃佛教石刻造像综述》，载《西北大学学报（哲学社会科学版）》2011年第1期。

则均有圆形子母口榫眼。① 向康吐蕃圆雕造像见图27。

图27　向康吐蕃圆雕造像

（3）查果西沟摩崖造像。位于西藏自治区昌都地区芒康县纳西乡上盐井村查果西沟内，距214国道2千米。石刻在当地的小拉康内，归觉龙村噶达寺管辖，是当地一处重要的宗教活动场所。造像雕凿在小拉康内中部偏后处一块面南的大石和一块面西的小石上。据岩石外观和周围崖面情况，此二石最初可能位于沟北侧崖壁中上部，崩落于地后建一拉康保护。造像共7尊，其中5尊雕凿在大岩石上，分别为浮雕俗装立像、浮雕俗装坐像、浮雕俗装立像、阴线刻佛装坐佛像、浮雕菩萨装坐像，造像自西向东依次编号为1、2、3、4、5号；2尊雕凿在小岩石上，其中石西面浮雕一尊俗装供养人坐像，编号为6号，东面阴线刻一尊半身佛装佛像，编号为7号。这7尊造像从位置、雕造技术、造像特征等来看，时代和题材应不尽相同，可以分为3组。第一组为1、2、3、6号造像，为公元9世纪初的吐蕃时期造像；第二组为5号造像，雕凿时代较第一组晚；第三组为

---

① 参见张建林、席琳《芒康、察雅吐蕃佛教石刻造像》，见樊锦诗主编、敦煌研究院编《敦煌研究院学术文库：敦煌吐蕃统治时期石窟与藏传佛教艺术研究》，读者出版集团、甘肃教育出版社2012年版。

4、7号以及5号背光外侧的阴线刻龛楣，该组造像时代最晚。① 查果西沟摩崖造像见图28。

图28 查果西沟摩崖造像

（4）雍仲增古藏文石刻。位于西藏林芝地区林芝县米瑞乡雍仲增村东侧，西北距离地区驻地八一镇48千米、林芝镇32千米，东距米瑞乡府驻地约10千米，西面300米处为雍仲增村。南临雅鲁藏布江，后靠苯日神山，地处雅鲁藏布江的河流阶地。因这座碑刻地处河流阶地，容易被洪水、风沙等覆盖。刻碑是在一块天然巨石上凿刻而成的。大岩石高3米、宽4米余。碑面凿刻于这块大岩石上，方向南偏东53度，朝向更倾向于东面。碑面形制呈矩形，依岩石弧凸面磨光平整，其上下及左右有明显的边框凿刻痕迹。碑身正面镌刻古藏文21行，均阴刻，多数文字清晰可辨，基本依据刻碑时期内吐蕃王室流行的敕令文字格式、字体规格大小来设计、安排碑文的镌刻。碑面高2米、宽1.6米。碑面顶部留有边框，凿刻痕迹明显，高0.08～0.1米，平面比碑面略低0.05米。碑面下方雕刻出长方形碑座，长1.6米、高0.25米，从碑面向往外凸出0.2～0.25米。

---

① 参见西藏自治区文物保护研究所、陕西省考古研究院《查果西沟摩崖造像2009年考古调查简报》，载《考古与文物》2012年第3期。

在其突出面上，浮雕本有 10 个雍仲符号，完整或基本完整存留于碑座上的雍仲符号 7 个，其余 3 个已经完全损毁，看不清具体形制，但能确定它在碑座所处的位置。

这座刻碑前面的左右、正前方和顶部使用大型条石、石柱和石板制作了一个非常完备的遮盖棚或岩棚。岩棚顶部由两块梯形石板拼接盖住刻碑前面的空间，形成一个"屋檐"；刻碑左右两侧的前面，紧贴岩石各侧边，铺架了一块长方形大石块作为两个侧边的"筑墙"；两个侧边大石块的前面或刻碑正前方左右两侧各立有一根石柱子，两个石柱子上面横向架设一个大的条石，在其之上铺设顶部岩棚石板；靠近目前地面的两个石柱子中间又铺设一个条石，右侧石柱子的西外侧又立一块石头（其用途尚不明确）。因刻碑前方岩棚覆盖范围内的地面要比目前地面还要低，所以石柱子内侧和外侧的高度不同；石柱上下略有收分，下宽上窄，且其内侧尚制作一个叠涩台子，正面两个柱子之上横架了一个石条。正前方石柱子东西向相对应的内侧面分别刻了一个槽子，上述东西向两个石柱内侧的槽子和两个石柱间外侧地面铺架的一个条石内侧（北侧，即靠近刻碑的一侧）凿刻了 4 个槽子，构成刻碑正前方一个"栏窗"的装饰。

碑文共 21 行文字，为吐蕃时期流行的古藏文乌金体正楷书写。其内容主要为赞普赤德松赞在位期间（公元 798—815 年），应其属部首领工布噶波芒波杰（亦译作"工布嘎布莽布支"）的家臣们的祈请而颁诏的重申和续证前一代赞普赤松德赞（公元 755—797 年在位）之盟誓。①

碑文内容分上、下两段，上段先讲述赤松德赞及德松（及赤德松赞）父子在位时期曾给工布噶波芒波杰颁赐过的敕令，并追述工布噶波芒波杰与吐蕃王室同源于第八代吐蕃赞普——直贡赞普，现因遭遇地方官吏对工布噶波芒波杰统治区域内施行苛刻赋税政策，故请求颁布减税与永远安定之诏令。下段先说明赤松德赞曾颁赐给工布噶波芒波杰的诏令，并在赤德松赞时期，又为工布噶波芒波杰及其子孙后代颁发了增补内容的敕令。此敕令允准工布噶波芒波杰的特殊权利及首领王位可由其后代传承，若无直系嗣子继承，可由其近亲承袭，可免去各种苛捐杂税，说明此令是赤德松赞期间经赤德松赞与家臣商议后决议下诏的。该石刻为我们研究与剖析吐蕃王朝历史提供了极其珍贵的实物资料。雍仲增古藏文石刻见图 29。

---

① 参见王尧编著《吐蕃金石录》，文物出版社 1982 年版。

图 29　雍仲增古藏文石刻

（5）洛哇傍卡摩崖造像。位于西藏自治区工布江达县江达乡太昭村西约 2 千米的朗布日山东南麓。凿刻于面西、面北的两部分崖壁上，共计 6 龛。中间主龛共雕刻 6 尊像，题材为一佛二菩萨，佛像高肉髻，身着袒右袈裟，左手作禅定印，右手作指地印，跏趺坐于仰、覆莲座上，头顶华盖装饰有三角折线连续纹及花纹等图案。左侧胁侍上身袒露、下身着裙；右侧胁侍站于仰莲座上，头戴三叶冠。右侧胁侍外侧有 1 尊阴刻造像，似为一袒右袈裟佛像；左侧胁侍外侧有 2 尊阴刻人物造型，上方造型似为一尊佛，似有头光、背光及肉髻，着长袍，下方造型似为一俗人，服装具有内地汉人长袍的特点。主尊造像左侧有 3 龛、右侧有 2 龛。左侧 3 龛的第一、第三龛中为后期凿刻的"六字真言"，第二龛中有 1 座阴刻四塔阶佛塔，风化严重。右侧 2 龛的第一龛中，在崖面靠近底部有两排雕刻作品，第一排有 8 座佛塔，第二排有 1 座佛塔和 2 块古藏文题刻；第二龛中有 1 座佛塔。佛塔高 0.67～0.96 米，皆为覆钵塔，三塔阶或四塔阶，三轮、四轮或五轮，为早期佛塔形制结构特征，与主尊造像的凿刻年代当为同一时期，最晚不超过公元 9—10 世纪。两块古藏文题刻字体特征也为这处摩崖造像有可能为公元 9—10 世纪作品提供了佐证，字体中出现有藏文元音字母"i"的反写，题刻内容中有"佛陀""殊胜戒律"等内容。从造像及佛塔特征与风格看，初步认为其年代为公元 9—11 世纪。这对研究西藏地区早期佛教造像题材内容、佛教造像艺术、佛教史甚至社会文化发展史具有重要的价值和意义。① 洛哇傍卡摩崖造像见图 30。

---

①　参见西藏自治区文物保护研究所《西藏工布江达县洛哇傍卡摩崖造像考古调查简报》，载《考古与文物》2014 年第 6 期。

图30 洛哇傍卡摩崖造像

（6）查拉路甫石窟。

位于西藏自治区拉萨市城关区吉崩岗办事处药王山东侧山腰上。据《贤者喜宴》记载，该石窟始建于吐蕃松赞干布时期，创始人为茹雍妃即洁莫遵。1962年，十世班禅确吉坚赞出资维修。"文化大革命"时期受到破坏，1979年，土登旺久出资再次维修，隶属功德林寺。

石窟依山而建，分为3部分，依次名为乃曲拉康、觉卧拉康、东夏拉康。觉卧拉康年代最久，由经堂、石窟洞组成。经堂南北各辟一门，南入北出，内部面阔为3间，进深为2柱，四壁彩绘有壁画。经堂后为石窟洞，洞口朝东，洞内有一中心柱，平面呈不规则长方形。中心柱与洞壁之间是一条狭窄的转经廊。洞内造像共计71尊，除两尊泥塑外，均为石胎泥塑像，分布在中心柱四面和石窟南、西、北壁上。其中中心柱四面共有14尊造像，皆为高浮雕，多残损，重修时残缺部分用泥塑补全，造像种类有一佛二弟子二菩萨、不动佛、松赞干布及二妃子等。窟壁上凿刻有千佛、持金刚、三世佛、莲花生大师、观音等造像。该石窟于1996年被西藏自治区政府公布为西藏自治区文物保护单位。

查拉路甫石窟为平面呈长方形的中心柱窟，这种形式的石窟在我国其他地区是专用作供养礼拜的，流行于北魏至隋唐之间，唐代之后不见。公元1564年成书的藏文史书《贤者喜宴》明确记载查拉路甫石窟是由松赞干布的藏妃茹雍主持开凿的。藏族本不信佛，茹雍妃开凿石窟当在两位公主与松赞干布结婚和佛教传入之后，由此推断，查拉路甫石窟当开凿于公元7世纪40年代中期，即唐代早期。而窟内的造像则并非同一时期雕凿，第一期造像的造刻时间为公元7世纪中叶至公元9世纪初叶；第二期造像的造刻时间为公元 12、13 世纪；第三期造像的造刻时间为公元 14、15 世纪。① 而霍巍先生认为造像的衣饰、造型具有印度后期波罗王朝佛像的特征，所以其年代不早过公元 8 世纪。② 查拉路甫石窟造像见图 31。

图 31　查拉路甫石窟造像

（7）布达拉宫。位于西藏自治区拉萨市城关区吉崩岗办事处红山顶部。公元 7 世纪由吐蕃第三十三代赞普松赞干布建造，是吐蕃王朝的王宫与行政中心。公元 1642 年，五世达赖喇嘛建立甘丹颇章政教合一的地方政权，拉萨再度成为西藏地方政治、宗教、文化、经济中心。公元 1645 年，五世达赖喇嘛决定重建布达拉宫。公元 1648 年，基本建成以白宫为主体的建筑群，将行政办公地由哲蚌寺移至布达拉宫白宫。从此，布达拉宫成为历代达赖喇嘛居住与进行宗教活动、处理行政事务的重要场所。公元 1690—1694 年，第司桑杰嘉措陆续扩建红宫，修建了以五世达赖喇嘛灵塔殿为主的红宫建筑群。十三世达赖喇嘛在位期间，又在白宫东侧顶层增建了东日光殿和布达拉宫山脚下的部分附属建筑。1933 年，十三世达赖喇嘛圆寂，灵塔殿建于红宫西侧，并与红宫结为统一整体。至此，形成

---

① 参见西藏文管会文物普查队《拉萨查拉路甫石窟调查简报》，载《文物》1985 年第 9 期。
② 参见霍巍《吐蕃第一窟——拉萨市药王山札那路浦石窟的几个问题》，载《考古与文物》2003 年第 1 期。

了今日布达拉宫的建筑规模。布达拉宫见图32。

图32　布达拉宫

（8）达札路恭纪功碑。

位于拉萨市北京中路南侧、布达拉宫广场东北角，与布达拉宫隔北京中路相望，建有围墙院落保护。碑帽为四角攒尖式，四角微上翘，坡面上面有两层叠涩台阶，再往上有两层葫芦状摩尼宝珠，最顶部为弧尖三角形缠枝花纹包裹的3个呈"品"字形排列的圆珠装饰。碑身呈方柱形，截面方形，整体下宽上窄，碑座为三级叠涩台阶式。① 碑通高8米左右，其形制受到了以长安地区唐代石台孝经碑、临洮唐代哥舒翰纪功碑等为代表的唐代方形碑身、庑殿顶碑首、方形碑座形制的影响。

碑身正面、背面、左面有字，正面藏文68列，左面藏文16列，背面藏文74列。② 北侧面碑文讲述了赞普对达札路恭及其子孙所给予的告身等级以及所享受的种种特权等。左侧面碑文讲述了任命达札路恭为大内相、平章政事的诏命。背面碑文赞颂了达札路恭在吐蕃内政及对唐战争中的卓越才能与功绩。据碑文所载其率兵攻唐事宜，该碑应立于唐代宗广德元年（公元763年）之后、赤松德赞逝世（公元797或798年）之前。达札路恭纪功碑见图33。

（9）大昭寺。

位于拉萨市城关区八角街。藏语称"祖拉康""觉康"。"祖拉康"有神庙、庙宇之意；"觉康"为佛殿、释迦佛殿的意思。大昭寺的藏语全名在汉语中译为"逻些显幻之神庙"，是目前西藏境内影响力极大的吐蕃时

---

① 参见张仲立《西藏地区的碑石及其渊源浅谈》，载《文博》1987年第5期。
② 参见王尧《恩兰·达札路恭纪功碑》，载《社会科学战线》1981年第4期。

图33　达扎路恭纪功碑

期建筑。大昭寺始建于公元7世纪中叶，后经历代多次修葺和扩建，形成了今天占地2.51万平方米的大型佛寺建筑群。拉萨的繁荣地段实际是围绕大昭寺发展起来的。因此，后期的藏文文献和口耳相传中将其命名为热萨（逻些，即今天的拉萨）祖拉康。由于它具有特殊的历史背景，所以被历代西藏官民僧俗重视，不断进行补建增修，使现存大昭寺建筑在平、立面布局和许多建筑装饰方面均出现了显著的先后不同时期的时代特征。

现存大昭寺建筑以初建时期的中心佛殿为核心，由内向外层层扩建。以中心佛殿的外门和主殿释迦牟尼佛殿门为轴线，在其外围修建的千佛廊院的门，即大昭寺正门，均朝向西。用于礼拜和朝佛的殿堂除了中心佛殿外，主要分布于中心佛殿正前方外补建的千佛廊院、中心佛殿外的礼拜廊道以及上述两组建筑楼层之上的各个殿堂。大昭寺主体建筑由中心佛殿（其中包括作为主殿的释迦牟尼佛殿），千佛廊院，中心佛殿外的礼拜廊道，礼拜廊道外围绕中心佛殿的各个外围佛堂，补建于千佛廊院南侧的南院、灶房，分布于中心殿和千佛廊院外围的各种库房、供品制作房，以及大昭寺正门前方的唐蕃会盟碑，劝人种痘碑，传说为唐公主所植柳树，南院东南外围的辨经场等组成。现存建筑主体坐东面西，高4层，布局结构上再现了佛教中曼陀罗坛城的宇宙理想模式。①

---

① 参见西藏自治区文物管理委员会《拉萨文物志》，1985年内部印刷。

根据宿白先生的研究，大昭寺建筑在形制上至少有4个不同阶段的遗存。第一阶段，公元7世纪中叶至公元9世纪中叶，这一时期的主要遗存有中心佛殿的第一、第二层建筑。可以明确这一阶段所见方形内院或绕置小室的布局和雕饰的木质构件较多地受到印度寺院影响。第二阶段，公元9世纪中叶至公元14世纪中叶，这一时期出现前期所没有的内地斗拱的木构架；中心佛殿一层殿门开始出现新增的殿堂建筑；中心佛殿二层廊道壁面出现同一时期的壁画。第三阶段，这个时期基本与帕竹政权同步，即公元14世纪中叶至公元16世纪中叶。这一时期内变动最大的内容是中心佛殿天井部分的变革：一是原有四周廊柱前方建四方抹角柱一匝，柱顶设栌斗，其上置托木，上承外延至廊檐，托木下缘仅具简单曲线，面无雕饰；二是在原平面略呈方形的天井中后部分树高柱，其上建天窗，高柱与其上托木的形制略同上述新设的四方抹角柱和托木。第四阶段，以藏巴第斯政权时期为主，即公元16世纪中叶至公元17世纪40年代。这一时期补建增修的建筑有大昭寺外大门、千佛廊院、中心佛殿外围的礼拜廊道和中心佛殿第三、第四两层的建筑。公元17世纪40年代，格鲁派掌握西藏统治权力后，五世达赖期间，不但大规模地修葺了中心佛殿，而且对其围廊也进行了较大规模的维修。同时，在寺院大门门楼上、下两层增建了五世达赖的拉让和第斯的寝室等，大昭寺遂成为西藏地方政府管辖的一个重要寺院。后来西藏地方政府噶厦设在大昭寺南面，另外还有许多地方政府的机构设在大昭寺的四面八方，大昭寺从一个单纯的佛教圣地逐步变成西藏地方政府政教合一的基地。① 大昭寺见图34。

图34 大昭寺

---

① 参见宿白《藏传佛教寺院考古》，文物出版社1996年版。

(10) 唐蕃会盟碑。

位于拉萨市城关区八角街大昭寺广场上，又名长庆会盟碑、甥舅和盟碑，藏文文献称之为逻娑碑，系为纪念唐蕃长庆会盟（唐朝长庆三年、吐蕃王朝彝泰九年，即公元823年）而立。据文献可知，公元706—822年，吐蕃和唐朝之间的会盟达8次之多。公元823年所立的唐蕃会盟碑记载的便是第八次会盟的盟文。当时正值唐与吐蕃双双衰败之际，为了各自集中精力应付内部的严重危机，双方决定停止构兵，互相扶助，订立盟约。公元821年唐朝和吐蕃双方派使节，先在唐京师长安盟誓。次年（公元822年）又在吐蕃逻些（今拉萨）重盟。

石碑通高5.6米，由碑座、碑身和碑首3部分组成。碑首为四坡平顶，上置莲座宝珠，宝珠上雕4条凸棱，并有小涡旋纹；下部四周雕刻有排列疏密匀称的升云图案。碑座为龟趺，由一块整石雕刻而成。碑身为长方形截面柱形，上部有收分，高3.8米；下端宽0.88米、厚0.39米；上端宽0.7米、厚0.35米。碑4面均刻有文字：西面为碑阳，刻有盟约文本，有汉文和藏文两种版本，藏文为左半部分，横书、汉文为右半部分，自右至左竖排；北面为吐蕃参与此次会盟的官员名单，共17人，上为藏文，下为姓氏与职衔的汉字译音；南面为唐朝参与此次会盟的官员名单，共18人，上为藏文，下为汉文；东面为碑阴，全部为藏文盟辞。西面盟文起首为"大唐文武孝德皇帝与大蕃圣神赞普舅甥二主商议社稷如一，结立大和盟约，永无沦替，神人俱以证知，世世代代使其称赞，是以盟文节目题之於碑也"，东面藏文盟辞起首为"大蕃圣神赞普可黎可足与大唐文武孝德皇帝和叶社稷如一统，立大和盟约，兹述舅甥二主结约始末及此盟约节目，勒石以铭"。该碑对研究吐蕃历史、唐蕃关系、吐蕃姓氏、唐蕃语音和吐蕃时期的官制、宗教及政治文化是极为宝贵的资料。[①] 唐蕃会盟碑见图35。

通过实地考古调查，结合前人的研究，可知陕西段由西安至陇县是唐蕃古道的东端起点。甘肃段由天水至兰州再至临夏，此段路线大体同于丝绸之路在该区域内的线路。青海段由民和经西宁至玉树，一直是丝绸之路

---

① 参见任乃强《唐蕃舅甥和盟碑考》，载《康导月刊》第5卷第7、8期；佐藤长《唐蕃会盟碑研究》，载东洋史研究会《东洋史研究》通卷第10卷第4号；王尧《吐蕃金石录》，文物出版社1982年版。

图 35　唐蕃会盟碑

南线上的重要枢纽。四川段由石渠至德格是近年通过考古发现逐步确认的唐蕃古道支线，填补了玉树至藏东之间吐蕃时期交通路线的空白。西藏段由昌都至拉萨，是唐蕃古道的西端终点。这条古代文化通道上遗留了大量唐蕃考古遗存，东北段是丝绸之路干线的重要组成部分，西南段南接茶马古道、蕃尼古道，是丝绸之路南线上的重要链条。

三、唐蕃古道的线路与变迁

唐蕃古道并非只有一条线路，实际上是一个包括多条线路的道路网。有学者总结："吐蕃向外迁徙之路线有三：其一，向东迁徙，以四川盆地的西缘为极限；其二，向东南迁徙，以云南东北部的丽江为极限；其三，向东北迁徙，为藏人外移最多之路线，即向川甘边区、河西走廊至黄河中上游等地。"①

《新唐书》等史籍记载了唐蕃古道东段、西段"藏北线"的具体走向。近年来，考古调查新发现了一条以佛教文化为纽带的唐蕃古道西段"藏东线"：青海玉树—四川石渠—西藏江达—西藏察雅/芒康—西藏工布江达—西藏拉萨。以青海玉树为节点，南连南诏，西通吐蕃腹地，北接丝

---

① 蒋君章：《中国边疆与国防》，台北黎明文化事业公司1977年版，第242～243页。

绸之路,意义重大。

(一) 史籍记载的传统线路

《旧唐书》《新唐书》等关于文成公主、金城公主和亲吐蕃及唐蕃使臣往来的相关记载①记录了唐蕃古道以唐鄯州鄯城(今西宁)为界,分东(唐域内道程)、西(蕃域内道程)两段。

1. 作为丝绸之路组成部分的唐蕃古道东段

《新唐书》等史籍记载长安至鄯州的唐蕃古道东段道路,大体上与丝绸之路南线的线路相似。大致线路为长安(今西安市)—凤翔(今凤翔县)—陇州(今陇县)—秦州(今天水市)—渭州(今陇西县)—临州(今临洮县)—兰州(今兰州市)/河州(今临夏市)—鄯州(今海东乐都)。汉张骞与北魏僧人宋云、惠生等也多走此道。② 具体线路依次为:

其一,出长安开远门(西安市西郊大土门村),历临皋驿、三桥、望贤宫、咸阳县陶化驿、温泉驿、始平县槐里驿、马嵬驿、望苑驿、扶风县驿、龙尾驿、岐山县石猪驿至凤翔府。

其二,出凤翔府,历汧阳县驿至陇州治所汧源县。

其三,出陇州治所汧源县,历陇山大震关、安戎关、小陇山分水岭驿、弓门寨、清水县至秦州治所上邽县。

其四,出秦州治所上邽县,历伏羌县、落门川、陇西县至渭州治所襄武县。

其五,出渭州治所襄武县,历渭源县、武阶驿至临州治所狄道县。

其六,临州历兰州至鄯州的道路不为正驿官道,故弗详考。出临州治所狄道县,历大夏川驿至河州治所枹罕县。

其七,出河州治所枹罕县,历凤林县凤林关、漫天岭、龙支县、鄯州治所湟水县至唐边州最西县鄯城。③

2. 作为丝绸之路延伸段的唐蕃古道西段"藏北线"

唐蕃古道西段指从鄯州到吐蕃牙帐(拉萨)的线路,这是唐蕃古道的主体部分。以玉树为节点,分为南、北两条支线,即"藏北线""藏东

---

① 参见欧阳修、宋祁等撰《新唐书》,中华书局1975年版。
② 参见杨衒之撰《洛阳伽蓝记》,周祖谟校,中华书局1963年版。
③ 参见陈小平《唐蕃古道》,三秦出版社1989年版。

线"。

"藏北线"是《新唐书·地理志·鄯州》记载的官方驿道：鄯城（西宁）—大非川（共和）—众龙驿（称多）—截支桥（玉树）—野马驿（聂荣）—合川驿（那曲）—农歌驿（拉萨羊八井）—逻些（拉萨）。具体线路依次为：

其一，出鄯城，历临蕃城、绥戎城、定戎城、石堡城、赤岭至大非川。

唐代史籍关于赤岭至大非川道路走法有二：一是西经青海、吐谷浑国都伏俟城、曼头山抵达；二是走苦拔海道，此道经青海南山沟道而行，中历尉迟川、苦拔海、王孝杰米栅、莫离驿、公主佛堂至大非川驿。

其二，出大非川驿，历那录驿、暖泉驿、烈谟海，在今之黄河沿渡黄河至众龙驿。

其三，出众龙驿，渡西月河，入多弥国西界，历牦牛河、列驿、食堂、吐蕃村、截支桥至婆驿。

其四，出截支川，历大月河桥、潭池、鱼池、悉诺罗驿、乞量宁水桥、大速水桥、鹘莽驿、鹘莽峡至野马驿。

其五，出野马驿，历吐蕃垦田、乐桥汤至合川驿。

其六，出合川驿，历恕谌至海、蛤不烂驿、突录济驿、柳谷、莽布支庄、汤罗叶遗山、赞普祭神所、农歌驿至逻些。①

（二）考古新发现的唐蕃古道西段"藏东线"

唐蕃古道"藏北线"玉树经藏北至拉萨这一段发现的吐蕃遗迹很少，但玉树以南的川西、藏东地区则陆续发现了较多吐蕃时代的摩崖造像、墓葬。结合考古发现和文献，唐蕃古道西段"藏东线"主要包括两条线路。

1. 吐蕃东向发展军事线路

炉霍呷拉宗遗址的考古发现及藏汉史籍的记载都表明，在唐代早期吐蕃已在川西高原进行军事活动，吐蕃东扩的军事线路概括为两条：

其一，逻些（拉萨）—"多康六岗"（西藏昌都）/截支桥（青海玉树）—"邓"（四川石渠）—炉霍（四川炉霍）—道孚城堡（四川道孚）。

---

① 参见欧阳修、宋祁等撰《新唐书》，中华书局1975年版。

其二，逻些（拉萨）—吐谷浑/党项（甘青川交界地区）—白兰（青海玉树/果洛、四川阿坝）—松州（四川松潘）。

2. 佛教文化传播线路

近年考古发现的新支线，它以青海玉树为节点，南连南诏，西通吐蕃腹地，北接丝绸之路，形成了一条吐蕃中晚期的佛教文化传播路线。大体线路为：

青海玉树—四川石渠—西藏江达—察雅、芒康—工布江达—拉萨。

它们在空间上可以与西藏东部雅鲁藏布江流域吐蕃时代的遗存相接，这一认识大大扩展了唐蕃古道涉及的地域范围和文化内涵，成为唐蕃古道研究的重大进展。

（三）唐蕃古道线路的变迁

唐代早期是唐蕃古道形成的雏形期，主要为吐蕃东向发展的军事扩张线路，以文成公主进藏和亲为标志，开始形成固定线路。唐代初期至中期是唐蕃古道的形成期，建成系列驿站，以金城公主进藏和亲吐蕃为标志。以青海玉树为节点，分为"藏北线""藏东线"，"藏北线"为官道，"藏东线"主要为吐蕃的军事扩张线路。唐代中晚期是唐蕃古道的深入发展期，以"长庆会盟"为标志。官道"藏北线"仍在沿用，"藏东线"的线路、内涵已有新变化，成为一条佛教文化传播线路。

1. 唐代初期

唐代初期是唐蕃古道形成的雏形期，主要为吐蕃东向发展的军事扩张线路。《新唐书》载："贞观十二年（公元638年），吐蕃击吐谷浑，进破党项、白兰诸羌，帅众二十余万屯松州西境。"[①] 其行军线路大致为：

逻些（拉萨）—吐谷浑/党项（甘青川交界地区）—白兰（青海玉树/果洛、四川阿坝）—松州（四川松潘）。但具体线路模糊不清，沿用时间不清。

以公元641年文成公主进藏和亲吐蕃为标志，唐蕃古道开始建设驿站，形成固定线路。和亲、使臣队伍在唐域内主要沿丝绸之路南线而行，多有驿站，形成了"作为丝绸之路组成部分的唐蕃古道东段"。离开丝绸之路主干道的蕃域段驿站较少，形成了"作为丝绸之路延伸段的唐蕃古道

---

① 欧阳修、宋祁等撰：《新唐书》，中华书局1975年版。

西段"。一直沿用到吐蕃灭亡。

2. 唐代中期

唐代中期是唐蕃古道的形成期，建成系列驿站。以金城公主进藏和亲吐蕃为标志。唐蕃古道西段以玉树为节点，分为"藏北线""藏东线"。

"藏北线"作为官道，是唐蕃交流的主要通道，有驿站，线路较为清晰。一直沿用到吐蕃灭亡。

"藏东线"主要是吐蕃东向扩张的军事线路。敦煌古藏文《大事记年》中关于吐蕃赞普、大臣在"邓"、道孚城堡两地集会和征集粮草的记载①，藏文史籍《贤者喜宴》关于松赞干布时期"下部多康三岗"（亦称"多康六岗"）的辖区范围②，以及炉霍呷拉宗遗址吐蕃早中期土著墓的发现③，可初步勾勒出此条线路：

逻些（拉萨）—"多康六岗"（西藏昌都）/截支桥（青海玉树）—"邓"（四川石渠）—炉霍（四川炉霍）—道孚城堡（四川道孚）。但沿用时间不清。

3. 唐代晚期

唐代晚期是唐蕃古道的深入发展期。唐蕃古道西段"藏北线"作为官道仍在使用，以唐蕃"长庆会盟"为标志。

"藏东线"是新开辟的一条佛教文化传播线路，是唐蕃佛教文化交流的主要通道。在青海玉树、四川石渠、西藏昌都及林芝工布江达等地区发现一批据传与文成公主、松赞干布礼佛有关的造像。经考古调查确认，实际为公元8世纪中晚期至公元9世纪初期的佛教造像及汉文、藏文题记。

青海玉树地区主要有以释迦牟尼为主尊的礼佛、说法、佛传和以毗卢遮那为主尊、配置以二菩萨或八大菩萨的两大类5种类型吐蕃佛教造像。其中吐蕃佛传故事在吐蕃摩崖造像中尚属首例。四川石渠、西藏东部地区多见毗卢遮那与二菩萨或八大菩萨的造像组合，与文献记载的吐蕃腹地卫藏地区流行的造像题材组合相近。其中四川石渠"照阿拉姆"摩崖造像还受到了尼泊尔风格的影响，较为罕见。

青海玉树至四川石渠线路的确认填补了玉树至藏东之间吐蕃时期交通

---

① 参见王尧、陈践译注《敦煌本吐蕃历史文书》，民族出版社1992年版。
② 参见巴卧·祖拉陈哇《贤者喜宴》，黄颢、周润年译，中央民族大学出版社2010年版。
③ 参见席琳、王蔚、余小洪《四川炉霍呷拉宗吐蕃墓研究》，载《文博》2017年第1期。

路线的空白。再至西藏江达、察雅、芒康，南北贯通，更有林芝第穆萨摩崖碑铭、工布江达洛瓦傍卡摩崖造像，直通吐蕃腹地。构建出一条以佛教文化为纽带的唐吐蕃古道西段"南线"。

四、唐蕃古道沿线文物遗存价值评估与开发利用对策

唐蕃古道是连接中原唐王朝和西藏高原吐蕃王朝的交通要道，是珍贵的线性文化遗产。作为世界文化遗产的唐蕃古道，其东段是丝绸之路干线的组成部分，属世界文化遗产长安—天山廊道路网的组成部分；其西段终点是世界文化遗产布达拉宫历史建筑群（大昭寺、罗布林卡）；西段向南延伸至南亚，是"丝绸之路"南道的组成部分。作为民族文化遗产走廊、佛教文化遗产走廊的唐蕃古道丰富了中华文化的内涵，体现了中华民族文化多元一体的格局。唐蕃古道沿线文物遗存种类丰富，具有很高的科学、历史、艺术、社会、文化价值，可以起到服务社会主义精神文明建设、服务国家"一带一路"倡议、服务沿线地区文化遗产保护、促进沿线地区社会经济发展进步等方面的作用。通过加强文物立法，确立"工程建设，考古先行"原则；明确文物功能定位，积极探索保护利用新模式；整合文物资源，推动供给侧改革；挖掘文物内涵，建设特色文化产业基地；塑造知名品牌，开发精品旅游线路；加强文物宣传，提高文化内涵传播能力6个方面进行文物遗存的开发利用。

（一）唐蕃古道沿线文物遗存的历史价值

1. 作为世界文化遗产的唐蕃古道

唐蕃古道是连接中原唐王朝和西藏高原吐蕃王朝的交通要道，是珍贵的线性文化遗产，是珍贵的世界文化遗产。

唐蕃古道以唐鄯州鄯城（西宁市）为界，分东（唐域）、西（蕃域）两段。其东段道路大体选择了"丝绸之路"干线的走向，从长安（西安）开始，途经凤翔（宝鸡）、陇州（陇县）、秦州（天水）、河州（临夏），到达鄯州（今海东市乐都），是"丝绸之路"的组成部分，属世界文化遗产长安—天山廊道路网的组成部分。

其西段道路从鄯州（今海东市乐都）到吐蕃牙帐（今拉萨），可分为南北两条支线，终点是世界文化遗产布达拉宫历史建筑群（大昭寺、罗

布林卡）；其向南延伸至南亚，是"丝绸之路"南道的组成部分。

2. 作为民族文化遗产走廊的唐蕃古道

唐蕃古道地跨陕、甘、青、川、藏5省区，包括了唐、吐蕃、吐谷浑、回纥、粟特、白兰和党项诸羌等古代民族，各民族留下了大量的、各具特色的文物遗存。

这些文物遗存构建起一条民族文化遗产走廊：政治中心唐长安城、大明宫遗址见证了唐王朝与各民族的政治往来；世界贸易中心大唐西市遗址汇聚了世界各地的商人与奇珍异宝；战略要地河州临洮哥舒翰纪功碑见证了高丽人哥舒翰西征吐蕃；永靖炳灵寺石窟见证唐蕃征战、使臣往来的历史；青海湟源赤岭唐蕃界碑、石堡城反映了赤岭作为唐蕃之间的地理分水岭与政治分界点的重要地位；拉萨唐蕃会盟碑、达札路恭纪功碑是唐蕃间征战、和亲、会盟的见证；世界文化遗产布达拉宫历史建筑群见证了吐蕃帝国的兴衰。

唐蕃古道民族文化遗产走廊历史悠久，丰富了中华文化的内涵，体现了中华民族文化多元一体的格局。

3. 作为佛教文化遗产走廊的唐蕃古道

唐蕃古道西段"南线"为近年考古发现的一条吐蕃中晚期的佛教文化传播路线，从青海玉树开始，经四川石渠、西藏江达、察雅和芒康、工布江达，最终到达拉萨。该段路线南连南诏，西通吐蕃腹地，北接丝绸之路，意义重大。

佛教初传入中国主要是沿丝绸之路，自古印度向北，经巴基斯坦、阿富汗，到达南疆，过河西走廊，抵中原的长安、洛阳。唐代还形成一条佛教传入吐蕃的新线路：自古印度，越过喜马拉雅山脉，进入吐蕃，随着吐蕃扩张，影响至敦煌等地。唐蕃古道西段"南线"正是佛教"西来北往"传播所形成的佛教文化遗产走廊。

（二）唐蕃古道沿线文物遗存的现实价值

唐蕃古道沿线不可移动文物遗存丰富，包括拉萨布达拉宫历史建筑群（大昭寺、罗布林卡）、长安—天山廊道路网、甘肃敦煌石窟3处世界文化遗产，唐长安城、大昭寺等全国重点文物保护单位30余处，临洮哥舒翰纪功碑等省级文物保护单位100余处，县市级文物保护单位数百处。沿线数十座各级博物馆，展陈、保存着数十万件各级可移动文物。其文物遗存种类丰富、稀有罕见，科学、历史、艺术、社会、文化价值高，具有较强的现实价值。

1. 服务社会主义精神文明建设

唐蕃古道沿线文物考古遗存见证了唐蕃之间的盟好、征战、文化交流及各民族之间的交往、交流，为当代民族地区的社会发展与管理提供历史依据，发挥"以史为鉴，以史资政，以史育人"的作用，以服务社会主义精神文明建设。

2. 服务国家"一带一路"倡议

唐蕃古道沿线的文物考古调查为唐蕃古道沿线地区在国家"一带一路"倡议中的定位及发展规划的完善提供历史与现实依据。

3. 服务沿线地区文化遗产保护

唐蕃古道的考古发现既与历史文献记载相佐证，新发现的佛教文化线路又填补文献记载空白，为唐蕃古道沿线文化遗产保护提供珍贵的基础资料。

4. 促进沿线地区社会经济发展进步

文物资源是不可再生资源，具有唯一性，正确进行开发利用，可有效促进沿线地区特色文化产业与旅游开发，促进沿线地区社会经济发展、进步。

（三）唐蕃古道沿线文物遗存的开发利用对策

1. 加强文物立法，确立"工程建设，考古先行"原则

根据《中华人民共和国文物保护法》等法律、法规，学习内地省市先进经验，加强立法，确定"工程建设，考古先行"的基本原则。加强文物考古调查研究，彻底摸清家底，才能有针对性地保护与开发利用。

借鉴《西藏自治区布达拉宫文化遗产保护管理条例》，制定有利于文物保护和开发利用的法规和政策。在"保护优先"的前提下坚持"有限开发"原则，进行有限度、分步骤的开发。城市建设中要严格执行保护规划，要明确划分绝对保护区、重点保护区、一般保护区，注意保护与开发的协调统一。

2. 明确文物功能定位，积极探索保护利用新模式

明确文物遗存功能定位，选择一批文化、教育意义大于文物意义的场所，如宗堡衙署等古建筑，增加观众可参与、体验的项目，进行深入开发利用。根据文物遗存功能定位，与国家历史文化名城、名镇、名村，及传统村落保护、开发利用相结合。非物质文化遗产体验性强，可与文物保护、开发利用深入融合。

文化遗产数字化是文化遗产的创新形态，将不适合触摸的遗产数字化，按原有陈设布局，建设数字模拟馆，增加可体验性。

3. 整合文物资源，推动供给侧改革

深入整合文物资源，建设体验性强的遗址博物馆等，增加供给，进行供给侧改革。遗址博物馆能较为全面地展示古代文化，观赏性强，可选择昌都卡若、琼结邦嘎、藏王墓、象雄"穹窿银城"、故如甲木墓地、古格古城等能反映西藏历史脉络的著名遗址，建设遗址博物馆。同时，在遗址博物馆建设"考古乐园""考古探险营"等体验性强的附属设施。

4. 挖掘文物内涵，建设特色文化产业基地

挖掘文物内涵，建设特色文化产业基地，形成文化遗产开发利用标志性产业园区。如在《文成公主》实景剧演出基地，建设以古代汉、藏文化交流融合为特色的影视基地，制作文物动画系列、编导西藏古代历史剧等，让历史故事"活起来"；在拉萨古如寺增加古代印刷术体验馆等；开发丰富的非物质文化遗产资源，集中建设包括仿古陶器、金铜佛像、藏香制作的特色文化产业基地。

5. 塑造知名品牌，开发精品旅游线路

唐蕃古道沿线地貌起伏大，高原峡谷相间，包括国家级自然保护区可可西里及唐古拉山、纳木错等神山、圣湖、遗迹，人文、自然旅游资源丰富。在已有纳木错、布达拉宫等精品旅游线路的基础上，结合新开发的文化产业园区、遗址博物馆，开发精品旅游线路，增加精品旅游线路供给。

随着川藏铁路、成兰铁路、拉林高速公路等重要交通线路的修建，必将带动沿线旅游市场。可提前加强沿线文物调查，加强前期文物保护力度，为将来的开发利用做好准备工作。

6. 加强文物宣传，提高文化内涵传播能力

加强文物宣传，提高文化内涵传播能力。通过拍摄文物考古科普类视频等方式，让公众了解文物保护的意义。借鉴《我在故宫修文物》等科普类视频，既给公众科普文物基础知识，又宣传文物工作的重要性、价值。

除传统媒体之外，还应加强网络传播能力、提升网络文物知识供给能力，加强网络文化阵地建设，通过漫画、自媒体、公众号等新媒体形式宣传文物知识，传播文物背后的文化内涵。

"一带一路"背景下的西藏边疆建设与边疆治理研究[①]

孙 勇 朱金春 王思亓[②]

一、简要说明

习近平主席提出"一带一路"倡议构想之后，该构想就成为国家最高决策层的重大决策之一，中央有关部门将其宣布为《愿景与行动》的倡议，很快得到了国内相关省区的积极响应，特别是"一带一路"所涉及的边疆民族地区，更是纷纷提出要积极参与这一战略以扩大开放、加速发展。

"一带一路"倡议的实施将极大地改变中国边疆的形态与地位，使其从地域与发展的边缘转变为纵向联系中的核心，西藏是受到"一带一路"影响很大的边疆地区之一。在"一带一路"的布局之下，边疆不仅是对外开放的前沿，还是沟通内外的重要节点与对内、对外开放的中心区。在这个意义上，"一带一路"不仅改变了边疆的空间地位，还将重塑边疆的形态，促进边疆的稳定与发展。

西藏自治区地处中国西南部，是一个以藏族人口为主的多民族居住的边疆地区，在全国所有省市区都参与到"一带一路"的愿景与行动之中的情况下，西藏是不可或缺的重要省区。本课题经过一年半左右的时间，在调查研究的基础上，通过一定的分析，对西藏参与"一带一路"建设和"边疆治理、重塑边疆"等具有内在联系的命题所得出的相关意见以及提出的建议既可以分开进行辨析，也可以做整体观察思考。从实证的角

[①] 本研究报告系孙勇教授承担的 2011 西藏文化传承发展协同创新中心（西藏民族大学）2016 年重点招标课题"'一带一路'背景下西藏边疆建设与边疆治理研究"的阶段性研究成果。

[②] 作者简介：孙勇，男，时为四川大学特聘教授；朱金春，男，四川大学博士生；王思亓，女，西藏民族大学博士。本研究课题在藏调研参与人员还有王春焕、边巴拉姆、郑丽梅、陈朴。

度对课题所阐释的内容中本课题组认识到西藏在"一带一路"愿景与行动中所蕴含的远比经济收益更为丰富的内涵。

二、西藏参与"一带一路"定位调研与分析

中央第六次西藏工作座谈会将西藏明确定位为我国面向南亚开放的重要通道,国家三部委出台的"一带一路"倡议中提出了"推进西藏与尼泊尔等国家边境贸易和旅游文化合作"的意见,而西藏地方也对参与"一带一路"建设表现出强烈的意愿,着力打造"面向南亚开放的国际大通道",连接"一带一路"并与孟中印缅经济走廊相对接,并以此促进西藏经济社会的全面发展,推进西藏的长治久安。但在一段时间里,西藏对参与"一带一路"建设在很大程度上还停留在理论层面上,进展缓慢。

课题组在 2016 年至 2017 年就西藏参与"一带一路"的相关问题先后到西藏自治区相关政府部门、研究机构与企业进行了调研。

(一)西藏自身在"一带一路"愿景与行动中如何定位

2014 年 11 月 7 日,西藏自治区党委召开会议,提出要科学规划,立足西藏自身发展优势,瞄准国家"一带一路"的规划,编制西藏自治区"十三五"规划纲要,统筹考虑、相互衔接;要主动融入,积极与国家有关部委沟通,搞好政策、项目对接,争取更多的项目列入国家战略规划;要突出重点,坚持有所为、有所不为,严守生态红线,发展特色产业,加强互利合作;要形成优势,在对外开放中带动经济结构调整和转型升级,形成新的经济增长点,促进全区经济社会持续健康发展。① 可见,西藏地方对参与"一带一路"建设、推动西藏开放与发展有着强烈的意愿。西藏地方学者也在讨论西藏参与"一带一路"建设中的意义、途径、方式,并提出了相关的建议,② 但总体来看,西藏地方对西藏在"一带一路"中

---

① 参见陈全国《积极融入"一带一路"发展战略 努力推动全区经济持续健康发展》,载《西藏日报》2014 年 11 月 9 日。
② 参见张传庆、王新《为西藏自治区融入"一带一路"战略建言献策——首届"藏秦·喜马拉雅"论坛综述》,载《西藏民族学院学报》2016 年第 1 期;苏山《试论西藏在"一带一路"战略建设中的地位和作用》,载《西藏发展论坛》2015 年第 3 期。

的应有作为，特别是如何系统规划、积极参与等认识还比较模糊，并未形成清晰的定位。西藏之所以并没有形成参与"一带一路"建设的明晰定位，主要原因有两个。

其一，西藏在国家战略中的多重定位。有专家认为，由于西藏在政治与安全上的特殊性，不仅要看到西藏在"一带一路"建设中如何定位，还要看到国家对西藏在其他方面的定位。在国家战略层面对西藏的定位，除了中央第六次西藏工作座谈会提出将"把西藏打造成为我国面向南亚开放的重要通道"和在"一带一路"倡议中提出"推进西藏与尼泊尔等国家边境贸易和旅游文化合作"之外，还必须看到中央将西藏定位为"两屏四地"。中央政府对西藏的定位不仅体现在经济上，还鲜明地表现在政治与安全战略上，这就需要西藏在确定自身在参与"一带一路"建设中的定位时，要权衡国家对西藏在不同维度上的战略安排。"中央政府实施'一带一路'愿景与行动之初衷，不仅仅是基于经济发展与金融扩展的需要，还有外交战略的考量；但对于边疆省区而言，它往往以实际的经济利益作为自身追逐的目标。"①

其二，西藏地方的自身条件与外在制约。对于参与"一带一路"建设，所面临的一个现实问题是西藏是否具备参与"一带一路"的自身条件。"一带一路"倡议给西藏确立了向南亚开放，通过中央提出"重要通道"的建设走出去的目标，这在西藏地方是存在着争议的。有专家认为，"走出去"往往意味着一个地区向外进行资源与技术的输出，但这两者西藏都不具备，西藏现有的产出还不足以支撑其自身的需求。如果仅仅将"大通道""重要通道"理解为着眼于发展和改善西藏面向南亚国家的交通，那么西藏很可能就成为一个过境之地，难以形成节点与平台，也就难以经由参与"一带一路"建设来获得发展。即使定位在文化旅游上，西藏参与"一带一路"的愿景和行动也还处于起步阶段。

众多专家学者的意见和建议的形式还只是论文和口头发言，既没有制定出相应的规划，也没有可以走出去的专门项目群。对于如何对接"一带一路"和孟中印缅经济走廊，推动环喜马拉雅经济合作带建设，在中层干部与相关的企业负责人中，对如何参与"一带一路"建设的认识和行动还没有明显的积极性，这其中既有战略认识不到位的情况，也面临着

---

① 本课题调研座谈记录。

实际的困难,影响了西藏参与"一带一路"的实践进程。

(二) 西藏参与"一带一路"建设的必要性

在西藏参与"一带一路"建设的必要性上,主要有两种意见或观点。

第一种观点认为,西藏要参与"一带一路"建设,并积极推进面向南亚开放的重要通道建设,认为"一带一路"将为西藏经济社会的快速发展带来前所未有的机遇。在新的历史条件下,将西藏置于一个"内联外接"的关键节点上,西藏担负着"成为面向南亚'内联外接'的桥头堡、基础设施互联互通的重点地区和国家构建全方位开放格局的前沿地带"① 的重要使命。参与"一带一路"建设将给西藏带来新的发展机遇,西藏的交通基础设施将迅速完善,产业转型升级和结构调整将不断加快,"兴边富民"行动将大幅推进,并将促进社会稳定并有效应对走私贩毒、跨国犯罪、恐怖主义等非传统安全威胁。因此,西藏应该应充分发挥区位、政策、市场、历史、人文等优势,寻求与周边国家展开边境贸易和旅游文化交流合作的契合点,积极沟通协调、明确定位,全面融入"一带一路"建设。

第二种观点认为,西藏首先要加强与内地之间的联系,加快推进川藏通道建设。西藏开发与发展的重点应该在内地一侧而不在边境地区,西藏当前最需要建设的不是向外的南亚陆路大通道,而是川藏大通道。因为在经济互补性上,西藏与内地尤其是与川渝地区之间的联系与互补要比与尼泊尔、印度之间的联系强,所以要加快川藏线的建设,在实现西藏与内地之间的互联互通之后,可以考虑建设一个川藏经济区,以此为依托开展中国、尼泊尔或吸引印度边境邦的次区域的经济贸易合作。所以,西藏参与"一带一路"建设需要深入研究,谨慎决策,等待时机。

有专家认为习近平总书记提出"一带一路"倡议构想的其中一个重要的目标就是要突破美国以及其他不友好国家对中国的封锁,形成对美国亚太再平衡战略的对冲。因此,"一带一路"的宏大决策并不仅仅是为了经济利益,当前在南亚方向上获取丰厚的经济利益更没有必要。在南亚和东南亚方向,主要是国家战略方面的考虑"②。但能够从国家战略的高度

---

① 刘永凤:《"一带一路"建设带给西藏新的愿景》,载《光明日报》2016 年 7 月 9 日。
② 本课题调研访谈记录。

认识到西藏参与"一带一路"的意义的专家学者并不多,① 大部分人是希望通过参与"一带一路"谋取经济利益或达到互利双赢。西藏地方的有些专家学者则是更多从西藏自身特别是从西藏参与"一带一路"建设中的收益来考虑,着眼于西藏参与"一带一路"建设对西藏的基础设施建设、产业发展、经贸合作、和谐稳定的促进与推动等,并就如何参与提出相关的建议。目前亟待进行的是明晰定位、凝聚共识,在全国各省市都在积极参与"一带一路"的愿景与行动的形势下,西藏是不能缺席的,并且由于西藏的特殊战略地位,西藏的参与具有全局性的战略意义。

(三) 西藏自身参与"一带一路"行动面临的困难与挑战

对面临着的困难与挑战,西藏政府工作人员与专家学者有着比较深入的认识,主要体现在以下几个方面:

第一,境外政治与安全环境制约。西藏参与"一带一路"建设必然是要面向南亚,但中印两国之间存在边界争端,又因尼泊尔的政治局势不稳,使西藏受到境外政治与安全环境的制约。中印两国之间的边界争端以及大国竞争使印度对中国存在重重疑虑。西藏的许多专家与企业高管都认为,西藏面向南亚的联通必然会在基础设施建设过程中遇到境外形势复杂多变、安全隐患众多的情形,这将影响到项目投资与建设的进展。对此,需要中国高层与愿意合作的国家进行有效的沟通,双方或多方达成共识,保障投资与项目的实施,才可能形成长期的合作机制。尼泊尔近年来知华、亲华的人士不断增多,各大党对如何平衡与印度和中国的关系的看法逐渐趋于一致,尤其是近年尼泊尔的几个执政党正在酝酿联合的可能性,以更好地靠拢中国"一带一路"的建设,以期缓解印度动辄压制与封锁尼泊尔的困境。这对下一步西藏开展面向南亚开放重要通道的建设方面的工作是有利的。

第二,对南亚国家特别是尼泊尔的认知有限。有学者指出,中国在很长时间之内都主张大国外交,周边外交中也注重发展与大国的关系,对周边较小国家的政治、经济与社会发展的认识都不深入。因此,在推进西藏参与"一带一路"建设与对外开放的过程中,缺乏对南亚国家的深入了

---

① 参见陈敦山《西藏积极融入"一带一路"是维护国家安全的需要》,载《云南民族大学学报(哲学社会科学版)》2016年第4期。

解和对局势可控程度的判断，这样就影响了西藏参与"一带一路"建设实践的开展。有关方面应随机而动，有关部门和地区，尤其是西藏，要进一步改变对印度和欧美国家在尼泊尔的活动情况认识模糊的局面，这些国家能够在多大程度上影响各个党派，甚至直接干扰尼泊尔的经济与贸易等问题是西藏能否成功走向南亚的重要因素，大力加强对南亚国家和政党的研究是必须做好的一门功课。如何加深对包括尼泊尔在内的南亚国家的认识就成为西藏参与"一带一路"建设的前置性课题。

近年来，有专家提出了建立"中、印、尼、不"4国自贸区的建议，还有的专家与相关部门进行的前期研究也提出了"与尼泊尔、不丹"合作建设自贸区的预案，还有一些学者提出建设更为宏大的"跨喜马拉雅经济圈"的设想，而更多的专家则认为这些建议、预案、设想基本上是凭着想象来构思的，缺乏对印度等国的实际了解和研究，也对国家的政策不了解，这些方案至少在三到五年内不具有可操作性。比较务实的方案是将尼泊尔作为西藏迈向南亚的第一站，在国家已有的规划中，加强旅游、经贸、文化等方面的交流，同时在基础建设方面循序渐进，解决好交通、水电、通信、金融等问题，并经过试验后，开展次区域的合作，以此走向南亚。

第三，存在意见的分歧。一段时间里，西藏自治区外不少高校与在西藏长期工作的专家学者的意见大相径庭，西藏自治区外专家对西藏的发展基础十分乐观，谈及走向南亚问题时所提出的建议基本上都是完全可以立即实施"一带一路"的建设。而长期工作在西藏的专家认为，西藏有着参与"一带一路"建设的诸多优势，但是西藏自身的经济社会发展基础比较薄弱，产业结构与产品类型十分有限，与南亚的经济虽然有着一定的互补性，但更多是同质性的。因此，在"一带一路"建设中，如何使西藏不仅成为沟通内地与境外的通道，还成为一个重要节点，这是很多在西藏工作的专家学者所关注的。这两种倾向性迥异的看法有着不同的认知背景和政府部门的不同导向性。

第四，受传统外交观念与方式的影响。无论是政府的某些部门还是央企，在境外进行经济活动往往倾向于与当地政府进行联系，靠着个人建立关系来推动项目的实施，往往会造成所在国地方政府官员的腐败和引起当地民众的不满，出现花费大量资金但是成效不明显的情形，这也发生在西藏参与"一带一路"的实践当中。有企业家指出，对于企业来说，要改变发展思路，企业走出去之后，与政府合作不如与地方的企业进行合作。我们往往关注政府，把注意力集中投资在相关的政府官员身上，而相应地忽视了当地的民众利益，甚至打击了当地的企业，这样就会出现当地民众对中国企业的反感心态甚至对抗行为，直接影响项目的实施。

（四）对相关情况的研判和建议

西藏对参与"一带一路"建设的认识做出基本的判断，主要有以下几点：

一是西藏在参与"一带一路"建设上形成了基本的共识，即要积极参与"一带一路"建设，建设面向南亚开放的重要通道，扩大对外开放，促进西藏经济社会发展。但是在这一基本共识下，西藏政界与学界乃至企业界的看法存有分歧，在西藏的向外开放与向内开放上有着不同意见，在优先建设面向南亚开放的陆路大通道或优先建设川藏大通道上存在争议，同时对如何做好基础工作并创造条件"走出去"也有不同的看法。这需要进一步统一认识，也可以求同存异，在实践中发现问题、解决问题。

二是西藏对自身参与"一带一路"建设的定位并不清晰。国家对西藏在"一带一路"倡议中的定位是有原则性的，指出了基本方向，但是由于西藏自身的特殊性以及国家对西藏在政治、安全上的考虑，使西藏担负着政治、经济、文化、生态、安全等多重战略使命，这样一来，西藏地方确定在参与"一带一路"建设中的定位上会受到政治、安全等因素的影响。加之西藏自身的禀赋资源条件较差，如何有效地参与"一带一路"建设而不是只是在形式上的对接，也使西藏确定参与"一带一路"建设的定位面临着成本与技术问题。因此，直到现在，西藏地方也没有出台西藏参与"一带一路"建设的整体规划。

三是西藏对自身参与"一带一路"建设所面临的困难与挑战有着比较深刻的体会。西藏政界、学界与企业界对西藏参与"一带一路"建设所面临的内外挑战有着清醒的认识，认为外部环境的地缘与政治环境对西藏参与"一带一路"建设形成了重要的制约，而西藏自身的发展基础也构成短板。同时，西藏地方也意识到，对南亚国家的政治经济等基本状况认识不够深入，在与南亚国家交往中也存在着较多的问题，并认为应该改进对外交往的方式、方法，这样才能为西藏参与"一带一路"建设创造良好的环境。

从以上几个方面，我们认为，西藏自治区多数部门对西藏参与"一带一路"建设有着较为清醒的认识，对所面临的困难有着较为恰当的估计，所提出的建议也较为可行。从这些认识来看，如果要推进西藏自身参与"一带一路"建设，还需要进一步统一思想，改进工作方式，积极探索适应西藏特点且符合国家倡议的"一带一路"建设路径。当然，我们必须要看到西藏维护社会稳定任务繁重，促进西藏"长治久安"是中央赋予的重要任务。当下，需要对以下几个问题开展深度研究：一是统一思想，从国家战略高度认识西藏参与"一带一路"建设的重要意义；二是统筹规划，结合国家战略与西藏自身特点准确定位；三是加强对尼泊尔等南亚国家的研究，深入了解其政治、经济社会特征；四是总结经验教训，汲取其他省市区参与"一带一路"建设成功的经验和失败的教训，进一步做好相关工作。

在讨论西藏参与"一带一路"建设的意见中，对于在这样的战略机遇期之中如何结合在西藏贯彻习近平主席治国理政与边疆治理理念的重大命题，西藏具体落实了这项工作，例如，拉萨、山南、日喀则等地在"一带一路"倡议提出后，进行了从加强社会综合管理到进行社会创新治理的实践活动，这与在"一带一路"倡议之中"重塑边疆"有着密切联系，现在需要的是对5年来从加强社会综合管理到进行社会创新治理的实践进行总结，从中找出带有规律性的方式、方法，同需要长期进行的"一带一路"愿景与行动紧密结合，从而实现边疆治理和重塑边疆的历史任务。

三、拉萨城镇社区治理模式与机制创新——边疆治理中的西藏典型案例

西藏参与"一带一路"愿景与行动，涉及自身的强基固本，即需要进一步做好社会治理工作。对"一带一路"愿景与行动之中的西藏社会治理，课题组通过实地和文献的考量，划定在社区治理的范畴，以便于我们清楚地认识社区治理对西藏参加"一带一路"需要夯实基础的重要性。本课题的"社区"是指某区域社会有一定的人口密度和聚落规模，在地理单元中有一定的建筑群，各种人群占有一个地理单元，共同从事政治活动、经济活动、文化活动，在从事这些活动中形成了人与人之间的关系，

在人群共同体的地理单元中，存在某些共同价值标准和相互从属感情的社会单位。① 从这个角度上看，选择在西藏首位度城市②——拉萨市进行调研，其城镇社区、寺庙社区、农村社区既同属于拉萨市的行政区划之中，又表现出不同的社区特性。以拉萨市为例，沿溯2011年以来的工作状况，进行细化分析。研究拉萨市的社会治理，对西藏参与"一带一路"愿景与行动并且如何实现边疆治理具有十分重要的意义。

西藏自和平解放以来尤其是民主改革以来的历史证明，任何经济活动的成效都要在政治含义中得以体现，即维护国家统一、增进民族团结、反对分裂倒退。因此，几十年来所有的建设都包含了西藏强基固本的底蕴。西藏加入"一带一路"建设也不例外，涉及强基固本的任务，即需要进一步做好社会治理工作，以实现边疆治理的新局面。加强和创新社会管理直至实现社会治理是我国在新形势下由中央针对新的任务提出的一项重大任务。其主要涵义是在中国共产党的领导下，通过政府负责的形式，根据政治、经济和社会的发展态势，对现有社会管理资源与条件进行新的整合，总结和运用已有的经验，尤其是将社会自身运行规律乃至社会管理的相关理念和规范运用于实践，在实践中深入研究并采用新的理念、知识、技术、方法和机制等，对传统管理体制及相应的管理方式和方法进行改造、改进和改革，建构新的社会管理机制和制度，通过活动或实施这些活动的过程，实现西藏边疆地区社会治理的新目标，确保全区社会局势持续、长期、全面的稳定。

（一）拉萨城镇社区概况及发展趋势

近几年，拉萨的社会治理由管理创新起步，实现了由管理到治理的无缝衔接，形势不断趋好，为西藏加入"一带一路"的愿景与行动搭建了坚实的平台。同时，也为国家的边疆治理提供了有益的经验。

1. 拉萨市概况

拉萨市由5县、3区组成，即当雄县、曲水县、墨竹工卡县、尼木

---

① 国内关于"社区"的定义多达几十种，但都不适用于本课题的研究范围，本课题中对社区的定义是孙勇对西藏地区以及类似地区经过十多年的考察后于2012年提出的。

② 城市首位度是由Jefferson在研究国家城市规模分布规律时提出的概念。城市首位度指一个地区最大城市与第二大城市人口规模之比，通常用来反映一个国家或地区的城市规模和人口集中程度。

县、林周县和城关区、堆龙德庆区、达孜区，共64个乡（镇、办事处）以及269个村民委员会，总面积31662平方千米，其中城关区作为拉萨最早和主要的市辖区，面积约为60平方千米。自2011年以来，拉萨市城镇化率从37%增加至53.1%。拉萨2016年总人口近55万，其中市区人口27万左右。拉萨市民族构成有藏族、汉族、回族等20多个民族，其中藏族人口占76.7%，汉族人口占21.6%，其他少数民族占1.7%。2016年10月，《中共西藏自治区委员会西藏自治区人民政府关于加强城市工作的意见》中对2020年拉萨市人口的规划提出达到110万居民人数的目标。

2. 拉萨城镇社区的基本情况

在开展社会管理创新活动的2011年，拉萨全市地区生产总值完成182亿元，比上年增长13.2%；全社会固定资产投资达到170亿元，比上年增长25%；社会消费品零售总额达到88.81亿元，比上年增长17%；地方财政一般预算收入达到15亿元，增幅达49%；城镇登记失业率控制在3.9%以内，人口自然增长率控制在10.3‰以内。至2016年，拉萨全市完成地区生产总值422亿元，比2011年增长230%；全社会固定资产投资636亿元，比2011年增长370%；社会消费品零售总额233亿元，比2011年增长260%；全市财政收入107.53亿元，比2011年增长7倍；城镇居民人均可支配收入29968元，较之上年增长11.4%；居民消费品价格涨幅控制在2.6%以内；城镇登记失业率控制在2.2%以内。在经济增长的同时，人流量和人群复杂成分也随之增加。常住人口27.9万人，流动人口21万左右，最多时超过30万人。

2011—2016年，拉萨市按照自治区的要求，开展加强和创新社会管理，在5年治理的基础上，通过建立拉萨市、城关区、各街道办及各居委会社区的各项机制，形成上下一体、部门联动的新局面，实现了重点突破和整体推进，形成具有边疆中心城市城镇特色的社区建设工作新格局。

（二）拉萨市城镇社区的特点

1. 城乡交错，寺庙分布密集

城乡交错是拉萨市城镇社区的特点之一。城中村现象也较为突出，如城关区仍保留有纳金乡、娘热乡、夺底乡等农村社区。由于历史原因，大量藏传佛教宗教场所以原有老城区为中心分布密集，民众围绕寺庙居住是一种普遍的现象。从寺庙密集程度看，拉萨市中心的小型寺庙及拉康围绕大型寺庙呈高度密集状态；城乡结合区域的小型寺庙、拉康以及多拉日追围绕大型寺庙分布，其密集度虽不及市中心，但仍高于别的次级中心城市。

2. 单一民族为主、多民族为辅的社区

拉萨76.7%的居民为藏族，其余为汉族、回族及其他少数民族。拉萨城镇社区居住人群根据各自收入高低选择居住区域。收入较高人群主要集中在太阳岛、仙足岛、西郊现代化商业小区；收入中层人群主要在各单位退休基地；收入较低人群主要居住在老城区居委会、社区大院等。

3. 社区二元结构

由于传统宗教广泛的社会基础和群众基础以及达赖集团在意识形态领域的渗透，拉萨市城镇社区在社会结构上呈现出非典型二元特点：一边是经济社会跨越式发展，稳定成为压倒一切的任务；另一边是寺庙膨胀和宗教热，社会上存在着一个随时有可能失控的对立力量。

（三）跨越式发展中的城镇社区

改革开放后，越来越多的外来流动人员来拉萨旅游、务工、经商，既给拉萨市带来了巨大的活力，也造成了多元利益之间的矛盾和问题。

1. 经济总量快速增长

第三产业逐渐成为拉萨最主要的经济增长点，同时活跃了第一、第二产业。主要特点有：一是旅游业成为带动拉萨经济的龙头；二是投资商增多；三是特色工业经济增长；四是城镇居民收入增加。

2. 城镇社区外扩

城镇化是边疆民族地区加快发展、走向现代文明的必由之路。城镇化建设主要表现为人口向城镇集中、城镇人口数量的增多、城镇规模的扩大以及社区现代化建设水平的提高。新型社区越来越多，城市规模越来越大。以原有老城区为中心、以藏族为主体、邻里之间人际互动较强的传统社区类型不断被打破，城区不断向外延伸，社区类型呈现多元化趋势。

3. 流动人口剧增

2011年人口已过渡到高生育、高死亡率、高增长状态，2016年人口结构呈现出趋于稳增状态。其中，流动人口已成为导致社区人口高增长与不稳定的因素之一。近些年，拉萨流动人口达到20万以上的规模。调查结果表明，从流动人口户籍所在地占比看，西藏最高，四川次之，甘肃省排名第三，占比分别为 34.9%、28.6% 和 14%。从流动范围来看，主要以跨省为主，但占比有所下降，占 65.2%。从民族结构看，汉族占比最高，藏族次之，回族排名第三，占比分别为 61.5%、28.6% 和 8.2%，区内外农牧区青少年正在成为拉萨流动人口的主体。

（四）城镇社区社会管理状况分析

1. 管理参与的主体多元化

课题组有针对性地先后走访了嘎玛贡桑街道办事处、雪居委会、八廓街街道办事处和扎细街道办事处及所辖社区，通过走访和问卷分析，社区管理主体呈现出多元化趋势，主要表现在3个方面：

（1）管理机构、队伍情况。在管理机构上，拉萨市主要通过城关区、街道办事处、居委会三级平台对城镇社区进行管理和服务。拉萨市城关区共有 8 个街道办事处、53 个居委会及其辖区内的多个居民大院小组。每个居委会大体设有党务办公室、妇女办、综合治理办（社会治安综合治理工作领导小组、民兵）、流管办、矛盾纠纷排查调处工作领导小组，以及民政、环卫、治保、调解、房产管理、医疗服务等部门。城镇社区的管理机构出现一岗多职、一人多能的特点。参与社区管理的机构还有城关区民政、教育、卫生、环卫、警务等职能部门，根据各自职责，分工有所不同，设有社区工作室、社区服务室、流动人员服务管理站、社区卫生服务站、辖区派出所警务室及便民警务站等。

（2）创新社会治理的理论与决策。党的十六大确定了推进经济建设、政治建设、文化建设、社会建设，构建社会主义和谐社会的奋斗目标，为加强和创新社会管理指明了行动方向、明确了具体举措。党的十八大统筹推进五位一体总体布局、协调推进四个全面战略布局，把"实现国家治理体系和治理能力现代化"作为全面深化改革的总目标，将"加强和创新社会管理"修正为"创新社会治理"，并且提出了"系统治理、依法治理、综合治理、源头治理"的具体要求。党的十八届三中全会提出"加快形成科学有效的社会治理体制"的任务，并明确要求："改进社会治理方式。坚持系统治理，加强党委领导，发挥政府主导作用，鼓励和支持社会各方面参与，实现政府治理和社会自我调节、居民自治良性互动。""社会治理"成为"社会管理"的进一步升华。党的十八届四中全会决定

"推进法治社会建设",将"加快保障和改善民生、推进社会治理体制创新法律制度建设"作为提高社会治理法治化水平的必要条件。中央第六次西藏工作座谈会上,习近平总书记对西藏创新社会治理工作提出了"主动治理"的要求。

(3)改进治理之中的管理体系。以前,拉萨市参与社会服务管理的各职能部门和居委会各自为政,多数将工作当作部门任务完成,彼此间缺乏沟通协调,除极个别社区如雪居委会外,大多数民政、社保、教育、卫生、社区警务室等职能部门与居委会衔接力度不够,在一段时间里,拉萨城镇社区居委会以行政管理为主,加之城乡交错、寺庙分布密集、传统宗教影响力大以及外来流动人员逐渐增多等特点,将维护稳定作为社区管理的主要任务,因而"管控"功能较强,服务功能相对较弱,整体缺乏公共服务体系。随着经济、社会的发展和城市化进程的加快,拉萨城镇社区居民生活水平日益提高、内容不断丰富且诉求也在不断增加。越来越多的外来人口选择在拉萨生活、工作以及旅游、朝圣和探亲访友,外来人口已逐渐成为拉萨城镇社区服务和管理的对象之一。

2. 深化治理工作的复杂性

(1)思想多元化。有神论、无神论两种思想并存于西藏社会,同样,在拉萨城镇社区中,这种二元思想并存现象也极为明显。近年来,西方反华势力和达赖集团没有放弃向拉萨城镇社区的渗透,其通过电台、互联网、手机、印刷品等形式的反动宣传从未停止。一方面因藏传佛教在大多数民众心中是民族习俗加之达赖集团的蛊惑,另一方面则因很多人对死亡仍无法坦然接受,希望借助信仰的力量获得心理上的慰藉和解脱。因此,近年来,拉萨城镇社区民众对藏传佛教的热度一直较高。

(2)现代城镇生活丰富化。旅游经济的迅速发展带动了本地饮食业、娱乐业,越来越多市民的业余时间在电影院、茶楼、餐馆、酒吧度过;物流业的发展使民众在物质上的享受更加丰富,在日常生活用品方面的选择越来越多,对商品的品质、款式要求越来越高;而网络、手机等新兴媒体拉近了普通民众与外界的距离,丰富了民众的知识,民众对物质文化的需求更多、要求更高。虽然多数居民在物质上已获得极大满足,人们不仅关注社区的发展,参与社区的活动,而且对社区的服务和管理、居住环境、文化娱乐、医疗卫生等方面提出多层次、多样化的要求。加强社区建设、完善社区服务、提高生活质量已成为广大城市居民的迫切要求,越来越多的社区民众希望得到更加便捷完善的公共服务，对民生、法律咨询、青少年教育、就业指导、矛盾调解等公务服务的需求也越来越高。

3. 管理环境艰难具体

（1）基础设施功能单一。近年来，集便民服务大厅、居民活动室、社区警务室和社区居委会办公室等功能于一身的综合性办公场所正逐步健全，包括便民服务大厅在内的各办公场所利用电脑处理日常工作，大多社区也尽可能地利用电脑对社区资料进行备案。但总的说来，社区服务管理在办公自动化建设方面尚不能满足管理主体的工作需要，甚至有些社区信息只能通过纸质材料进行存档，无法及时实现信息的调用、更新以及相关部门的共享，客观上使工作无法便捷、迅速、有效地展开。

（2）公共服务相对滞后。社区社会结构、社会形态和利益格局正逐渐发生深刻变革，民众的社会心理、行为方式和利益诉求明显改变，对生活有了更高的期待，对获得公平的机会、实现全面发展有了更迫切的愿望。相比之下，公共服务体制改革相对滞后，无法满足人们的期待和愿望。目前各街道办及居委会为社区提供的公共服务主要涉及环境卫生、卫生医疗、教育、妇幼保健、社会保障、劳动就业、综合治理以及精神文明建设等方面，体系建设尚需进一步完善。

（3）人员流量增大。近年来，拉萨的人员流量增大主要源于外来流动人口数量规模的持续扩大。人员流量的增大一方面给城市的卫生、交通、就业等方面带来压力，另一方面，因外来人员往往被本地市民排斥，易滋生矛盾和纠纷。尽管大多数拉萨市民对流动人员持平等态度，但存在人员流量激增易对社区治安、就业机会、环境保护造成压力的危机感。由于人员流量大且人群复杂，无时间规律可循，且部分不法分子、流散僧尼、闲散人员以及来自重点地区的重点人群极易隐藏在地形复杂的城镇社区，成为拉萨社会不稳的隐患，加大了拉萨城镇社区管理难度，居委会、社区警务室需把相当部分精力放在对流动人员清查、信息搜集和管控工作上，从而给社区建设和其他服务管理工作带来困难。

（五）城镇社区社会管理的成功经验与问题

1. 成功经验

拉萨市城镇社区始终坚持党的领导、把握正确管理方向，不断探索适合自身实际的管理方法，使拉萨市社会治理逐步走向新的阶段。

(1) 坚持党的领导和正确的管理方向。

拉萨市城镇社区在社会服务管理中始终坚持党的领导，充分发挥各级党委及基层党组织和党员服务群众、凝聚人心的作用，充分发挥党委总揽全局、协调各方的核心领导作用，确保社区服务和管理的正确方向。

在居民社区，拉萨市委及城关区党委高度重视在实践中对各街道办党委和居委会党支部工作的指导。居委会"两委"班子在党建的基础上，坚持以社区工作为中心，把社区党建与社区管理结合起来，充分发挥社区党组织的领导核心作用和先锋模范带头作用，加大对居委会党组织领导班子建设的力度，建立并完善党务工作台账，完善党务工作栏，在社区工作者中积极发展、培养党员，有步骤、有重点地开展后备干部培养工作，充分发挥居委会党组织和党员在社区民众中的带头和示范作用，开展社区联系走访活动，互相交流社区党建和社区建设方面的经验做法，并坚持公开党员承诺制度，组织辖区内党团员干部进行党的政治纪律教育，学习党章和有关文件，设定无职党员责任岗，与包括流动党员在内的社区内所有党员签订认岗责任书，使社区党建工作和流动人员服务管理有机结合。

(2) 管理人员爱岗敬业，奉献社会。拉萨市、城关区党委以及各街道办和居委会一方面通过社区党组织的党建工作加强教育和管理，提高工作人员的思想政治觉悟，增强事业心、责任感，使各居委会管理人员在日趋繁重复杂的工作中能始终做到爱岗敬业、服务于民，献身党的事业；另一方面通过公益性岗位尽可能地帮助社区工作者和志愿者解决切身利益问题，解除他们的后顾之忧，从而能够在维稳压力大的情况下安心于本职工作。

(3) 发展集体经济，促动公众参与。

一方面通过集体经济协作及分红的形式，更好地联系居委会与社区民众，调动居民参与社区建设和管理的主动性、积极性，共同参与社会公益事业及公共服务，不断增强社区凝聚力，共同提高社区建设和服务管理能力。另一方面通过集体经济盈利，自行解决公益性岗位工作人员的加班补助。从拉萨市城镇社区集体经济的发展来看，集体经济在一些街道办事处的居委会一直保留并不断发展，对增加本社区的就业、增加居民收入、提高公共服务水平等发挥了积极作用。

开展"双联户"（联户平安、联户增收）活动，合理划分，全面覆盖。按照"住户相邻、邻里守望"的原则，坚持分类指导，综合考虑村

（居）户数、农牧区差异、行业特点等因素，采取亲情相联、地域相联、行业相联等模式，把城乡5户或10户划分为一个联户单位，民主推选产生一名"致富带头人""文化人""事务明白人"或"热心人"作为联户长，协助配合村（居）民"楼长、院长、组长"组织开展群防群治、纠纷调解、流动人口服务管理等工作。拉萨市在全区率先出台《关于建立村级产业联户互助社的指导意见》，着力破解"联户增收"中产业发展资金瓶颈，实施联户担保、联户经营、联户发展、联户增收。

2. 存在的问题

通过调查问卷分析和面访，我们在调研初期发现，拉萨市城镇社区管理总体还是存在条块分割、缺乏合力、动态掌握困难等问题，影响了各职能部门及居委会功能作用的发挥。

（1）条块有分割。

改革开放后，拉萨市城镇社区是以原居委会为基础，经过合并调整划分的。原居委会组织既简单（大多只有几个工作人员），又不健全（多种社会功能不分）。建立社区是在上级直接指导下，各社区召开居民代表大会，选举社区居民委员会，初步搭起社区的架子。从拉萨城镇社区的情况看，除执行（办事）机构外，其他机构未能及时配套建设。居委会仅有的几名管理人员的工作中心则是在街道办事处指示下完成各项任务，不能自主地开展工作。

按属地管理原则，居委会具体落实社区建设、服务和管理工作。在内容上，一方面要搞好社区基础设施建设，为辖区内民众提供和完善公共服务等；另一方面在维持好社区日常治安的同时，还肩负着社区住户、居民、出租房、流动人员和流散僧尼的摸底清查工作。环卫、公安、司法、医疗卫生、社会治安综合治理、人力资源和社会保障、人口和计划生育等工作和职能实际由各级相关单位和部门负责，街道办及居委会在具体落实工作过程中不具备经济手段和行政手段，无法高效、快捷地实现对社区的管理和服务，需要与这些部门协调沟通，客观上造成一些社区服务不到位、管理衔接不上的现象。

在拉萨市城镇社区寺庙管理方面同样也存在条块分割的现象。与其他省会城市相比不同的是，拉萨市城镇社区寺庙分布较为密集，按属地管理原则，居委会对辖区内寺庙有管理和服务的责任，员额僧尼户籍则由公安机关负责。但由于西藏寺庙的特殊性，需要根据实际情况对各辖区寺庙进行分级管理,实际上,寺庙工作的管理是由其他的相关单位和部门负责。员额僧尼纳入社会保障体系后,社保部门则主要负责员额僧尼的医保、养老保险等内容。

同社区内,居委会与辖区单位尤其是中直单位、区直单位的联系不够,彼此间缺乏有机协调。拉萨市城镇社区中的党政事业单位既有在办公区的,又有在生活区的,从属地管理角度看,单位社区的社会服务与管理应归居委会负责,但拉萨市城镇社区中单位的党务和政务多属自治区或拉萨市直接管理,与社区街道办、居委会间无上下级隶属关系,物业小区与居委会间也存在着条块分割的矛盾。

(2) 各方合力尚不够。在现有体制下,无论以功能划分的大社区还是以片区划分的小社区,都存在机构介入现象。其中,政府介入的权威源于它所代表的公共秩序和公众利益,居民自治组织介入的权威源于全体社区居民,介入社区事务的专业机构的权威源于其管理的专业水平和政府与社区自治组织的授权,三者共同推进社区的发展。社区3种权力主体中只有行政权力(政府)的合法性受到格外的推崇,其他两种权力还在"发育"之中,加快其"发育",形成城、镇、社区3个权力主体的合力,是今后拉萨市推进治理的重要内容之一。

(3) 社情动态掌握难。进入21世纪以后,反分裂斗争愈加激烈,情况更加复杂,境外"藏独"势力对拉萨市城镇社区的渗透、破坏更加隐蔽。同时因市场经济发展和旅游业的开发,越来越多的外来人员来拉萨经商、打工、旅游,外来人员流动性大,暂住在拉萨市城镇社区的时间长短不一,有的宾馆尤其是家庭旅店上报信息不及时,租房户备案责任意识淡薄。拉萨城镇社区由于相当部分的二手房买卖双方在购房交易过程中为逃避烦琐的程序、交易手续费和税费,致使一些社区人户分离现象十分严重,甚至一套房子多次易手后,户主仍是原房主,造成社区管理人员对辖区内住户动态信息掌握不及时或出现信息不对称现象,给社区基层管理实际工作带来相当大的困难,无法达到以房管人、以证管人的目的。

(六) 城镇社区推进网格化社会管理的实践

吸收借鉴北京东城区网格化管理模式,转变社会管理理念,建立健全体制机制,制定实施创新管理方案,通过网格化管理创新综合试点先行并整体推进。

1. 网格化社会管理概念的提出

（1）网格化社会管理的原因。2004年，北京市东城区首创城市网格化社会管理，为解决东城区社会管理问题探索出了一套科学的社会管理新模式，促进了城市管理水平的提高。全国各地城市结合自身特点，在加强与创新社会管理中纷纷借鉴东城区经验，创建城市网格化管理模式，使各网格单元能有效地进行信息交流和资源共享，有利于实现对社区社会建设管理全方位、多层次、高效率、便捷化、无缝隙、交叉性覆盖，尤其是信息化管理流程，便于社会建设管理将繁杂的功能进行叠加，有利于社会治理的深化。

（2）拉萨市进行网格化管理的必要性。网格化管理的核心原理是在城镇建立前馈控制机制，即按照预定方案把问题处理在发生之前，使社会管理的诸多问题由过去发生式变为现在进行式。这是针对拉萨市既要改革开放、改善民生，又要反对分裂破坏、维护治安，同时还要对宗教事务进行管理等错综复杂的情况所必需的。拉萨市进行复合网格化管理是完全有必要的。拉萨市委、市政府借鉴北京东城区经验，要发挥好拉萨首府城市首位度作用。拉萨市城市网格化不是一个简单或者单层的网格，而是由以下几个网格组成的复合式网格。一是目前由53个居委会组成的社会面网格；二是全市135个便民警务站形成的网格；三是由宗教活动场所组成的网格；四是由各单位组成的网格；五是社区警务网格。5个网格"我中有你，你中有我"，相互交叉，相互配合，构成了有别于其他省市区的复合城市网格化管理模式。

2. 社会管理理念的转变

对社会实行动态的治理，要求确立合作、互通、共享理念，打造社会治理人人有责、构建全民共建共享的社会治理格局。

（1）社会管理理念。在党政机关全面开展公民权利和公民义务的教育，切实树立新时代的群众观点，把握国家与社会、政府和公众的关系，树立权力来自公民委托的现代政府理念，真正体现人民政府为人民的宗旨。拉萨市围绕法治政府建设，规范行政行为，全面实行政务公开，加大对依法行政的监督检查力度，构筑法制化、规范化的行政管理体系。深入推进普法教育，实施司法救助制度，增强群众的法治意识和依法维权能力；加大从管理向服务转变的力度，大力改善民生；尽量在服务中实现管理，在管理中体现服务，以优质服务来赢得人民群众的理解和支持；大力发展社会公共事业，全面推进社会保障；围绕流动人口的现实需求，大力提供子女就学、保险、医疗等社会服务。

（2）社会管理理念的转变。在管理到治理转型中逐渐树立"维权就是维稳，维权才能维稳"的理念，把维护公民权利作为加强和创新社会管理的价值取向，作为促进社会公平正义和谐的前提。参与社会管理的各级政府部门也通过多种形式，开展思想观念转变的教育、培训和学习活动，逐渐由"管理者"的自我定位转变到为社会服务、为人民服务的"劳动者"的自我定位，促使管理者思想观念转变。拉萨市司法机关在加强和创新城镇社区社会管理中，建立健全司法机制，转变过去传统理念对社区群众开展司法调解工作，并对弱势群体实行法律救助。治理工作是社会形态重塑的体现，进入多元化的治理，是边疆地区社会从传统的加强管理到整体治理的提升，有利于西藏接轨国家治理体系。

3. 社会治理实践

对边疆社会治理需要建构新的社会管理机制和制度，通过多元主体的参与形成治理的常态化，以实现社会治理新目标的活动或实施这些活动的过程。

（1）创新管理方案的制定。拉萨市在新起点上加快推进社会建设发展的必然要求，是总结、巩固、完善已有社会建设经验，推进管理创新的客观需要，也是实现管理到治理的尝试和实践的开端。城关区出台了以理论为支撑的方案，立足于拉萨首府城市功能定位和经济社会发展的实际，抓住自治区加强社会建设创新社会管理试点区的机遇，以建设与社会主义市场经济体制相适应的社会管理体系为目标，以扩大社区成员的有序参与为方向，以解决当前社会管理的薄弱环节和突出问题为突破口，以城市管理网格化工作试点和数字化社会管理综合信息系统建设为重点，通过建立健全"两项机制"，即健全"反对分裂、维护稳定"工作长效机制和建立健全党和政府主导的维护群众权益机制，构建完善"四个体系"，即完善综治维稳工作体系、流动人口和特殊人群服务管理工作体系、社会公共服务体系和社会保障工作体系。

（2）创新管理方案的实施。

在方案的实施上，拉萨市城关区采取理论与实践相结合，共分研究部署、重点突破、总结提升和全面推广4个步骤，通过制定方案、召开加强社会建设创新社会管理试点工作推进大会，明确责任分工、落实工作责任，在实践中总结经验，及时调整思路和方法，形成具有时代特征和边疆民族地区首府特色的加强社会建设创新社会管理试点的工作经验，在拉萨市所有城镇社区全面推广。

同时，城关区在加强社会建设创新社会管理试点工作中，为提高管理水平和效率，对涉及的城镇社区各街道办、城关区各部委办局、各人民团体及公安、消防部门的任务和职责进行了划分，建立"两项机制"、构建完善"四个体系"、实现"四个方面新突破"和保障措施共11个方面的工作任务分解为44个大项和140个小项，创立了一系列工作制度、例会联席制度，在人员配备方面做到定岗、定员、定人、定责、定机制，并在时间指向上，根据各项具体任务的实际情况，将完成时间分为短期、中期和长期，使任务落实能够有步骤、有条理地进行，尽量避免城镇社区加强社会建设创新社会管理工作在实践中走弯路，为拉萨市从管理到治理的转型做了铺垫。

4. 试点先行，整体推进

2011年拉萨市委、市政府提出加强和创新社会管理后，选定城关区八廓街街道办事处、扎细街道办事处作为全市城镇社区社会管理创新综合试点进而在全市整体推进。

（1）试点社区网格化探索。

2012年3月，扎细街道办、八廓街街道办按照《城关区加强和创新社会管理试点工作方案》，结合各自特点开展加强和创新社会管理试点工作，分别将所辖的雄嘎社区居委会、夏萨苏社区居委会、鲁固社区居委会作为街道办先行试点，同时开始探索网格化管理模式，并不断修改完善。

从整体来看，这些居委会在试点中均遵循社会管理工作网格划分的"完整性、便利性、均衡性、差异性"的原则，综合考虑辖区内的人、地、物、组织、房屋等情况划分网格，共分为住宅、商住混合、机关企事业单位、宗教活动场所、综合5个类型，辖区没有宗教活动场所的则以住宅分类，并根据网格内部件、事件进行分级管理，即日常管理、重点管理和综合治理。根据拉萨城镇社区总体特点以及网格划分类型，每个居委会拥有大致不超过5个不同特点的网格类型，每个网格配有格长、格警、协管员、宗教事务管理员、网格治保员、居民事务联络员，有商业区的网格甚至还配有市场管理员。当年，这3个居委会就已探索出了具有各自特点的网格化管理模式。随着6年的治理实践，拉萨市在这方面的工作从试点到全面铺开，取得了不错的效果。

(2) 城镇社区网格化现状。

由53个居委会组成的社会面网格，基本是"两级政府、三级平台、四级管理"模式，强调城关区政府在管理区域内公共事务的独立地位，意味着具体的管理事务、管理权限，以及人、财、物资源由市级政府向区级政府流动，强调街道党政机关在管理本地区事务的重要地位，强调居民社区层次在社会管理中基础性单位的地位，通过居民区中各类组织和具体网格员、协管员，建立起维系社会管理和稳定的网络体系。

全市135个便民警务站形成的网格。便民警务站配备了较先进的装备，便民服务设施、通讯网络、视频监控等一应俱全，能够做到快速反应、果断处置。便民警务站通过建立与城关区、公安刑侦、交管、治安、国保、各派出所、街道办事处、居委会等部门的协调配合机制，确保网格管理顺利进行。

由宗教活动场所组成的网格。目前拉萨市有大大小小286座宗教活动场所，这些宗教活动场所又构成了拉萨特有的网格。

由各单位组成的网格。在这种网格中有单位以及单位沿街商品房、出租房屋。在机关单位的网格之中，这些要素组成了单位网格管理因子。

社区警务网格。社区警务网格是传统居民社区中建设的警务室，根据需要拉萨市已经组建了党员干部义务巡逻队、居民义务巡逻队等巡逻队进行巡逻，预防辖区可防性案件发生，实行楼长、院长、街长负责制，开展社区防控工作。

5个网格"我中有你，你中有我"，相互交叉，相互配合，构成了有别于其他省市区的复合城市网格化管理模式。

5. 具有区域特点的网格化管理

拉萨市城镇社区在推进网格化社会管理的实践中，除结合本地实际制定一系列社会管理创新机制外，一方面既要做好社区建设、完善社区服务、维护社区群众利益、促进民族团结，又要在日常管理中摸清社区住户、人群底数，为外来流动人员提供服务和管理，在关爱和服务中及时掌握社区民众尤其是重点人群、特殊人群的思想动向，积极防范和坚决打击境内外"藏独"分裂势力的渗透破坏活动；另一方面要针对拉萨市城镇社区寺庙密布的特点，依法加强对宗教事务的管理，严防达赖集团利用宗教进行渗透和插手寺庙民主管理工作，防止僧尼滋扰闹事。由居委会、便民警务站、宗教场所、单位组织、社区警务5张网形成的具有本地特点的复合网格化管理模式已基本成型。

（1）创新社会管理机制落地社区网格。本着以人为本的原则，"谋长久之策、行固本之举"，建立健全社会服务管理创新机制，涉及拉萨市社会治安、司法调解救助、重点人员防控、特殊人群服务管理、流动人员服务管理、寺庙僧尼在内的宗教服务管理和宗教事务管理、从事宗教活动的社会流动人员服务管理、非公经济组织管理、包括二手车房在内的车辆房屋管理、药品食品安全监管以及思想道德教育等内容，不仅具有覆盖面广、短中长期时间结合的特点，还通过这些机制将各职能部门、管理机构组织协调统筹起来。

（2）常态管理为主的社会面网格。按照充分发挥首府城区首位作用的要求，围绕实现跨越式发展和长治久安两件大事，明确各级责任主体、责任人的具体工作职责，根据不同需求进行服务和管理。根据社区及居住人口的特点对网格进行等级评判，在管理上分为（日常）常规化管理、重点区域管理及重点人群管理，涵盖普通居民区、商铺店面、旅游娱乐、辖区内单位和寺庙的网格化管理模式，使每一个网格真正成为社会管理服务的基本单元和组织基点，把矛盾和问题解决在萌芽状态。将社会治理之中的管理细节通过数字化落实到位。

（3）以值岗便民为主的街道网和社区警务网。以创新社会管理执法机制、提高行政执法效率、实现全市社会安全稳定为目标，通过管理重心下移、执法关口前移，强化街道属地管理责任和统筹协调管理权，探索形成了"党政统一领导、属地牵头组织、日常全面监管、综合强力执法"的社会管理综合执法机制。2011年10月以来，拉萨市按照自治区党委将便民警务站建设成"便民服务、构建和谐、展示形象、维护稳定"平台的重要指示，积极探索社会管理新模式，进一步加强综合维稳工作，在全市设立135个便民警务站，遍及所有城镇社区，7年来的实践证明其发挥出了应有的作用。

（4）以重点关注为主的宗教活动场所网。在辖区内寺庙的管理方面，一方面通过街道办、居委会按照属地原则进行管理，另一方面通过宗教局强化对宗教事务的依法管理，集中开展寺庙爱国主义和法制宣传教育，参与制定并落实《藏传佛教活佛转世管理办法》，成立工作组，通过寺管会对寺庙进行常态化管理，全面落实"9+5""六个一"工程，完善寺庙社区服务，加强对重点区域、重点人群的防控管控，严防达赖集团的渗透和破坏。

（5）以弥补社区范围空隙为主的自治单位网。拉萨市城镇社区范围内的驻地部队、各党政机关以及中直、区直、市直企事业单位和学校等，在对本单位进行长期的建设、对单位成员及家属的服务管理中，较居民社区有着组织纪律优势和建设服务管理优势，为加强和创新社会管理积累了丰富的经验，结合属地管理原则和垂直管理原则，将社区单位纳入网格化管理模式，就社会治安和公共服务方面的内容建立居委会与所辖社区单位相互协调的关系，同时保留单位社区在基础设施配套建设和公共服务管理方面的自主性，成为具有拉萨特色的又一网格化管理特点。

拉萨市的社会治理创新得到了中央领导与社会的广泛认同与肯定，中国社会科学院发布的《公共服务蓝皮书》显示，拉萨市的城市公共安全排名连续4年位列全国38个主要城市之首，并在2016年荣膺"首批全国社会治理创新优秀城市"。

（七）构建边疆城镇社区现代社会管理模式的探索

社会管理和治理的法治化、民主化是一个国家经济发展、政治稳定、文化繁荣、社会和谐的重要体现。作为社会主义法治国家，依法治国是政治民主化的必然选择。

1. 加强法治建设

在党的统一领导下，通过政府负责，各社会组织、公民积极参与现有社会管理资源和条件的整合，对原有管理经验进行提炼。在此基础上深入研究，对传统管理体制机制进行改进，建构新的社会治理机制和制度，以实现拉萨市城市现代化建设的目标。

（1）依法制定社会管理制度。从2008—2012年拉萨市人大常委会关于五年立法规划的项目征集情况分析，汇总的48个要求列入的地方性法规，涉及拉萨市文化市场、社会保障、资源保护、经营场所规范等城市建设的各个领域。立法需求的量和广泛涉及的领域，体现出拉萨市城市管理中法制滞后的现状。近年来，针对尚缺乏法制的保障，如网格化管理中各网格员开展工作时的执法依据、关口防控中检查人员相关权益的保障都未健全等情况，加大对法制与法治的建设，将有成效的管理经验通过各政府部门进行提炼总结，提请市人大常委会根据立法程序进行立法，确保政府管理工作依法进行，使社会治理走向法治化。

（2）坚持法治管理入社区。现代社会的建设标准是社会民主管理，强调的是公众参与，关键是以人为本。在加强和创新城镇社区社会管理中，强化立法执法力度，强调政府的依法管理，牢固树立宪法和法律至上的理念，以法律来构建社会管理的基本框架，以法律秩序和法律规范为基础建设中国特色社会主义社会管理体系，不断提高依法决策、依法管理、依法办事的能力和水平，以严格执法和严谨的法治活动，营造崇尚法律、遵守法律的法治氛围，将法治落实到社区的每一个环节，从而使加强和创新社会管理符合人民群众的利益，促进社会公平正义，保持社会良好秩序，确保社会既充满活力又和谐稳定。在此基础上，拉萨市的社会治理与加入"一带一路"建设的基础工作，才能有法可依。而边疆治理的重塑核心的部分就在于依法。

2. 以信息化为手段，构筑民生、民心工程

传统社会管理方法正逐渐向信息化、智能化方向转变，高科技、信息化手段使社会服务管理更加便捷、公开，更好地改善民生、稳固民心。

（1）信息搜集归档数字化。针对拉萨市城镇社区社会管理目前存在条块分割、缺乏合力、动态掌握困难等现象，应进一步加快和推进信息数字化建设，改善各街道办、居委会信息技术装备条件，成立拉萨市城镇社区社会服务管理指挥中心，依托信息化数字服务管理平台，通过信息技术在基层政权建设、社区管理和社区服务建设等方面的广泛应用，以网格为单位将一定范围内的人、地、物、事、组织、服务资源、管理项目等纳入工作网格，将各职能部门、居委会以及网格管理员采集的动态基础数据上传并建立数据库，对搜集的信息进行分级、分类管理和归档，并通过建立健全与相邻省藏族聚居区的维稳防控联动机制，加强与相邻省藏族聚居区警务、寺庙的深入联系，相互提供在5省区流动的僧尼、重点人员的详细信息，实现人员流入地与流出地的信息对称，随时做到信息补充、对比和漏洞查找弥补，为拉萨市党委、政府科学决策和社会服务管理提供信息支撑。

（2）全方位服务信息数字化。通过网络化信息服务平台，整合各级职能部门、管理部门以及市场、社会现有资源，建立全面覆盖、动态跟踪、联通共享、功能齐全的社会服务管理标准化体系，打破社区建设、社会管理上条块分割的界限，利用整个城镇社区的网络全覆盖，实现各部门

信息资源的集约布局、互联互通和业务协同，使信息化建设更好地为政务公开服务、为社会服务、为公众服务。对此，依托信息化手段，将社区服务对象需求信息与社会服务资源有效对接，向社区成员提供集行政管理、社会事务、便民服务为一体的全方位服务信息，并逐步提高社区民众的信息技术运用能力，全面支撑社区管理和服务工作。

（3）加强虚拟社会管理建设。境外分裂主义势力利用互联网、手机等信息化手段对西藏进行网络渗透，尤其是"西藏流亡政府"改选后，洛桑孙根加大了达赖集团内部网络建设和对西藏境内网络舆论渗透力度，利用各"藏独"组织门户网站以及推特、脸谱、微博等网络社交媒体散布分裂主义信息。拉萨作为西藏自治区的政治、经济、文化中心，在网络建设方面优于其他地区，这意味着被渗透的可能性也大于其他地区。对此，城镇社区需要进一步加强虚拟社会管理建设，提高虚拟社会管理水平。一方面加强和完善信息网络管理，加大对网上违法信息和不良信息的监管、查处力度，严厉打击网络渗透和犯罪；另一方面健全网络舆论引导机制，借助新兴媒体如手机网、推特、脸谱、微博等平台，通过官方发布权威信息与民间爱国意见领袖舆论引导相结合的方式，帮助网民提高政治辨别力，坚定政治立场。

3. 建设高效运作的体制机制，搭建综合服务平台

健全政府职责体系，界定各职能部门和服务管理部门在社会管理活动中的职责任务，科学分工、合理定标、各司其职、各尽其责、通力合作，搭建社会建设和管理服务综合平台，确保形成运转协调的社会管理合力，切实形成政府在社会管理与治理中的主导作用。

（1）建设高效运作体制。

深化管理体制改革，强化政府的公共服务和社会管理职能，有效发挥政府在社会管理中的主导作用，以不断推进社会的治理。

一是以"主体组织"统领社区体制。确立拉萨市社区"主体组织"，是西藏不同于全国社区管理与建设的地方。基层党组织是社区建设的中心，应建立健全社区党的组织形式，强化社区党组织职责，严格执行社区党组织的工作制度，形成严密的社区党建工作体系。

二是以"专业组织"改进社区体制。按照社区建设依靠社区成员的民主自治、依靠社会力量解决社会问题的原则，在规范和完善社区主体组织的同时，建立健全社区的专业组织。

三是以"自治组织"搞活社区体制。在社区居民委员会的指导下，根据社区成员的需要，建立社区的文化艺术、体育健身、科学普及等各种爱好者协会，占领社区的文化阵地，陶冶社区成员的情操，丰富社区成员的业余文化生活，提高社区的文明程度和社区成员的文明素质。

四是以"群团组织"加固社区体制。工会、团委、妇联、科协等群团和社团组织要根据自身职能，把社区的"专业协会组织"作为工作的载体，通过街道办事处群团组织，加强对社区各种协会组织的工作指导，帮助专业协会组织开展活动。

（2）建立健全协调机制和前馈控制机制。

在新体制下，形成党委、政府与其他社会力量互联、互补、互动的社会管理和社会服务网络等整套机制。

一是健全协调机制，化解条块分割矛盾。加强和创新拉萨城镇社区社会管理，必然要求健全协调统筹机制，化解条块分割矛盾，使社会服务管理工作得以高效运作。建议以社会建设为主题，以社会性、地区性、群众性、公益性为重点，打破目前管理服务部门的设置界限，将社会管理相关机构协调起来，完善党委领导、政府负责、社会协同、公众参与的社会管理格局，按照"专干不单干、分工不分家"的原则开展工作，集中使用人力、财力、物力以形成工作合力，提升社会建设管理工作效能，实现资源共享、优势互补。

二是建立健全前馈控制机制。网格化管理的核心原理是建立前馈控制机制，实施网格化管理是公共政策制定流程中一个非常重要的环节。公共政策制定一般要经过界定问题、确立目标、方案设计、效果预测、拍板决策5大环节。决策只是最后一个环节，其中最难的也最容易被忽略的就是防患于未然的监控环节。拉萨市的复合网格化管理正是这个环节之中的重要形式，有利于及时发现问题，在服务管理中协调有序、处置有力、监督有效、责任落实、服务到位。

4. 做到"六个统筹"

拉萨市城镇社区社会管理创新经过7年的实践，逐步朝着边疆治理的方向迈进，为今后的社会发展与稳定奠定厚实的基础，也对西藏参与"一带一路"建设提供了一定的支撑，其中在实践中坚持"六个统筹"的经验值得汲取。

（1）坚持统筹经济和社会发展。拉萨市根据城镇社区特点及作为边疆民族地区中心城市城镇的发展趋势，调动各方力量对所有城镇社区进行开环建设，在经济体制改革、发展战略和优惠政策的综合推动下，使拉萨经济和社会发展全面进步，民生得以改善，着力解决社区间基础设施配套、教育、卫生、医疗等方面的不平衡，通过跨越式发展全面建成小康社会，最终实现拉萨市与内地发达省市在经济、文化、教育、卫生等各方面的均质化。

（2）坚持统筹城乡、区域发展。拉萨城市外扩加快了农转非社区的城镇化建设步伐。对此，在原有经济建设和社会管理优势的基础上，拉萨应根据城镇区位、资源和自然历史条件提前规划，搞好功能定位，以推进跨越式发展和社会长治久安。

（3）统筹服务与管理。统筹服务与管理，从单纯重视政府作用向社会共同治理转变，从传统的社会管理向现代社会治理转变。提高执政能力，通过加强社会建设、完善公共服务，实现社区全覆盖，通过政府、各职能部门和居委会周到、贴心、人性化的服务，最大限度地激发社会活力，最大限度地增加和谐因素。

（4）统筹条块关系。通过成立拉萨市相应的机构及相关层级机构，统筹整合各类服务管理资源，化解条块分割矛盾，实现社会服务管理关口前移、重心下移，在全面推广社区网格化服务管理中，将各项服务管理措施落实到社区网格和每家、每户、每人，做到日常管理和重点关注兼顾，并促进社区社会组织发展，完善社会组织机构和布局，对社会组织进行有效监督，使之成为党和政府推进社会治理的重要资源。

（5）统筹当前与长远。拉萨市立足当前、着眼长远，以解决影响社会和谐稳定突出问题为突破口，提高社会管理科学化水平，完善党委领导、政府负责、社会协同、公众参与的社会管理格局。一方面要深入持久地开展反分裂斗争，切实加强反分裂斗争专项工作和社会治安防控体系工作，提高应急处突能力和水平，维护祖国统一、民族团结和社会稳定；另一方面要结合拉萨处于西藏中部经济区的核心经济区的实际，在可持续发展中调整经济结构，加快发展社区特色经济产业，加强社区基础设施和公共服务建设，更大力度地改善和保障民生，在构建现代化社会的过程中实现经济的跨越式发展。

（6）统筹物质文明与精神文明建设。统筹物质文明与精神文明建设，为加强和创新社会管理营造良好社会环境，也为进一步的边疆治理奠定基础，更事关西藏参与"一带一路"建设愿景与行动。在发展经济，满足社区民众日益增长的物质生活需求的同时，坚持党的领导，加强社区基层党组织建设，健全社会主义公共文化服务网络，完善公共文化机构运行保障机制，推进社区宣传文化阵地建设，通过社区民众对祖国、中华民族、中华文化、中国特色社会主义道路、中国共产党的"五个认同"，进行大众化、通俗化教育，在维护民族团结、维护社会稳定、反对分裂等重大政治问题上形成广泛共识，维护祖国统一，增强中华民族的凝聚力，为拉萨市城镇社区良性发展奠定牢固的社会心理和思想基础。

5. 边疆中心城镇复合网格化管理模式

（1）边疆中心城镇复合网格化管理模式已基本成形。目前，5个网格构成拉萨市城镇网格，5个网格相互交叉，相互配合，构成了有别于其他地方城市的复合网格化管理模式。在这种社会管理模式中，不仅有以常态管理为主、以应急管理为辅的社会面网格、单位网格和社区警务网格，也有以应急管理为主、以常态管理为辅的便民警务网格，还有以重点关注为主的宗教活动场所网格。

（2）整合网格资源，实现服务管理无缝衔接。为避免出现建设和管理工作上的重复及盲区，真正做到网格之间的无缝对接，尤其是实现包括担负街面防控任务的警务站和担负社会综合治安任务的社区警务室在内的警务网格与以服务管理为主的社会面网格（社区网格）的有机衔接，对辖区内尤其是重点区域和重点部位的所有商铺、酒店（旅馆）、饭馆等服务行业实施直接的多重有效管理，加强对保安人员、服务人员公众参与意识的教育培训，使这些服务行业成为网格化社会管理中的"社会协同、公众参与"的重点，成为维护社会稳定的一支前沿力量。

推进拉萨市城镇社区的长治久安将促进边疆地区治理的重塑。在"一带一路"建设愿景与行动背景下，这是一个值得西藏关注的案例，不断深化对拉萨市社会从管理到治理的认识，有助于对中央治藏方略的理解。课题组在进一步的调研之中，得知有关部门正在建议开展"民族团结模范区"的活动，相信这一活动的开展必定有利于边疆治理，必将促进边疆治理理念在各个方面的实践。

四、边疆治理视野下的西藏干部驻村工作

党中央确定的"一带一路"建设愿景与行动恰恰与强基惠民的驻村工作在时段上有叠合,本课题在考察西藏驻村的实践与成效的基础上,阐释驻村工作的边疆治理意义,并就如何深化驻村工作、解决出现的问题提出相关的建议。

(一)西藏强基惠民活动干部驻村的实践与问题

开始于2011年9月的"创先争优强基础惠民生活动"已经历时7年。总的来看,各驻村工作队始终把维护社会稳定作为压倒一切的硬任务和第一责任,贯彻、落实好自治区维稳相关部署要求,有效巩固了农牧区和谐稳定的良好局面;始终把建强基层组织作为首要任务,严格落实全面从严治党要求,切实把村级党组织建设成为服务群众、维护稳定、反对分裂的坚强战斗堡垒;始终把富民兴村、促进农牧区经济发展作为第一要务,坚持把改善民生、凝聚人心作为经济社会发展的出发点和落脚点,以群众增收致富为目标,以解决发展瓶颈为突破口,切实增强了村居"自我造血"的能力。

基于强基惠民目标的驻村工作,在取得积极的成效并极大改变了西藏农牧区的乡村治理的同时,在实施过程中也出现了一些问题,引起了西藏干部民众及某些驻村干部的意见。从这些意见中,可以发现对于驻村工作的争议主要可以归结为3个方面:其一,驻村的效率问题;其二,对驻村的治理问题,主要指向驻村作为一种政治运动式治理的短板,不利于基层治理的制度化与基层组织的长期建设;其三,驻村工作的"一刀切"没有考虑或处理好干部职工的实际困难,对不同工作环境下工作的工作队与个人的考评激励指标也不完善,使部分干部职工有意见。

上述问题实际上可在具体的实施过程与操作方式上进行改进。对于驻村工作的另一个意见,则是指向驻村工作造成的基层治理问题,或者说隐含了主要是从治理理论的角度展开的实例反映。社会治理理论被引入中国,在改革领域都得到了应用,诸如城市治理、社区治理以及乡村治理,特别是在乡村治理上的讨论尤为深入,强调治理的常规化与制度化,即现代治理理论对运动式治理持有保留意见。

理解西藏的驻村工作，须将其置于乡村治理历史发展的逻辑与边疆治理的视野内去审视，将治理体系的建设和治理能力的现代化作为目标之一，只有如此，才能理解、深化这项工作的重要意义。

(二) 乡村治理变迁逻辑中的驻村工作及其如何深化问题

西藏如何深化驻村工作，有认真执行"治边稳藏"战略的应有之义，有继续贯彻"争取民心"方针的内涵，也关乎"一带一路"建设中的区域社会治理命题，还涉及边疆地区的乡村治理结构的现代化推进，而乡村治理是国家治理的基石，在深化驻村工作中，需要把国家边疆治理结合起来思考。有专家认为，传统的、脆弱的边疆治理势必影响"一带一路"建设的进程，阻碍"一带一路"倡议目标的实现。如果边疆治理不能实现转型，那么治理现代化便不能通畅运行。因此，加快边疆治理转型、实现边疆治理现代化是"一带一路"建设正常运转的基础和保障。

西藏乡村治理在这些条件不同时期的变化情况下发生了十分显著的变迁，同时共同形塑了乡村治理的形态，① 在驻村工作中取得最显著成绩的是基层党组织建设，在乡村的各种组织——两委会、基层群团组织、经济组织等许多组织中，农村基层党组织是领导核心。这与"依法治国、依法治藏"有着密切的关系，是国家政治生活秩序化的体现。西藏作为边疆，其乡村治理具有特殊性，在西藏的驻村也是有着特殊的意义，在实践过程中也有着特殊的安排。因此，理解西藏的驻村工作不仅要将其置于治理的脉络中，而且要将之置于边疆治理的视野内去审视，才能获得对其的准确理解，并认识到所蕴含的深刻的边疆治理意义。

(三) 驻村工作的多重目标与国家边疆治理的意义

与内地一样，西藏的驻村工作基于"乡村治理危机"的出现，所谓的"强基"，就是将驻村工作最重要的内容置于维护社会稳定上，随着驻

---

① 有专家指出：乡村治理不但与利益关系、权力格局、社会结构紧密关联，而且受到自然历史、区位条件、文化习俗等因素的影响，不同地区、不同条件、不同历史发展阶段的农村面临的突出问题和主要矛盾也不尽相同。因此，推进乡村治理改革不能罔顾所面临的环境和问题，不能跨越经济社会发展阶段，不能脱离人民群众的现实需求，不能单方臆想和自弹自唱，必须结合各地实际，进行全方位、多领域、深层次的探索实践，选准改革的突破口和切入点，把握好改革的时机和力度，优化推进改革的策略和方式，促进乡村治理形态的整体转型。

村工作成绩与成效凸显之后，其"深化"主要的目标之一应该是重塑乡村治理的结构与形态，从而实现国家在基层的合法性的巩固。现代化的边疆治理可以有效地实现中国东部与中西部、内地与边疆以及中国与中亚、欧洲之间治理理念、治理体系与治理能力的有机衔接，从而形成"一带一路"倡议实施的重要支撑。

在全球化的现代社会条件下，传统的管理体制已无法满足我国边疆复杂的多元化的公共治理诉求。边疆治理任务目标的多元化、复杂化持续挑战着我们边疆治理的能力。毋庸置疑，维护国家统一与主权完整依然是边疆治理的重要政治功能，但是跨境流动人口、禁毒防艾、减灾救灾、环境治理、大面积贫困、提供社会福利、施行法律援助等公共问题在边疆社会转型过程中变得越来越突出，社会治理尤其是基层社会的治理成为当代边疆治理的重要内容。对此，西藏深化驻村工作的命题是很有深度的。如果长期不能形成治理理念、治理体系与治理能力的有机衔接，对"依法治国"与"治边稳藏"，对"一带一路"建设构想的愿景和行动，在全面实施的支撑上将出现很大的纰漏。

深化驻村一旦将边疆治理现代化作为目标任务，就能够为"一带一路"倡议的实施创造和谐的边疆环境。西藏自治区第九次党代会报告指出，西藏"社会大局总体稳定可控，但稳中有变数、稳中有风险、稳中有隐患"。这表明，西藏参与"一带一路"建设也将有不稳定的风险，需要通过包括深化驻村工作在内的各项工作消除隐患，提供保障。在深化驻村工作中，维稳也要逐步打破传统的一元治理结构，广泛动员与吸纳企业、社会团体与社会组织、基层社区、公民参与到边疆治理中来，最终形成一个包括党政组织与社会组织在内的边疆治理多元主体结构。

促进经济发展并改善民生。作为强基惠民的主要政策之一，西藏驻村工作的一个重要目标就是发展农牧区的经济、提升农牧民的生活水平。深化驻村工作，推动驻村经济发展是中心任务之一。作为基层治理的要义，既要致力于改善民生，为创新社会治理奠定坚实基础，也要通过持续不断地创新社会治理方式，为群众创造更多有效供给，实现两者良性循环。理解驻村，不仅要从乡村治理的自身逻辑出发，还要结合西藏作为边疆的特殊性出发，从治边稳藏的高度，从边疆治理的角度去认识它的意义，在"一带一路"背景下，从西藏边疆建设与边疆治理的角度认识其底蕴。

(四) 对西藏驻村工作的改进建议

西藏驻村工作的实践实际上就是边疆治理、区域治理的具体形式,是"治国必治边、治边先稳藏"战略思想的具体化、具体实践。这里就如何更好地开展驻村工作提出相关建议:

第一,在自治区党政干部与驻村工作人员中展开驻村工作意义与重要性的教育,特别是要把它提高到治边稳藏的边疆治理的高度加以认识,使广大干部认识到驻村工作上的主要矛盾与次要矛盾,客观认识驻村工作中出现的问题。为此,有关部门要对西藏自治区第九次党代会报告提出的"深化驻村"工作命题进行研究,首先,要在理论上将这个问题搞清楚;其次,要在宣传上做到有的放矢;最后,要在具体的动员与工作安排中把道理讲清楚。在研究中,需要把从理论到实践中遇到的问题搞清楚,做到知其然也知其所以然,才能对广大干部形成强大的说服力,产生更好的宣传动员效果。

第二,要科学引入和细化考核与评估机制,避免苦乐不均。面对过去对取得资源能力不同的单位、不同环境工作工作队有较大的评价差异,不能尽量客观地反映工作队所付出的努力和工作量的情况,需要设置科学的考评指标体系,尤其是对那些地处边远的工作队,要给予加权评估,起到鼓励和激励的作用。在进行考核后,要落实干部驻村考核奖励,对那些多次驻村、表现优秀的干部要兑现自治区颁布的有关待遇规定。在常规性的工作检查之中,除了例行的考评外,特别要加入当地民众对驻村工作的评价,充分尊重民众,使驻村工作既能体现出科学性,也能尊重民众的意愿与利益。

第三,引入评估与退出机制,实现从运动治理到制度治理的平稳过渡。驻村工作可以在省市层级上动员资源与人力,在一个较短的时间内取得校正"乡村治理危机"的成效,但是无论是从资源配置的优化,还是从国家治理的现代化的角度,各个省市区的驻村工作只能是在某个特定时期的举措,不可能长期地实践,对于处在国家治理制度化取向下的西藏也是如此,即使西藏有着很多的特殊情况,对党的十八大以来国家领导人的治国理政理念也要有所体现,即国家治理下的乡村治理要制度化。因此,应该引入客观评估机制,对驻村工作予以充分的调研,对于已经取得积极成效、已经得到较快发展、治理结构趋于合理、自我治理能力得到有效提升的乡村要实行系统的评估，可合并的就合并，能退出的就退出，该坚持的就继续驻村，分类指导和分类处理，逐步转换到乡镇一级驻扎，完成党中央提出的目标任务，直至逐渐退出派驻，最终使基层治理归于制度化与常态化。

五、治边稳藏战略底蕴的经济社会发展解析

习近平主席提出"治国必治边，治边先稳藏"论断之后，中国中、高决策层将这一研判称为战略思想。西藏自治区作为中国不可分割的一部分，在利益边疆上保证国家的经济安全，重要体现在资源禀赋和地理战略位置上。从治边稳藏的战略角度看西藏经济社会的发展，需要更加清晰地认识从资源占有到分割、分配的利害关系，更需要从国家未来发展与经济安全的范畴看到西藏战略地位的重要性。因此，"治边稳藏"的重大命题的指向既在于事关国家政治的全局性，也在于事关国家发展的全局性。同时，对于今后立足现实，参与"一带一路"建设，也有着基本的区情参考作用。

（一）西藏作为偏在性资源的富集地在国家经济安全边疆中的显著地位

西藏具有得天独厚的资源禀赋，主要包括矿山、水能、森林、草场等，是国家持续性发展的后备性资源，是国家偏在性资源的富集地。中央第五次西藏工作座谈会中提到，要把西藏建为国家战略资源后备基地。中央第六次西藏工作座谈会再一次肯定了西藏作为国家战略资源后备基地的地位。

1. 西藏资源禀赋在国家未来经济发展中的后发优势

西藏矿产资源丰富、潜力巨大，具有国家紧缺矿产和大型矿床的地质条件，拥有铬、铜、硼、铅、锌、富铁、金、锂、锑等国家级、省区级优势矿产，以及银、钼、稀有金属（铷、铯、锶）、钾盐等具有潜在优势的矿产资源。"至2006年，全区累计发现矿产地（矿床、矿点、矿化点）2000余处，初步查明的大型矿床达50余处；勘探矿区131个，其中大型3个、中型33个、小型68个。"其中，铬、高温地热、工艺水晶、刚玉的资源储量在全国排第1位；铜、陶瓷土、火山灰排第2位；菱镁矿排第

3 位；硼、自然硫、云母排在第 4 位，另有 17 种矿产居于前 10 位。西藏是我国森林植物最丰富的地区之一。初步统计高等植物有 6400 多种，其中含大量稀有植物甚至西藏独有的植物，森林面积达 1462.65 万顷且目前不少森林覆盖区仍处于原始状态，在今后全国经济发展中具有潜在优势。"西藏既有煤、石油、油页岩、泥炭、天然气、薪炭等传统能源，也有锂、天然气水合物等新能源，其中石油、锂、天然气水合物等能源矿产具有良好的开发前景。水能、地热能、太阳能、风能等清洁资源也非常丰富。"水能资源在西藏能源中最为丰富，理论蕴藏量为 2.01 亿千瓦，居全国首位，以藏东南地区最为集中，约占全区的 70%，可开发资源量为 1.15 亿千瓦，占全国的 20.3%。在西藏有大量可建水电站的河段和地点。

在国家未来经济持续发展中，资源起着重要的支撑作用。在未来二三十年，由于全国经济发展对石油、铜矿、木材以及水资源的需求，将会使西部从地缘边缘化的状态逐步变为自然资源供给的中心地带，因此，拥有丰富矿产资源、森林资源、水资源及其他能源的西藏在国家未来经济发展中具有资源性的后发优势。同时，对这些资源的开发利用也将对西藏参与"一带一路"行动提供物质支撑。

2. 西藏战略资源储备地对国家经济安全的影响

中央第五次、第六次西藏工作座谈会都提出，要使西藏成为重要的战略资源储备基地。西藏丰富的矿藏在未来经济发展的过程当中起到战略性的支撑作用。西藏矿藏资源中有一部分属于偏在性资源，如铬、铜、硼等。随着江西、云南铜矿资源的迅速萎缩，未来经济发展对铜资源的需求，如果不考虑进口，唯有西藏能够提供一个带有经济安全性质的资源贡献。

西藏的五大资源接替基地分别为藏中地区铜铅锌钼铁勘查开发基地、藏南地区铬铁矿勘查开发基地、藏东地区铜铅锌多金属勘查接续基地、藏西北地区盐湖资源勘查开发基地和藏西北地区铜铁铅锌勘查后备基地。藏中地区铜铅锌钼铁勘查开发基地跨冈底斯、藏南喜马拉雅 2 个重要成矿带，包括 6 个超大型矿床、24 处大型或具大型潜力的铜（钼）铅锌多金属矿床。在藏南地区铬铁矿勘查开发基地发现的罗布莎大型铬铁矿床是全国唯一的大型铬铁矿。此外，还发现有小型铬铁矿床 4 处、铬铁矿（化）点约 55 处。截至 2013 年年底，该地区已控制的铬铁矿占全国已探明铬铁矿储量的 50%，目前勘查工作仍在进行中，找矿将不断取得新的突破。

相关研究认为，藏南地区资源禀赋好，交通能源条件较好，是建设国家级铬铁矿勘查开发基地的有利地区。藏东地区铜铅锌多金属勘查接续基地有玉龙超大型铜矿床1处、大型矿床10处，已控制的铜资源量在1000万吨以上，铅锌资源量在500万吨以上，是建设国家级铜、铅锌多金属等重要矿产资源勘查接续基地的有利地区。藏西北地区盐湖资源勘查开发基地有大型矿床7处、中型矿床4处，已发现富含硼、锂、钾、钠、镁、溴、铷、铯、芒硝、石盐等盐湖矿产的矿床（点）100余处，有望建成国家级盐湖资源勘查开发基地。藏西地区铜铁铅锌勘查储备基地有波龙、铁格隆南超大型铜金矿床2处以及12个大型或具大型潜力铜（金）铁矿床，目前已控制的铜资源量在1000万吨以上，伴生金资源量在500吨以上，可作为国家级铜金等重要矿产资源勘查储备基地。

西藏江河水量位居全国第一，水力资源理论蕴藏量位居第二，仅次于四川省。有关调查表明，西藏自治区水量达4482亿立方米，占全国总水量的30%，人均占有量和亩均占有量都居全国首位。西藏水力资源理论蕴藏量达2亿千瓦，理论年发电量约18000.15亿千瓦/小时，技术可开发量116000兆瓦，其中蕴藏量在10兆瓦以上的河流就达340多条。在众多河流中，以雅鲁藏布江、怒江、澜沧江、金沙江水力资源最为丰富，其技术可开发量占到西藏全区的85.6%，可开发梯级电站规模多在1000兆瓦以上，个别甚至可以建设10000兆瓦级的巨型电站，是全国乃至世界少有的水力资源"富矿"，可以为国家未来经济发展提供后备性资源与能源支撑。

（二）面向南亚开放的重要通道在国家经济安全边疆中的重要地位

一个国家经济安全环境的改善从根本上来讲要依靠包括地区在内的国家整体实力的强大，这是不言而喻的。多年来，国家与地方持续地建设南亚经济通道（又称"南亚陆路贸易大通道""文化商贸大通道"），是深入实施西部大开发战略的必然选择，对促进西部地区经济社会进一步发展、维护周边国家的进一步发展稳定起着积极作用。近年来，中央提出

"西藏要建设面向南亚的重要通道",具有前瞻性与全局性的战略意义。①

1. 西藏的地理区位决定了面向南亚的战略价值

西藏自治区在地理位置上,外与缅甸、印度、不丹、尼泊尔、克什米尔等国家和地区接壤,边境线长达4000多千米,对外山口、通道有284条,与邻国接壤的共18个边境县和27个边贸市场,内与云南、四川、青海、新疆等省区相邻,具有与南亚国家开展边贸和参与国际经济合作的得天独厚的地缘优势和区位优势。

西藏也是我国其他省市通往南亚次大陆的重要门户,是连接内地省市与南亚国家商品贸易和经济技术输出的通道,以及加强内地与南亚次大陆跨境经济合作的桥梁,具有重要的战略地位。西藏对外通商在一段时间主要通过樟木与尼泊尔之间进行,青藏铁路通车,中尼间边贸交易额大幅上涨,西藏经济在跨境边贸中已经形成明显的后发优势,对促进面向南亚开放的重要通道的形成发挥着极其重要的作用,并在中国内陆通向南亚中发挥更大的地缘优势作用和区位作用。

面向南亚开放的重要通道的建成以及建成后,在国家经济发展与安全中所发挥的作用大小,不仅依赖于西藏的特殊战略地位,同时还受西藏社会稳定与否的制约。由于受边界问题和"藏独"分裂主义活动的影响,一个不稳定的西藏必然会影响南亚陆路大通道的最终实现。

西藏成为国家内陆面向南亚大通道,对国家经济安全有着重要作用。一个稳定的西藏对维护国家能源、资源供应和运输通道的安全有着重大意义,能够确保南亚大通道最终成为现实。如果没有西藏的稳定,那么就无法保证国家在通往南亚贸易和战略资源通道的安全,面向南亚开放的重要通道就会成为一个空想,从而无法实现在中国西南边疆实现与南亚次大陆的区域经济合作,乃至从内陆通往马六甲海峡的战略构想。

2. 西藏是环中国边疆经济带形成中的重要区域

随着中国改革开放进程的加快,传统的"中心—外围"地缘政治排序被经济区的分布格局所打破。改革开放后,最早开放的城市全部集中在

---

① 对西藏建设面向南亚开放的重要通道的提法,国家和西藏地方20多年来的提法不一,从最初的"南亚陆路大通道"到后来的"南亚经贸大通道",再到"文化商贸通道",几经变化,最新的提法是中央第六次西藏工作座谈会确定的"面向南亚的重要通道"。本课题组认为,不同的提法是一个历史的过程,也是一个不断认识的过程。因此本课题没有统一使用最新提法,为的是如实反映这一过程。

沿海省份，国务院批准建设的经济区大半集中在沿海省份。由于市场经济的建立，沿海首先由原来的蛮荒之地借助海运的优势把经济发展起来，而经济的发展促进了沿海周边的文化发展，沿袭数千年的"中心—外围"地缘政治观正在发生变化。

随着次区域经济合作在各边境省市区的纷纷建立，中国的经济重心已不再集中于长江、黄河流域，同时由于经济资源的偏在性以及在跨境区域经济合作中的地缘优势和区位优势，西部地区如西藏等地的后发经济优势将在未来逐渐显现出来。

3. 西藏在次区域经济合作区的位置

次区域经济发展的意义不仅在于打破过去"中心—外围"地缘政治下政治中心就是经济中心的局面，更是对国家经济整体发展的配合、补充以及对国家经济安全的有力支撑。我国边疆在次区域经济发展进程之中，逐步成为一个环中国边疆经济带。进一步认识西藏参与"一带一路"建设，必须把边疆建设和边疆治理结合起来，以实现中央战略部署的目标。

4. 西藏在中国边疆经济带中的差异性问题

在正逐渐形成的环中国边疆经济带的沿边地区虽有共同的一面，但部分地区因受到国际安全环境和民族问题的影响而有差异的地方。西藏以其特殊性表现出与广西、新疆、内蒙古等边疆经济带极不相同的情况。极不相同的情况表现为：

第一，由于中国与印度在领土上存有争议，印度担心西藏经济发展会影响到它对非法占领的我国领土的控制，在与中国西藏地区的边贸合作和区域经济合作开放上一直持消极态度，亚东口岸边贸年交易量与中尼边境樟木口岸——2015年后以吉隆口岸为主要口岸——边贸年交易量相比明显偏低。而且，由于中印两国在第二次世界大战后地缘战略上的矛盾与冲突，印度认为一个强大的中国会对其产生威胁，从而影响印度对包括中国西藏在内的喜马拉雅地区的掌控，在改善与发展对华关系的同时，印度依然对中国抱有怀疑和敌视的态度。因此，西藏地区并未因为边境需要开放或已打开开放通道而获得外经贸的高速发展。这对西藏参与"一带一路"建设不啻是一大制约因素。

第二，行政区域的划分被打破后，向内延伸出社会政治极不稳定的严重情况，西藏面临境内"藏独"分裂主义势力带来的邻省地方层面的社会动荡，以及冲击到国家层面的安全压力，是妨碍其开展区域经济合作的消极因素。西藏的问题不仅仅局限于西藏自治区，还延伸到邻省藏族聚居区的社会政治稳定问题，给西藏及邻省藏族聚居区甚至新疆的社会稳定和经济发展造成压力。这与同为中国西南边疆省区的云南、广西参与"一带一路"愿景与行动的政治背景有着很大的不同。

在环中国边疆经济带逐渐形成过程中，西藏已成为次区域合作的重要参与者、相关者。西藏因其在资源上的天然禀赋和特殊地理位置以及在国家发展和安全中的重要地位已不仅是处于地理边疆的位置，同时也是战略边疆。西藏作为环中国边疆带的重要区域之一，在维护国家安全和提升国家国际竞争力方面有着巨大的潜力，一旦处理好了内部和外部的诸多问题之后，可以在构建次区域经济合作区中发挥出应有的作用。

（三）西藏经济发展战略内涵与策略的选择

从维护利益边疆的国家经济安全角度考虑，我国主边疆带和次边疆带在次区域经济合作中乘势而上，将在"一带一路"的愿景与行动中有所作为，在某种意义上所发挥的作用甚至将超过曾经的经济腹心地区，西藏正面临着这样的形势和机遇。

1. 经济发展重心向边疆区移动

"中国是处在上升和复兴进程中的国家，中国唯有进取和冲破压力才能不断进步。"我国中西部地区的一些学者曾针对国家经济发展的非均质化，提出对东中西梯度开发战略的反对意见，主张中西部超常规发展，力图缩小地区发展差距。决策层应适时地根据国家发展战略区域现实情况，将西藏及周边省市区域化进程纳入国家经济战略议程，打破边疆仅是地理边疆的传统观念，及时地将经济发展中心向西藏地区移动，提升以西藏为中心的西南边疆地区经济区域的地位，甚至在未来20年内成为国家主经济区，将有助于国家整体经济实力的提升，在次区域经济博弈中捍卫国家的经济边疆。

中央第六次西藏工作座谈会明确提出"西藏是面向南亚开放的重要通道"，这是中央准确研判国内外发展大势，综合考虑西藏经济社会发展内在规律和阶段性特征，立足当前、着眼长远做出的重大战略决策，是中央在"两屏四地"基础上对西藏战略定位的丰富、发展和完善。把西藏建设成面向南亚开放的重要通道是"一带一路"倡议的重要组成部分，是西藏开发开放、加快发展的希望和机遇所在，有利于构建国家全方位开放新格局，有利于全面扩大西藏对内对外开放，有利于拓展高原特色优势产业发展空间，对促进西藏长足发展和长治久安具有十分重要的战略意义。

2. 建设面向南亚开放的重要通道的总体思路

西藏自治区所制定的总体思路是依托地缘优势、资源优势和政策优势，以拉萨为中心，以日喀则为前沿，面向南亚，背靠陕甘宁青经济带和川渝经济圈，围绕培育环喜马拉雅经济合作带、参与孟中印缅经济走廊建设，全面促进西藏与周边地区基础设施互联互通、产业发展合作共赢、对外贸易提质增效，构建国家面向南亚开放的重要通道。充分利用资源优势，加快能源基础设施建设，优化能源生产消费结构，改善民生用能条件，深化体制机制改革，构建水电为主、多能并举、互联互通的稳定、清洁、经济、可持续发展综合能源体系。

因地制宜、因能制宜，推动形成各有侧重、优势互补的区域能源发展格局。藏中地区大力开发雅鲁藏布江中游、朋曲、易贡藏布等河流水能资源，推进太阳能、风能、地热能的开发利用。藏东南地区着力打造"西电东送"接续基地，推进太阳能开发利用，实现电力规模外送。藏西北地区重点开发太阳能、风能、地热能等清洁再生能源，提高民生用能和牧业发展能源保障能力。加强水能、太阳能、地热能、风能等清洁再生能源普查，摸清资源家底，明确生态保护红线，统筹协调开发时序。

完善能源生产供给体系。加快雅鲁藏布江中游等河流电源项目和藏中燃气电站建设，规划建设大型并网光伏、光热电站，鼓励发展分布式光伏发电系统，积极开发利用风能、地热能，满足区内需求的电力装机容量达460万千瓦。推进青藏联网工程，实现昌都电网与藏中电网联网，推进阿里电网与藏中电网联网，力争建成覆盖全区的统一电网。研究推进阿里电网与新疆电网联网。加快主电网延伸，实施农牧区电网延伸扩面工程，建设小康电示范县，完善城镇配电网。升级改造7地（市）城市电网。推进进藏输气、输油管线建设，完善油气运输和储备设施，提升一次能源保障能力。

3. 西藏决策层对发展的战略性认识

西藏自治区"十三五"规划纲要指出：西藏在2016年已进入打赢脱贫攻坚战、如期实现全面小康的决定性阶段，加紧生态功能区建设、增强自我发展能力的重要阶段，保持持续稳定和全面稳定、走向长治久安的关键阶段。今后5年，面临难得机遇，具备良好条件。我国适应、引领经济发展新常态，推动发展方式加快转变，综合国力更加雄厚，新的增长动力正在孕育形成，经济长期向好基本面没有改变，为西藏实现与全国一道全面建成小康社会目标提供了坚强保障。以习近平同志为核心的党中央始终心系西藏、重视西藏、支持西藏，进一步丰富和发展党的治藏方略，明确西藏战略定位，为西藏长足发展和长治久安提供了根本遵循。中央第六次西藏工作座谈会制定了一系列特殊优惠政策，为推动西藏发展稳定提供了强大动力。国家将西藏纳入"一带一路"倡议总体布局，有利于西藏发挥连接祖国内地与南亚的区位优势和纽带作用，为建设面向南亚开放的重要通道，加快对内对外开放提供了广阔空间。西藏各民族团结和谐，宗教和睦和顺，社会持续稳定，为经济社会发展营造了良好环境。

对这样的宏大愿景，除了定性的分析和给出任务的内容之外，一个具有定量的预期指标体系是必不可少的。经过调查研究，集思广益，充分考虑到可能性与可行性，西藏自治区在历年发展的基础上，将预期任务量化为关联性很强的经济社会发展指标。西藏自治区"十三五"时期经济社会发展的主要目标见表1。

表1 西藏自治区"十三五"时期经济社会发展的主要目标

类别	指标	2015年	2020年目标	年均增长（%）	目标属性
经济发展	地区生产总值（亿元）	1026		≥10	预期性
	地方财政一般公共预算收入（亿元）	137	258	12.5	预期性
	工业增加值增速（%）	13.5		15	预期性
	旅游总收入（亿元）	280	550	≥14	预期性
	城镇化率 常住人口城镇化率（%）	26	50	[4]	预期性
	城镇化率 户籍人口城镇化率（%）	17.4	20	[2.6]	预期性
	服务业就业比重（%）	42.7	30	≥[7]	预期性
	农村常住居民人均可支配收入增长（%）	8244		≥13	预期性
	城镇常住居民人均可支配收入增长（%）	25457		≥10	预期性
	农牧区贫困人口脱贫（万人）			[59]	约束性
	城镇新增就业人口（万人）			≥[20]	预期性
民生福祉	劳动年龄人口平均受教育年限（年）	8.8	10.2		约束性
	孕产妇住院分娩率（%）	90	95		约束性
	人均预期寿命（岁）	68.2	70		预期性
	广播电视人口综合覆盖率（%）	94.83/95.96	99		预期性
	基本养老保险参保率（%）	95	95		预期性
	城镇棚户区住房改造（万套）	[7.13]	按照国家下达目标执行		约束性
	行政村通硬化路率（%）	33.2	40		预期性

续表 1

类别	指标	2015 年	2020 年目标	年均增长（%）	目标属性
民生福祉	主电网人口覆盖率（%）	67.6	97		预期性
	农村饮水安全人口普及率（%）	80	99		预期性
	行政村通宽带率（%）		95		预期性
创新活动	研究与试验发展（R&D）经费投入程度（%）	0.31	0.6		预期性
	互联网普及率　固定宽带家庭普及率（%）	30.1	35		预期性
	移动宽带用户普及率（%）	42.4	93		预期性
	科技进步贡献率（%）	40	45		预期性
生态文明	陆地保有量（万公顷）	36.8	35.27		约束性
	新增建设用地规模（万亩）			[31.73]	约束性
	万元GDP用水量下降		控制在国家下达指标内		约束性
	单位GDP能耗降低（%）	[10]	控制在国家下达指标内		约束性
	非化石能量占一次能量消费比重（%）	42.6	≥45		约束性
	单位GDP二氧化碳排放降低（%）		控制在国家下达指标内		约束性
	新增人工林地（万公顷）	[34.4]	[26]		约束性
	森林覆盖率（%）	11.98	12.31		约束性
	森林蓄积量（亿立方米）	22.62	22.8		约束性
	地级及以上城市空气质量优良天数比率（%）	≥95	≥95		约束性

续表 1

类别	指标		2015 年	2020 年目标	年均增长（%）	目标属性
生态文明	主要江河国控制面水质达到或优于Ⅲ类水域标准的比例（%）		100	100		约束性
	主要污染物排放总量（万吨）	化学需氧量		控制在国家下达指标内		约束性
		氨氮				约束性
		二氧化硫				约束性
		氮氧化物				约束性
	水土流失综合治理面积（万公顷）		[5.45]		[20]	预期性
	城镇污水集中处理率（%）		13.5	70		预期性
	城镇生活垃圾无害化处理率（%）		94	98		预期性

注：地区生产总值增长速度按可比价格计算；[ ] 内为五年累计数；城镇污水集中处理和城镇生活垃圾无害化处理的城镇指七地（市）行署（政府）所在地和所有县城。

资料来源：《西藏自治区"十三五"时期国民经济和社会发展规划纲要》

"面向南亚开放重要通道"建设的对策研究[①]

狄方耀 谭天明 毛阳海[②]

"一带一路"提出虽然只有3年多,但在事实上,"一带一路"的舞台已成为国际性合作的大平台。在《中华人民共和国国民经济和社会发展第十三个五年规划纲要》(简称"国家'十三五'规划纲要")中,"一带一路"和长江经济带、京津冀协调发展一起被列入国家三大规划。在2015年3月28日国家三部委发布《愿景与行动》之后,西藏也被纳入到"一带一路"建设的框架之中,西藏的任务主要是联通尼泊尔等南亚国家。参与构筑"国家面向南亚开放的重要通道"就是西藏参与国家"一带一路"建设最重要的任务。

一、"一带一路"建设对西藏的功能定位与"面向南亚开放重要通道"的建设意义

(一)"一带一路"建设对西藏功能定位的演变

无论是从历史上的丝绸之路还是现代的"一带一路"来看,西藏都是其中的必经之地和重要组成部分,西藏参与"一带一路"建设的最佳途径是构筑依托内地、面向南亚开放的大通道。这也正是国家"一带一路"建设战略赋予西藏的战略任务。

从中央第六次西藏工作座谈会以来的政府思路看西藏的定位。西藏早

[①] 本研究报告系狄方耀教授主持的2011西藏文化传承发展协同创新中心(西藏民族大学)2016年自设重大委托课题"中国西藏面向南亚开放大通道建设对策研究"的阶段性研究成果。

[②] 作者简介:狄方耀,男,西藏民族大学南亚研究所常务副所长,教授,博士生导师;谭天明,男,西藏民族大学财经学院副教授,硕士生导师;毛阳海,男,西藏民族大学2011协同创新中心管委会副主任,教授,硕士生导师。

在2006年1月制定并公布的《西藏自治区"十一五"时期国民经济和社会发展规划纲要》（简称"西藏自治区'十一五'规划纲要"）中就提出"加快西藏经济北向发展和开辟面向南亚开放的重要通道"的任务。这个"面向南亚开放的重要通道"至少在2012年之前都是指"南亚陆路贸易大通道"或"南亚贸易陆路大通道"，如在2007年12月25召开的西藏自治区口岸工作协调领导小组会议上，时任西藏自治区政府副主席邓小刚强调，要"积极营造有利于口岸经济和边贸发展的良好环境，打好基础，早日建成经西藏的南亚贸易陆路大通道"；2010年1月，时任西藏自治区政府主席白玛赤林在政府工作报告中提出2010年要"加快推进南亚陆路贸易大通道建设"。西藏自治区在"十一五"规划纲要中提出形成了以"一线、两基地、三出口"①为主要内容的南亚陆路贸易大通道基本框架；在2012年6月公布的《西藏自治区"十二五"时期国民经济和社会发展规划纲要》（简称"西藏自治区'十二五'规划纲要"）中提出"依托青藏铁路，推进铁路、公路和航空港相连的南亚贸易陆路大通道建设"；在2015年8月召开的中央第六次西藏工作座谈会上，李克强总理提出"把西藏打造成为我国面向南亚开放的重要通道"。此后，"南亚陆路贸易大通道"一词就被"国家面向南亚开放的重要通道"所取代。在2016年4月公布的西藏自治区"十三五"规划纲要中，专门用一章叙述"建设国家面向南亚开放的重要通道"，提出要"主动融入丝绸之路经济带和'孟中印缅经济走廊'，推进'环喜马拉雅经济合作带'建设，促进基础设施互联互通，拓展南亚市场，构建国家面向南亚开放的重要通道"。

从"南亚陆路贸易大通道"到"面向南亚开放的重要通道"，说明了国家赋予西藏向南开放更高的期望和要求，显然，面对"一带一路"建设的新形势，西藏不能局限于构建面向南亚的陆路贸易通道。那么，应包括哪些方面的通道呢？在现在的政府文件中还找不到其内涵界定，理论界也缺乏相关研究成果。我们设想要从两个层面进行扩展：一是去掉"陆路"2字，意味着西藏可以参与构建面向南亚的海陆空立体通道。西藏并不沿海，但可以通过联通印度、尼泊尔、缅甸，间接打通出海口，进而可以在中国西藏和新疆打造通向印度洋的捷径；航空通道早就存在，拉萨贡

---

① "一线"是指青藏铁路（现在还含其延伸线拉日铁路），"两基地"是指青藏铁路沿线的那曲物流中心、拉萨物流中心，"三出口"是指樟木、吉隆、亚东3个边境口岸。

嘎机场已经是国际航空口岸,有多条航线通往南亚,日喀则和平机场、林芝米林机场、阿里昆莎机场也具备空中联通印度、尼泊尔、缅甸、巴基斯坦等国家的条件。二是去掉"贸易"限定词,意味着西藏可以构建除贸易通道之外的多功能通道,我们设想为5类通道,即金融通道、贸易通道、文化旅游通道、能源通道、邮电通信与网络通道。

(二)"面向南亚开放重要通道"建设对西藏发展的意义

在"一带一路"合作倡议得到国际社会的广泛关注和踊跃参与的同时,全国各省区也在积极抢抓这一发展机遇,纷纷制定了行动方案和专项规划,西藏也不例外,正在积极主动地融入这一国家倡议。西藏正在围绕《愿景与行动》提出的"推进西藏与尼泊尔等国家边境贸易和旅游文化合作"和中央第六次西藏工作座谈会提出的建设"我国面向南亚开放的重要通道"的战略要求,由自治区发改委、商务厅等部门组织编写参加国家"一带一路"建设的总体思路、行动方案、中长期专项规划和年度工作计划。2016年,西藏自治区"十三五"规划纲要中提出要主动融入"一带"和"一廊",推进"环喜马拉雅经济合作带"和"国家面向南亚开放的重要通道"建设。这意味着西藏在深化改革、扩大开放、促进发展方面又迎来了一个历史性重大战略机遇。"面向南亚开放的重要通道"建设将促使西藏逐步成长为中国西部"依托内地,面向南亚"的桥头堡和核心通道、基础设施互联互通的重点地区以及参与国家全方位开放格局的前沿地带。

西藏位于祖国西南边陲,与缅甸、印度、不丹、尼泊尔等国及克什米尔地区毗邻,陆路边境线长约4000千米,属于沿边大区。从历史发展轨迹看,途径西藏高原的古丝绸之路既是交通邮政通道、贸易之路,更是一条承载人文交流、推动文明发展的文化之路。历史上,西藏作为"古南方丝绸之路"、唐蕃古道、茶马古道的重要参与者,是联系祖国境内外的重要枢纽,尤其是我国对南亚国家开放的重要门户。西藏民族的形成和发展与西藏历史上4次重大机遇的把握息息相关:第一次是在公元7世纪,吐蕃地方王朝与中原唐王朝和南面的尼泊尔联姻,加快了藏民族的形成并为吐蕃引进了先进的文明;第二次是在公元10世纪后,伊斯兰教东侵古印度,大量佛教高僧进入西藏,输入产生于南亚的佛教文化,促成西藏佛教后弘期的到来,形成了西藏文明复兴发展的机会;第三次是在公元

1247年，阔端与萨迦班智达·贡噶坚赞于凉州会盟，西藏正式成为元朝中央帝国行政管辖的一部分；第四次是在现代，1951年5月23日，以阿沛·阿旺晋美为代表的进步人士与中央人民政府签订和平解放西藏的《十七条协议》，这次机遇的把握开创了西藏发展进步的新纪元。纵观西藏历史上的4次重大机遇，均与南亚息息相关，"一带一路"建设使西藏成为面向南亚"内联外接"的桥头堡，对于发展相对落后的西藏来说，这将是又一次重大机遇。①

1. 为西藏服务国家战略和促进自身发展创造了新的机遇

长期以来，西藏服务国家战略的基本定位是服务国家"治边稳藏"战略，成为国家的"两个安全屏障"。"一带一路"赋予西藏在边贸旅游方面加强与南亚国家交流合作的重要任务，意味着西藏要在国家全面深化改革和扩大开放方面，特别是国家向南、向西开放方面，发挥自身的区位优势和地缘政治优势、地缘经济优势、地缘文化优势，起到更大的联通和建设作用。我们认为，这给西藏的发展、稳定、改革、开放方面带来的机遇，完全可以和西部大开发、全国对口支援西藏比肩，可以说是西藏百年难遇的重大战略机遇。

众所周知，西藏自和平解放以来，一直得到中央和全国人民的特别关照和无私援助，特别是改革开放以来，随着国家的快速发展，西藏充分享受了国家发展的成果，例如长期以来的中央财政对西藏的巨额转移支付，20世纪80年代的"休养生息"政策，20世纪90年代开始的全国对口援藏，进入21世纪以后的国家西部大开发、扩大对口援藏及修建青藏铁路等特大项目。以"一带一路"和中央第六次西藏工作座谈会为标志，国家将西藏纳入"一带一路"建设框架，这是很可能超过将西藏纳入西部大开发框架这一战略的更大、更久远的战略机遇。可以预计，在未来10年甚至更长远的时间里，国家对西藏的特别优惠政策不会削弱，只会加强；对西藏的财政转移支付、重大专项投资项目资金不会减少，只会增加；对西藏的基础设施建设、各项事业发展和民生改善的支持力度不会削弱，只会增强。

---

① 参见牛治富《南亚大通道建设是西藏发展的又一机遇》，载《西藏日报》2016年5月1日。

2. 为西藏经济空间布局的优化带来了重大机遇

长期以来，西藏在经济文化的空间布局上比较注重"北向发展"和"东向发展"。即利用青藏铁路、青藏公路、民航、输油管道等同青海、甘肃、新疆等西北地区开展经济文化合作，如共同打造物资的进出藏通道、共同打造藏族聚居区旅游线路、在格尔木共同建设藏青工业园、共同建设和使用青藏"电力天路"等；利用川藏、滇藏公路及民航等通道同四川、云南、重庆等西南地区开展经济文化合作，如加入西南地区"六省区市七方经济协调会"（20世纪80年代成立初期称为"西南五省六方经济协作会"），与西南地区共同打造长江上游天然林保护工程，共同组织"大香格里拉旅游论坛"，共同打造"大香格里拉生态旅游圈""中国香格里拉生态旅游区""香格里拉区域旅游合作联盟"等。① 随着西藏参与丝绸之路经济带和孟中印缅经济走廊的建设，除了要继续维持"北向发展""东向发展"格局外，迫切需要扩大"南向开放"和加快"南向发展"，也就是说，要加快"面向南亚开放的重要通道"及"环喜马拉雅经济合作带"建设，和南亚国家、东南亚国家及国内的云南合作以共同推进"孟中印缅经济走廊"和"中尼印经济走廊"建设；还需要加强和"一带"核心区新疆的合作，通过新藏公路、昆莎机场与新疆连接巴基斯坦、中亚的通道联通，以便更好地服务国家"一带一路"建设和争取自身向南、向西开放与发展的机遇。

"北向发展"增加了对接西北丝绸之路、新欧亚大陆桥的新内涵，"东向发展"也增加了对接西南丝绸之路、长江经济带、孟中印缅经济走廊、海上丝绸之路的新内涵。如此一来，实际上形成了南、北、东、西四面呈环形开放，环形对接"一带一路"的新格局，或者说是呈现出更鲜明的大格局。即以拉萨为中心，包括山南、林芝、日喀则在内的"一江三河"中部流域，打造中部核心经济圈；沿青藏铁路格拉段及其延伸线拉日段、青藏公路、中尼公路，联合那曲、拉萨、日喀则邻近铁路、公路区域，打造南北通道经济带；以日喀则、阿里的边境口岸、边贸通道、边贸市场等为依托，参与建设环喜马拉雅经济合作带；在昌都、那曲东部、林芝东部，打造东部经济圈；在那曲西部、日喀则西部、阿里打造西部经

---

① 参见《三省区11县（市）成立香格里拉区域旅游合作联盟大香格里拉，聚力打造西南旅游中心》，载《中国民族报》2016年6月17日。

济圈，进而实现强内核、兴周边发展格局。在此基础上，东向融入西南丝绸之路经济带、长江经济带和孟中印缅经济走廊；南向通过日喀则的口岸加强与尼泊尔、印度等南亚国家的关系；西向通过位于阿里的普兰口岸加强与尼泊尔、印度等南亚国家的关系，通过新藏公路加强与新疆的关系，从而从南、西两个方向融入南丝绸之路经济带和孟中印缅经济走廊、中巴经济走廊；北向作为西藏外向发展的主通道，通过青藏经济一体化及"陕甘青藏龙形经济带"（或"陕甘青藏经济圈"）建设，使西藏成为北丝绸之路经济带的组成部分。①

3. 有利于加快"面向南亚开放的重要通道"和"环喜马拉雅经济合作带"建设

（1）有利于加快"面向南亚开放的重要通道"建设。"一带一路"建设包括国家面向南亚开放的重要通道的建设，也促成面向南亚开放的重要通道建设的重大机遇。因为面向南亚开放的重要通道的建设是国家"一带一路"建设的组成部分，所以被纳入了国家"十三五"规划，这意味着从青海、四川、云南、甘肃、新疆等邻省进藏进而联通南亚的通道建设都会提速，特别是从青海格尔木经西藏那曲、拉萨、日喀则延伸至边境系列口岸的通道建设更会提速，有望建成集公路、铁路、民航、石油与天然气管道、输电线路、电信与互联网等在内的立体通道体系。有了这些设施和载体作保障，西藏就能够扩大与尼泊尔、印度、不丹、缅甸、孟加拉国等国家的经贸、旅游等方面的合作与交流，更好地发挥连接我国内地与南亚、东南亚国家的转口贸易、中转旅游、文化交流合作等经济文化往来的作用，有利于建设依托内地、联通南亚与东南亚的若干廊道经济带。中央第五次西藏工作座谈会以后，西藏就按照"重点建设吉隆口岸，稳步提升樟木口岸，积极恢复亚东口岸，加快发展普兰和日屋口岸"的发展战略，积极推进各大口岸的建设。为打通西藏穿过喜马拉雅山到南亚的贸易之路，西藏还推出了"一条路线、两个基地、三个口岸"的建设计划，即以青藏铁路为主线，在拉萨、那曲建设两个物流基地，在"十三五"期间继续加快吉隆、樟木、亚东3个口岸的建设（含口岸铁路），这为"一带一路"建设打下了良好的设施基础。大力推进面向南亚开放的重要

---

① 参见毛阳海《论"丝绸之路经济带"与西藏经济外向发展》，载《西藏大学学报（社会科学版）》2014年第2期。

通道建设,除了交通、物流通道建设需要提速外,西藏各大口岸、边贸通道、边贸市场的建设与开放也需要加快,进而联通孟中印缅经济走廊、中尼印经济走廊、中巴经济走廊,建设中国内地联通南亚、东南亚的廊道经济带。

(2)有利于建设环喜马拉雅经济合作带。

面向南亚开放的重要通道的建设不仅有助于联通中国内地和南亚地区,支撑"孟中印缅经济走廊""中尼印经济走廊"以及联通南亚的廊道经济带建设,还有助于环喜马拉雅经济合作带的建设。如果说面向南亚的通道或廊道经济带主要呈南北走向(含北、西北、东北、东、西多方向扇面联通南亚)的话,那么环喜马拉雅经济合作带就是沿喜马拉雅山脉主要呈东西走向的弧形经济带。喜马拉雅山脉是中国西藏等与南亚次大陆之间的天然屏障,也是中国与印度、尼泊尔、不丹、巴基斯坦等国的天然分界线。经济学家们认为,在开放经济的条件下,边境地区从过去的"边缘区"转变为"前沿区""核心区",在边界适当开放和其他政策的催化下,能够形成一个跨境的边疆经济合作带。在古典经济学理论中,"边界"是市场空间的障碍,因为它使边界两侧边缘地带的经济联系在空间上和时间上的距离加大,进而加大交易成本。然而,随着时代的发展,经济全球一体化,经济学家们对"边界"的认识逐渐改变,"边界"由隔绝两地的屏障转变为联通两地的中介,发挥"边界"的"中介效应",使"边界"成为连接两地经济贸易、文化交流等的重要通道,使边疆地区由过去的经济贸易"边缘区"变成经济贸易的"核心区"。① 为对接"孟中印缅经济走廊""中尼印经济走廊"建设,西藏提出打造以樟木、吉隆、普兰口岸为窗口,以拉萨、日喀则等城市为腹地支撑的环喜马拉雅经济合作带,面向尼泊尔、印度、不丹,发展边境贸易、国际旅游、藏药产业以及特色农牧业、文化产业等。这是该经济带狭义的定位,广义的环喜马拉雅经济合作带则是从喜马拉雅经济区域扩展至以孟加拉国、中国、缅甸、印度为核心的东亚、南亚和东南亚地区。面向南亚开放的重要通道的建设将有力地推进环喜马拉雅经济合作带的建设,进而使西藏成为对外开放的前沿地带。

自从"一带一路"倡议提出后,中国与南亚国家的经济文化关系进

---

① 参见杨明洪《环喜马拉雅经济合作带可有大为》,载《中国民族报》2016年4月15日。

一步升温，巴基斯坦、尼泊尔自不必说，中印之间在亚投行、金砖国家、上合组织、孟中印缅经济走廊①等层面的合作也开始升温。环喜马拉雅经济合作带一旦建设成功，将意味着印度东北部各邦拥有一个更便捷、更高效的出海口；缅甸和孟加拉在经贸交往中也会获得实利。这一经济合作带将使喜马拉雅地区各国的国内经济结构在海洋经济与内陆经济之间、在中心地区与边缘地区之间更加平衡。对中国而言，西藏和云南则从内陆省区变成对外开放的前沿。当前中国在海洋通道中易遭到围堵，通过环喜马拉雅经济合作带的合作，平衡陆缘政治与海缘政治的力量，将为中国突破海上封锁。②因此，它也是"一带一路"建设的组成部分，不只是中国西藏地区有建设该经济合作带的愿望，中国的西南地区尤其是云南，以及南亚、东南亚有关各方也表现出建设该经济合作带的兴趣，中国的西藏、云南及南亚的尼泊尔已经在付诸行动。可以期望，在"一带一路"建设的进程中，环喜马拉雅经济合作带的建设也会取得相应进展。

4. 有利于西藏产业结构优化

西藏参与"一带一路"建设，尤其是参与面向南亚开放的重要通道及环喜马拉雅经济合作带建设，将有利于西藏的交通运输、邮电通信、边境贸易、旅游经济、物流园区、工业园区、能源的发展，进而促进西藏第二、第三产业的加快发展，推动产业结构优化升级。自2003年以来，西藏的产业结构中的产值比重排序已由"三、一、二"的不对称"U"型转变为"三、二、一"排列的"J"型，产业结构变化明显。2015年，西藏自治区地区生产总值已达到1026.39亿元，相对于南亚国家来说，其经济结构水平相对较高，无论是工农业生产技术水平，还是城乡居民收入水平和消费水平，均远远高于其他地区。但相对于全国而言，尽管西藏的产业结构呈现出比较理想的结构形态且GDP增速排在全国前列，但其各个产业的产值都比较低且经济总量仍排在末位，相比国内其他地区，其经济发展水平仍然相对落后，使西藏的经济发展表现为两面性。"面向南亚开放的重要通道"的建设将有助于西藏发展"内连外通"的开放格局。从

---

① 印度于2013年12月19日批准打造一条从中国昆明到印度加尔各答的经济走廊，孟中印缅（BCIM）经济走廊项目设想组建交通、能源和通讯三大网络。

② 参见邵宇《有一种"出口"叫环喜马拉雅经济合作带》，证券时报网，2015年3月7日，http://epaper.stcn.com/paper/zqsb/html/2015-03/07/content_662356.htm。

国内的情况来说，国家将继续给予西藏大力支持，为其提供各方面的援助，而从沟通国外的角度看，该通道的建设将有助于西藏各种优势资源、特色产业的输出与发展，带动边境贸易和旅游经济的发展，进而辐射其他产业，推动西藏产业结构的进一步优化升级。在外向型经济的拉动下，产业结构升级的方向很有可能是第二产业产值的比重进一步上升，第二、第三产业从业人员的比重都会有所上升，第一产业从业人员的比重会逐步下降。西藏自治区2011—2015年生产总值、进出口总额及各产业比重见表2。

表2 西藏自治区2011—2015年生产总值、进出口总额及各产业比重

指标\年份	2011	2012	2013	2014	2015
地区生产总值（亿元）	605.83	701.03	815.67	920.83	1026.39
第一产业（亿元）	74.47	80.38	84.68	91.64	96.89
第二产业（亿元）	208.79	242.85	292.92	336.84	376.19
第三产业（亿元）	322.57	377.8	438.07	492.35	553.31
进出口总额（亿元）	85.60	216.72	205.58	138.48	56.55
进口额（亿元）	74.55	212.36	202.46	129.00	36.24
"一产"比重（%）	12.30	11.50	10.40	9.95	9.44
"二产"比重（%）	34.50	34.60	35.90	36.60	36.70
"三产"比重（%）	53.20	53.90	53.70	53.50	53.90

数据来源：2015年西藏国民经济和社会发展统计公报

5. 有利于拉动新型工业化、城镇化、信息化、农牧业现代化发展

西藏是一个自然资源丰富、发展潜力巨大但生态环境脆弱的地区。尽管自改革开放以来，在中央及各地区的大力支持下，西藏的经济得到大力发展，但相对于内地来说，其发展水平不高，经济转型仍相对滞后。虽然20多年来，西藏GDP处于高于全国平均速度的持续快速增长之中，但新型工业化、城镇化、信息化、农牧业现代化仍显得滞后。截至2014年，西藏城镇化率达到25.75%，与全国54.77%的城镇化率相比，仍相差甚远[1]；

---

[1] 参见孙丹《国家统计局：2014年中国城镇化率达到54.77%》，人民网，2015年1月20日，http://politics.people.com.cn/n/2015/0120/c70731-26417968.html。

新型工业化发展也很滞后，全国已经进入工业化后期，西藏仍处在工业化前期或初期。① 新型工业化、城镇化程度低必然导致信息化、农牧业现代化水平也较低。西藏加快面向南亚开放的重要通道和环喜马拉雅经济合作带的建设将有利于西藏成为"一带一路"面向南亚的重要门户。② 作为国际陆路贸易的重要支撑点和通道，西藏将加快其交通邮电设施、城镇基础设施建设，加快其城镇化、新型工业化发展步伐，实现与南亚国家工业化、城镇化的对接。为此，需要加快其交通、邮电、物流、能源等基础设施建设，充分利用西藏的资源优势，大力支持澜沧江、怒江和雅鲁藏布江中下游等江河水电开发及地热、太阳能、风能开发；加快建设西藏外送电力通道，早日实现藏电外送，甚至可以考虑将电力销往南亚有关国家。在对外贸易方面，适当放宽边境小额贸易、边民互市贸易的商品种类，鼓励自产产品出口，培育新的经济增长点，增强自我发展能力。大力发展西藏特色经济，促进农畜产品生产与国际市场接轨，积极推动相关产业发展，大力支持西藏工业园区、物流园区、文化产业园区和跨境经济合作区发展，加大投资力度，加快融入"丝绸之路经济带"，促进西藏的新型工业化发展。同时，引进先进科学技术，助推其新型工业化、信息化建设。新时代我国面向南亚开放的重要通道建设应当是以现代的电子通信、"互联网+"及日益强大的工程建设设备为手段，创造更多更快的硬件通道和软件交流，从而推进西藏的新型工业化、新型城镇化、信息化、农牧业现代化发展，促进西藏早日实现全面小康和现代化。

（三）"面向南亚开放重要通道"建设在国家层面的意义

1. 西藏是国家实现"一带一路"互联互通、连接南亚的重要的南北向大通道

"一带一路"是一个与时俱进的、开放式的国际区域合作大规划，在国内覆盖所有省、市、自治区，形成纵横交错的互联互通网络。东、中、西都需要有南北向的通道联通"一带一路"，青藏—中尼通道（含陆路与航空等）无疑是西部陆路联通"一带一路"的重要通道。

---

① 参见毛阳海《生态安全与西藏新型工业化研究》，厦门大学出版社 2014 年版。
② 参见毛阳海《西藏对接"一带一路"战略的历史渊源和现实意义》，载《西藏民族学院学报（哲学社会科学版）》2015 年第 4 期。

丝绸之路首先要有路。丝绸之路经济带从区域经济学的角度来说，本质上是经济走廊，是依托重要经济通道而形成的产业合作带和因道路辐射带动而形成的生产力布局及区域经济发展体系，是综合、立体、多维的通道。要想实现丝绸之路经济带上各沿线国家和地区的经济合作，必须以基础设施互联互通为突破口，依托纵横交错、贯通四方的交通网，发挥交通运输的基础性和先导性作用。没有便捷、高效、畅通、富有竞争力的综合基础设施网络，丝绸之路经济带无从谈起。① 2015 年 4 月，中共中央政治局常委、国务院副总理张高丽在一次演讲中明确宣布中国正与"一带一路"沿线国家一道，积极规划中蒙俄、新亚欧大陆桥、中国—中亚—西亚、中国—中南半岛、中巴、孟中印缅六大经济走廊建设，六大经济走廊成为丝绸之路经济带的物质载体。目前，在亚洲地区，东盟国家在积极实施《东盟互联互通总体规划》，泛亚公路、铁路网正在从规划逐步走向现实。在欧洲，欧盟公布了泛欧铁路网优先建设发展规划，提出欧元投资计划。随着高铁技术的革新和日益成熟，中国已经建成世界上最大的高速铁路网，已开通运营通往欧洲的渝新欧、汉新欧、郑新欧、义新欧等多个国际货运班列，高速公路也已经初步呈现网络化、系统化和互通化格局，具备了建设经济走廊的基础。②

东、中、西部地区要加强协同发展，优势互补，除了东西向的通道，还需要构建南北向的通道联通"一带一路"，有 3 条南北向流通大通道。①东线沿海流通大通道：以深圳经济特区、上海浦东新区、天津滨海新区等经济特区和国家级新区为引擎，沿线包括东北地区、京津冀、山东半岛、长三角、海峡西岸、珠三角等地区，依托我国人口和生产力布局最密集、产业最集中的地区，促进商品和要素自由流动，提高现代服务业发展水平，形成联结东西、贯穿南北、辐射全国、面向亚太的流通产业发展战略空间，提升我国流通产业的国际竞争力。②中线京港澳流通大通道：依托京港澳高速、京广高铁、京广铁路等综合交通运输通道，串联京津冀城市群、中原城市群、长江中游地区、珠三角地区，联系香港和澳门地区，

---

① 参见张静《"一带一路"的六条经济走廊》，中国网，2015 年 6 月 3 日，http://www.china.com.cn/guoqing/2015-06/03/content_35728456.htm。
② 参见张静《"一带一路"的六条经济走廊》，中国网，2015 年 6 月 3 日，http://www.china.com.cn/guoqing/2015-06/03/content_35728456.htm。

涵盖北京、石家庄、郑州、武汉、长沙、广州、深圳等重要的流通节点城市，促进农产品和工业品跨区域流动，形成贯穿南北、衔接东西、辐射全国的重要流通大通道。③西线呼昆流通大通道：以西部的呼和浩特、西安、成都、重庆、昆明为支点，以沿线的重庆两江新区等国家级新区为牵引，促进西部地区流通基础设施建设，向东联系京津冀、长三角、珠三角地区，向南辐射南亚、东南亚，形成联系东西、纵贯南北的流通大通道。①

2. 西藏是联通西北、西南丝绸之路经济带的重要通道和平台之一

中国西部包括12个省区市，约占我国国土面积的71.4%。20世纪末以来，国家开始实践邓小平的"第二个大局"思想，对西部地区更加重视，在2000年启动了西部大开发战略。随着国内外形势的变化，无论是从全面建成小康社会、建设美丽中国的方面来看，还是从国家的安全方面来看，国家更加重视西部地区和沿边地区的稳定和发展。继西部大开发之后，党和国家推进的"一带一路"、长江经济带、新亚欧大陆桥建设，为西部地区的改革、开放、发展和稳定创造了新的机遇、注入了新的动能。国内各地区尤其是西部地区的"十三五"规划已经考虑到要充分发挥比较优势，实行更加积极主动的开放战略，加强西部地区互动合作，全面提升开放型经济水平。西北地区各省提出发挥陕西、甘肃综合经济文化和宁夏、青海民族人文优势，打造西安内陆型改革开放新高地，加快兰州、西宁开发开放，推进宁夏内陆开放型经济试验区建设，构建面向中亚、南亚、西亚国家的通道、商贸物流枢纽、重要产业和人文交流基地。② 西南地区将发挥广西与东盟国家陆海相邻的独特优势，加快北部湾经济区和珠江—西江经济带开放发展，构建面向东盟区域的国际通道，打造西南、中南地区开放发展新的战略支点，形成21世纪海上丝绸之路与丝绸之路经济带有机衔接的重要门户。发挥云南区位优势，推进与周边国家的国际运输通道建设，打造大湄公河次区域经济合作新高地，建设成为面向南亚、

---

① 参见商务部新闻办《商务部等10部门联合印发〈全国流通节点城市布局规划（2015—2020年）〉》，中华人民共和国商务部网站，2015年6月1日，http://www.mofcom.gov.cn/article/ae/ai/201506/20150600998472.shtml。

② 参见付岩《深度解读："一带一路"规划给了中国各省怎样的定位？》，新疆日报网，2016年5月31日，http://www.xjdaily.com.cn/c/2016-05-31/1878787.shtml。

东南亚的辐射中心。推进西藏与尼泊尔等国家边境贸易和旅游文化合作。①

如果把中国西部地区作为一个整体联通"一带一路"的重要板块，那么西藏作为同时融入西北、西南经济圈的为数极少的省区，是联通西北、西南丝绸之路经济带的桥梁和通道之一，可以帮助西北、西南地区跨越青藏高原共同联通南亚，并打通印度洋出海口，连接海上丝绸之路。

3. 南亚大通道是我国西部联通"一带""一路"的重要的南北大通道

我国地域辽阔，东、中、西部实现"一带""一路"及多条"走廊"的互联互通都需要通道。也就是说，需要构建多纵、多横的通道网络格局，才能保证运输的经济性、时效性。东部地区依靠沿海经济带、京津冀、长三角、珠三角以及发达的铁路、公路、海洋航运等交通网络，很容易联通"一带"和"一路"；中部地区可以依靠京九、京广等铁路大动脉，畅通的高速公路网络，以及长江、黄河、珠江等大江、大河的航道，也能方便地实现"一带""一路"的互联互通。西部地区也具备"一带"和"一路"互联互通的基本交通条件，不过相对而言，东西向铁路交通要强于南北向铁路交通，如陇海—兰新线、郑西高铁、湘黔—贵昆线等干线都基本呈现东西向，南北向铁路还只有包柳（包头经西安、重庆、贵阳至柳州或南宁）、兰昆（兰州经宝鸡、成都至昆明）、青藏（含拉日）3条。其中只有青藏、拉日铁路是直接面向南亚的南北向通道。

（1）建设面向南亚开放的重要通道，是加速西部地区向南亚开放的迫切需求。中国西部地区深处内陆、远离东部发达市场和出海口，制约了经济发展。此外，西部地区长期以来谋求向东向西开放，对外开放的方向和范围相对单一，漫长的西藏边界线尚未形成起主导作用的对外通道，极大地制约了西部地区与南亚开展经贸合作的地缘优势的发挥。建设面向南亚开放的重要通道，有利于西藏和整个西部地区通过打通印度洋出海口扩大开放范围，促进西部地区经济的发展。②

---

① 参见《中国一带一路规划正式公布 国家明确云南在"一带一路"中定位》，人民网，2016 年 4 月 24 日，http://yn.people.com.cn/news/yunnan/n2/2016/0424/c228496-28208761.html。

② 参见陈继东《中印缅孟区域经济合作的通道建设问题》，巴蜀书社 2008 年版，第 216 页。

(2) 建设面向南亚开放的重要通道,有助于促进中国西部与尼泊尔、印度等南亚国家双边贸易和多边合作的发展。中国与印度等南亚国家的经贸往来近10年来发展迅速,其发展势头正呈加速的态势,2005年中国与南亚各国的贸易总额已达266.3亿美元①,2015年仅中印双边贸易额就达到750亿美元。② 不过,中国与南亚的贸易大多是通过海运实现的,中国西部通过西藏边境与南亚地区进行的陆路贸易规模还很小(目前不到10亿美元),领域也不多,这种状况与西部毗邻南亚的优越区位条件极不相称,这除了中印政治互信及边境问题等因素外,与西部尚没有铁路通达西藏边境口岸及缺乏配套的物流设施也有直接关系。青藏铁路的顺畅运行、拉日铁路的通车及未来中尼铁路的建成通车将促使中国西部与尼泊尔、印度等南亚国家的双边及多边经贸合作迅速发展。

(3) 建设面向南亚开放的重要通道,也是西藏连接南北丝绸之路经济带与孟中印缅经济走廊的重要桥梁。2015年西藏自治区政府工作报告中明确提出要"加快建设'面向南亚开放的重要通道',积极对接'一带一路'和孟中印缅经济走廊,推动环喜马拉雅经济合作带建设"。这一地方战略主要考虑了西藏的对外开放和经济发展战略,西藏与南亚地区山水相连,有着天然的人文纽带和资源优势,也考虑了服务国家"一带一路"建设的需要。西藏是中国通往南亚、中亚的重要门户,也是南亚各地文化交融的集中地区。面向南亚开放的重要通道建设将使西藏成为面向南亚"内联外接"、互联互通的重点地区和国家构建全方位开放格局的前沿地带。这一战略不仅是出于促进西藏经济开放与发展的需要,更是综合考虑地缘政治、人文交流等因素的旨在打造我国西部联通西北、西南"丝绸之路经济带",以及"海上丝绸之路"和"孟中印缅经济走廊"的重要的南北向大通道。从西藏地缘角度分析,"面向南亚开放的重要通道"往南推进建设重点在与尼泊尔、印度等在公路、铁路与海洋运输上的战略合作,缩短原有海上丝绸之路的距离,尤其是经青藏铁路打通拉萨—日喀则—吉隆、拉萨—日喀则—亚东等口岸铁路专线,连接尼泊尔、印度,扩大与南亚诸国的贸易往来,大大缩短中国至南亚、西亚的空间距离,有利

---

① 参见陈继东《中印缅孟区域经济合作的通道建设问题》,巴蜀书社2008年版,第216~217页。

② 参见罗照辉《中印关系大发展 龙象共舞大跨越》,中国驻印大使馆网,2016-10-14。

于建立南亚经济圈①,把中国和南亚这两个世界上人口最多的巨大市场连接起来,使亚太地区与环印度洋地区的经济发展相互呼应。特别是中国和印度两个大国,建设"面向南亚开放的重要通道"将有助于两国互联互通,充分发挥各自优势,促进经济发展,并带动区域内其他国家和地区在推进孟中印缅经济走廊建设中发挥引领作用。

4. 西藏是我国发展与南亚的政治经济文化关系的最重要的纽带或载体

南亚北面与中亚相连,南面紧邻印度洋,是西亚、中亚和东南亚的交接点,特殊的地理位置使南亚在历史上成为古丝绸之路贯通南北的枢纽,是区域古代贸易的集散地。而西藏是我国的西南门户,是我国内陆通往南亚各国的必经之地,具有发展与南亚边境贸易得天独厚的地缘区位优势。自古以来,西藏就与沿边南亚国家保持长期的经济文化交流。

近年来,从南亚国家的经济发展态势来看,目前南亚的主要国家均积极展开经济改革,参与世界经济一体化步伐逐渐加快,正成为经济上更加活跃、开放的地区。一方面,我国与南亚各国特别是同尼泊尔的双边经贸合作保持着良好的发展态势,西藏与南亚的边境贸易总额持续快速增长,经贸互补性不断增强。另一方面,中国西部与南亚地区具有较为明显的产业结构互补性。中国西部的畜牧业在经济结构中占据重要地位,而南亚各国,尤其是印度、孟加拉国和巴基斯坦等南亚主要国家,种植业在经济结构中占主导地位,双方产业结构的互补性很大,开展经贸合作的领域广阔。

从政治上看,中国与南亚国家的政治外交关系总体上在不断发展。具体而言,中国与巴基斯坦、尼泊尔、斯里兰卡、马尔代夫、孟加拉国等国长期保持了稳定的政治外交关系,中国与这些国家不存在重大原则问题分歧;中国与南亚最大的国家印度之间从整体上保持了一种较为正常的政治外交关系,但也经历了曲折,至今还存在一些悬而未决的问题,这是中印双边关系中的不稳定因素。然而两国也在为中印双边政治外交关系做努力。② 2015 年 5 月,印度总理莫迪对中国开展了正式访问,这是继中国国

---

① 参见唐小明《建设"面向南亚开放的重要通道"融入丝绸之路经济带格局下的西藏物流发展战略研究》,载《西藏科技》2015 年第 10 期。

② 参见陈继东《西藏开拓南亚市场及其特殊性研究》,巴蜀书社 2003 年版。

家主席习近平2014年9月访印以来两国间又一次重要高层互动，表明了中印双方都比较重视两国间的政治外交关系，搁置争议、共图发展已成为中印双方的共识和发展双边政治外交关系的基础。在此情况下，西藏面向南亚开放的重要通道建设将有利于发挥西藏的地缘优势，进一步增强中国与印度、尼泊尔等国家之间的经贸往来，增强彼此之间的经济发展互补性，并带动周边小国的发展。特别是中印边境贸易和文化旅游的良性发展能够促进边界地区的稳定和发展，可使边界争端转变为共同开发，为解决边界争端创造良好条件。虽然2017年中期中印两国发生了洞朗事件，对两国关系的稳定发展造成了一定的影响，但是在后期处理该事件及从两国上层及民众的基本态度来看，都有推动两国关系不断向好的方面发展的积极意愿。

从文化上看，西藏边境线上大都是少数民族聚居区，其中有些民族还是跨境而居，相关国家边民历来有着友好交往的传统，也有着相同或相近的生产和生活需求。因此，面对"一带一路"建设新机遇，在面向南亚开放的重要通道建设的基础上，西藏应充分利用与南亚国家的地缘优势、在文化民俗上的相似性、产业结构发展上的互补性，重视民心相通，提升互联互通程度。通过人文交流，促进中国与南亚各国人民的相互了解和认知，进而推动中国与南亚地区在经济、文化、社会、生态领域的合作与发展。在"一带一路"推动多边经贸合作的前提下，面向南亚开放的重要通道建设及通道经济文化合作的开展必将进一步加强中国与南亚各国之间的友好关系和多边战略互信，增进国家边境地区的安全与稳定，为实现国家"治边稳藏"战略做出应有的贡献。

二、西藏建设"面向南亚开放的重要通道"的国内优势

（一）地理优势

如上所述，西藏凭借独特的区位优势和地缘优势，成为中国与南亚国家之间的通商要道，西藏毫无疑问是面向南亚重要通道的桥头堡。

1. 西藏建设"面向南亚开放的重要通道"的地理环境

在西部地区中，西藏是一个地域辽阔、地貌壮观、资源丰富的重要边疆民族地区。地理上，西藏北面与新疆、青海相邻，东面和东南面同云

南、四川接壤，可以通过青藏铁路以及已经开工建设的川藏铁路向北连接丝绸之路主经济带，向东南通过云南融入孟中印缅经济走廊。南部与西部自东而西与缅甸、印度、不丹、尼泊尔等国以及克什米尔地区毗邻，国境线长约 4000 千米，不仅是"走出去"的重要地区，也是连接国内其他地区与南亚的重要枢纽。全区有 21 个边境县，土地总面积 34.35 万平方千米，到 2010 年，人口约为 36.68 万。与邻国接壤的陆地国界线长 4000 多千米，边境线上对外通道有 312 条，其中常年性通道有 44 条、季节性通道有 268 条。截至 2005 年，西藏有经国家批准开放的一类口岸 4 个（樟木口岸、普兰口岸、吉隆陆路口岸和拉萨航空口岸），二类口岸 1 个（日屋陆路口岸）。4 个陆路口岸中，普兰口岸兼顾中印、中尼边境贸易，樟木、吉隆、日屋 3 个口岸位于中尼边境。其中，日喀则边境贸易互市点 28 个，对外边境通道 227 个，边贸优势独一无二。"十二五"期间，自治区实施口岸大建设，以吉隆口岸建设为切入点，以樟木、亚东、日屋口岸建设为体系，大力加强口岸基础设施建设，全面提升口岸功能。2015 年尼泊尔 4·25 大地震发生以前，樟木、吉隆口岸贸易活跃，亚东仁青岗边贸市场的对外开放力度逐步增强，中尼跨境经济合作区全面开工建设。凭借独特的地缘优势，日喀则市一直是西藏与南亚国家交往的陆路通商要道。近年来，随着青藏铁路、拉日铁路的建成通车，日喀则市正逐步成为与南亚国家交往的"桥头堡"，初步形成了"毗邻三国、横跨九县、通道优良、互市广布"的边贸发展格局。

2. 地理环境给西藏建设"面向南亚开放的重要通道"带来的优势

20 多年前，区内外学者就对沟通欧亚大陆桥、建立面向南亚开放的陆路大通道等问题进行过讨论，西部大开发之后，国家在谋划青藏铁路二期工程时，专家学者再次阐述了青藏铁路到拉萨之后向南延伸的意义，即对中国打通面向南亚开放的陆路大通道有着战略上的作用。

西藏是中国面向南亚开放的陆路贸易大通道，具有北借"一带"、南达"一路"的潜在优势，随着国家新一轮沿边开发开放战略实施、与周边国家基础设施互联互通步伐加快，对于加大边境地区开发开放、促进口岸贸易快速发展，西藏有难得的机遇。

"十三五"时期，西藏为促进交通基础设施互联互通，抓住关键通道、关键节点和重点工程，优先打通缺失路段、畅通瓶颈路段，推进口岸公路、口岸铁路建设，提升通达水平。加强与尼泊尔航空合作，支持西藏航空公司和喜马拉雅航空公司开拓国际航线，积极建设通过尼泊尔向其他国家延伸的空中走廊。打造新疆经狮泉河至普兰和吉隆、青海经拉萨和日喀则桑珠孜区至亚东和吉隆、四川和云南经昌都和林芝至亚东和吉隆等面向南亚开放的公路大通道。制定和实施川藏大通道建设整体规划，加快川藏铁路和高等级公路建设，建设滇藏新通道。提高青藏公路等级，增强新藏公路运输保障能力。推动开通交界市（州）互飞航线。

可以看出，不管从理论还是实践来看，"一带一路"倡议向南发展的策略依然是铁路先行：已经开通的拉日铁路为日喀则市平均每年带去30万人次以上的游客增长；正在施工中的川藏、滇藏铁路会给沿线各省市注入前所未有的活力。"一带一路"倡议在中国西南不仅仅是造就又一个"环形铁路"网，而且是以拉萨为节点城市之一，打通南、北两个铁路网，让已经考证确认的古丝绸之路南北两大线路（河西走廊出新疆的南、北到中亚线路和四川至拉萨、云南至东南亚线路）重登历史舞台，并且互联互通，让西藏成为中国西部通衢枢纽。丝绸之路经济带和孟中印缅经济走廊建设中的西藏面向南亚开放的重要通道在不远的将来将以铁路、公路、航空、管道和网络等形式组合式地向外联通，这必将对西藏乃至邻近省区的开放与发展产生巨大的拉动作用。

（二）历史优势

西藏与南亚等国家地区贸易历史悠久，有独特的历史优势，这一优势势必会在新时期对我国面向南亚开放的重要通道建设起到积极推动作用。

1. 历史上的对外贸易

西藏拥有历史上中国西南边疆地区对外交往的重要通道，"茶马古道""唐蕃古道"都是当时中国联通东南亚、南亚的和平商路。近代以来，西藏边疆更成为中国与东南亚、南亚联系的重要地带。抗日战争时期，西藏等西南边疆地区成为大后方的组成部分，大量的战略物资从印度、缅甸经（空中航线）西南边疆地区源源不断地运往内地。中国通过"茶马古道""吐蕃丝绸之路""唐蕃古道"这些面向南亚的道路，与南亚以及西亚进行了大量的贸易活动。

早在公元7世纪吐蕃政权时期，西藏就"同南方门地、印度进行大米、糜子等粮果贸易；同西方波斯、尼泊尔、拉达克开展吐蕃织氆氇不可或缺的颜料草、紫梗贸易，即以胭脂红等为主的各种染料物品"①，当时西藏输出的主要商品有盐、马匹、麝香等。吐蕃政权还设有"商官"，专门管理贸易。此后，西藏的对外贸易不断发展。

公元 17 世纪初，西藏的对外贸易进一步活跃。阿里地区开始用硼砂、湖盐、羊毛等产品同邻国交换布匹、干果等物品，一些主要山口通道也逐渐形成了较为固定的交易点。日喀则地区的聂拉木和吉隆就在这时逐渐成为西藏通往尼泊尔的重要通道，并在这两处形成了中尼边境地带的重要商品交易集散地。西藏的许多土特产和商品通过这些交易点输入南亚国家。当时的著名交易点（后来成为传统边贸市场）有甲岗、普兰、吉隆、聂拉木、定结、错那、帕里等。那时西藏向外提供的商品主要有硼砂、羊毛、湖盐、牲畜等，用以换回粮食、铁器及布匹等。

在公元 18 世纪中叶前，西藏对外贸易的主要对象是印度，主要贸易形式是通过互派商队将交换的物资运至相对稳定的地点进行交易，解决了双方部分人民的生产和生活需要。

公元 19 世纪，英帝国主义入侵西藏，迫使清政府签订了不平等的《拉萨条约》等，强迫中国开放西藏的亚东、江孜、噶大克等地为通商口岸。

据英国官方不完全统计，公元 1894—1895 年，经亚东商路的中国西藏与印度的贸易额约 115 万卢比，占当年中国西藏与印度贸易总额的 54.6% 左右；公元 1899—1900 年，中国西藏与印度贸易额为 221 万卢比，占当年中国西藏与印度贸易总额的 76.2%。② 同期，俄国也通过厄鲁特蒙古商人把商品输入西藏，换走香料和宝石。

公元 20 世纪初，英印政府对西藏的经济入侵不断加深，通过建立不平等的贸易关系，向西藏倾销大量商品，从中获取利益。据相关资料介绍，公元 1904—1911 年的 8 年中，除 1907 年为西藏贸易顺差外，其余 7 年均为英印顺差。

2. 和平解放后的对外贸易

西藏和平解放后，国家先后在该区域设立多个口岸，开展对外贸易。

---

① 恰白·次旦平措、诺章·吴坚、平措次仁：《西藏通史——松石宝串》，陈庆英、格桑益西、何宗英、许德存译，西藏古籍出版社 1996 年版，第 100～101 页。

② 参见陈继东《西藏开拓南亚市场及其特殊性研究》，巴蜀书社 2003 年版。

其中与尼泊尔的贸易往来最为频繁。

党的十一届三中全会以后，执行改革开放的方针，中央先后为西藏制定了一系列特殊政策和灵活措施，为西藏对外开放奠定了政策基础。经过10多年的改革开放，西藏对外贸易迅速增长，出口创汇能力显著增强。1980—1993年，进出口总额由1650万美元增加到10267万美元。

1994年中央召开第三次西藏工作座谈会，提出要积极稳妥地扩大对外开放。加强对外友好往来和经济合作，扩大对外贸易。搞好口岸建设与管理，以樟木、普兰等口岸为窗口，以边境县为开放带，逐步进入邻近国家和地区的市场。

中央第四次西藏工作座谈会指出，要"继续扩大开放，重点是加大对内地的开放力度，活跃和发展边境贸易，努力吸引国内外的资金、技术和人才，以开放促发展。特别要加强和改进管理，提高办事效率和服务水平"。为了贯彻落实中央和自治区党委的建议，适应国家政策调整和市场经济发展要求，西藏对外贸易开始转型，这一转型使西藏对外贸易与全区经济发展的大局紧密地结合起来，增强了对外贸易对经济增长的拉动作用，提高了对外贸易对GDP的贡献率。"十五"时期，西藏全区实现进出口贸易总额8.15亿美元，比"九五"时期增长28.86%。其中，出口总额58059万美元，比"九五"时期增长57.56%；边境贸易进出口总额达到43295万美元，比"九五"时期增长103.29%；边民互市贸易总额达9.35亿元，比"九五"时期增长431.25%。随着市场多元化战略的实施，西藏企业开拓国际市场的力度不断加大，"十五"期间已与世界70多个国家和地区建立了贸易往来关系。"十一五"时期，对外贸易不断扩大，口岸建设和管理水平不断提高，进出口总额累计达到27.3亿美元，自产产品出口达到2亿美元。

3. 历史优势对西藏建设"面向南亚开放的重要通道"的作用

从古代到现代，经过西藏的经贸之路都是中国通往南亚、西亚的开放之路、交流之路、合作之路、发展之路。当前，西藏建设面向南亚开放的重要通道是"新南方丝绸之路"的一部分，它与目前中国起于北方、经西北沿亚欧大陆桥出境的"丝绸之路"形成南北呼应的大格局。作为历史上南方丝绸之路、唐蕃古道、茶马古道段的重要参与者，西藏毗邻"一带一路"倡议带上的新疆、青海、四川、云南等省份，同时又与印度、尼泊尔、缅甸、不丹等国家接壤，是联系内外的重要枢纽，是中国与南亚、东南亚国家交往的重要门户。西藏地处国家西南开放的前沿地带和丝绸之路经济带区域枢纽的位置，建设面向南亚开放的重要通道的政策机遇促使西藏加快与周边国家和地区的交流合作发展，进一步增加与南亚国家接触的机会，让这些国家的百姓更多地了解我们国家，消除偏见和误解，深化互信，打消顾虑，建立友谊，培养"知华派""友华派"，夯实合作基础，调动合作的积极性，创造合作、和平、和谐的域外合作环境，进一步拓展创业创新发展空间，提升西藏知名度和影响力。

（三）贸易口岸优势

经过几十年的发展，西藏已有的边境口岸得到了国家和自治区的高度重视，国家不断加大口岸基础设施的建设力度。与南亚等国家接壤的口岸是建设重要通道的前提，口岸基础设施的不断完善也会对面向南亚开放的重要通道的建设产生重要作用。

1. 西藏主要贸易口岸

（1）拉萨贡嘎航空口岸。该口岸于1993年6月正式开放，1997年新建了拉萨航空口岸联检大楼。1999年9月，正式开通了成都—拉萨—加德满都往返国际航线。2001年7月起，开展了成都—拉萨—香港往返包机业务。借助于该口岸的带动作用，拉萨贡嘎机场正在带动其周边县区的发展，成为包括运输业、物流业在内的"航空港产业园区"。

（2）普兰口岸。该口岸是西藏西北部对外贸易往来的一个主要口岸，具有悠久的对外通商历史，多边贸易互补性较大。1954年正式对外开放，1962年中印边境形势恶化后，对印度的贸易中断，但对尼泊尔的贸易和人员交往未中断。1992年7月，中国的普兰与印度的贡吉相互开放，两国间的边境贸易正式恢复。2002年，国家对普兰口岸联检大楼进行了扩建。由于境外不通公路，时常大雪封山，外国商民一般每年5—9月才能入境交换，属于季节性口岸。

（3）樟木口岸。该口岸位于聂拉木县樟木镇，东、南、西三面与尼泊尔辛杜帕尔乔克、多拉卡两县接壤，对应的尼方口岸为科达里，边境线长约110千米，距日喀则市区478千米，距尼泊尔加德满都市区128千米。该口岸于1966年正式对外开放，1983年被批准为国家一类陆路口岸。目前，口岸交通、能源、通讯、教育、卫生、广播电视等公共设施相对完善，海关、边检、国检、公安、工商、税务等行政职能机构和金融、住宿、餐饮、报关、仓储、运输等经营性服务机构相对健全，是西藏规模最大、发挥效益和作用最好的口岸，也是中尼最主要的通商口岸。2014年樟木口岸货物吞吐量为14.11万吨，进出口总额达20.67亿美元。2015年第一季度，樟木口岸货物吞吐量为2.51万吨，进出口总额3.12亿美元，同比增长9.02%。2015年尼泊尔4·25大地震使樟木口岸暂时处于停业状态，何时恢复至今尚无确切时间表。

（4）吉隆口岸。该口岸位于吉隆县吉隆镇，与尼泊尔拉索瓦、廓尔喀两县接壤，对应的尼方口岸为热索瓦，历史上是通向南亚的重要通道，有商道、官道和战道之称，距日喀则市区560千米，距尼泊尔加德满都市区131千米，与博卡拉、东郎等尼泊尔经济较发达的市县和经济开发区距离不远，交通相对便利。口岸于1961年被批准开放，1978年被批准为国家一类陆路口岸。目前吉隆口岸是西藏边境地带又一个国际性口岸。2014年吉隆口岸贸易总额达到6643.98万元，货运量为570.46吨。2015年第一季度，吉隆口岸货物吞吐量为1475吨，进出口总额为1053.64万美元。

（5）亚东口岸（边贸市场）。该口岸位于亚东县下司玛镇，向南呈楔状伸入印度和不丹之间，与印度锡金邦接壤，距日喀则市区300千米，由乃堆拉山口出境至甘托克48千米，继续南下至印度铁路交通枢纽城市西里古里不足140千米，再从西里古里经铁路南下至印度港口加尔各答约370千米，是中国西部部分省区特别是西藏距离印度洋出海口最近的口岸。亚东口岸曾是西藏最重要的对外通商口岸，边贸最繁荣时期，年经乃堆拉山口进出的货值曾达1.1亿余银元（约合3.3亿元）。1962年10月，因中印边境争端，亚东口岸被迫关闭。2006年7月，根据2003年签署的中印两国《关于扩大边境贸易的谅解备忘录》，关闭40多年的乃堆拉山口正式开通，每年开通7个月（5月1日至11月30日），边境互市贸易开始恢复。2014年，边境互市贸易额实现1.3亿元，同比增长11%。其中，中印乃堆拉边贸通道仁青岗边贸市场实现交易额10025万元，同比增长15.5%。2015年前三季度，亚东乃堆拉边贸通道仁青岗边贸市场进出口总额达6380万元，同比增长91%。

（6）陈塘口岸。该口岸位于定结县陈塘镇，距定结县城150千米，平均海拔2200米，气候温和湿润，多降雨。2012年，中尼两国政府在加德满都签订《中尼边境口岸及其管理制度的协定》，将定结县陈塘口岸作为双边性口岸。陈塘口岸作为日喀则市边境贸易新的陆路口岸增长点，其作用日显突出。由于中尼两国在此口岸没有公路连接，致使尼泊尔与我国的贸易只能依靠人背马驮，影响了双方的贸易水平和规模。

（7）里孜口岸。该口岸位于仲巴县西南部亚热乡，距县城58千米，距边境一线曲旦玛布通道6千米，距尼泊尔洛满塘镇近30千米。亚热乡国土面积1735平方千米，边境线长约47千米，通外山口5个（桑堆拉、曲琼拉、崩崩拉、古日拉、曲庆拉）。东与萨嘎县昌果乡相邻，南与尼泊尔木斯塘洛满塘镇接壤，北靠仲巴县拉让乡。2012年，中尼两国政府在加德满都签订《中尼边境口岸及其管理制度的协定》，将仲巴县里孜口岸作为双边性口岸，2014年，里孜边贸市场边境互市贸易交易总额实现2200多万元。

（8）日屋口岸。该口岸位于定结县日屋镇，与尼泊尔塔普勒琼、桑库瓦沙巴两县接壤，距定结县城7.6千米，距日喀则市区310千米，距陈塘镇75千米。1972年被批准为国家二类陆路口岸，1986年被批准正式开放。由于中尼两国在此口岸没有公路连接，贸易只能依靠人背马驮，实际上只有边民互市贸易。2014年边民互市交易额为2920万元，同比增长16.8%。

2. 贸易口岸对西藏建设"面向南亚开放的重要通道"的积极作用

从以上口岸建设和区位优势可以看出，西藏对接壤的南亚国家具备明显的优势。西藏具有众多国家级口岸，而且每年贸易额不断增加，自治区关于贯彻落实"一带一路"倡议的实施方案提出"提高对内对外开发开放水平。优化提升进出藏主要通道运输能力和水平，规划建设日喀则至亚东、日喀则至吉隆（樟木）口岸等铁路，重点建设吉隆口岸，科学恢复重建樟木口岸，巩固提升拉萨航空口岸，积极恢复亚东口岸，加快发展普兰、日屋、陈塘、里孜口岸，建设吉隆边境经济合作区，把拉萨建设成为我国通往南亚国家的区域枢纽，把日喀则建设成为面向南亚开放重要通道的物流中心"。口岸建设将迎来新一轮发展黄金期，更为我国面向南亚开放的重要通道建设提供了载体平台。

近年来，自治区、各有关地市对口岸发展高度重视，在政策和业务上做出重要指导，提出建设性的意见和建议，为口岸发展提供决定性的政策依据。口岸工作人员能够克服恶劣环境、自然灾害与其他种种困难，长期坚守口岸开展工作，确保了边民出入境人员、车辆、货物放行安全，维护了口岸边境国家安全和人民生命财产安全，为口岸经贸发展提供了人文关怀。加大口岸开放宣传力度，加快口岸建设步伐，区内外有意愿参与边贸的商户不断增加；与此同时，我方边民商户积极响应政府的号召，自发组织成立了边贸商会，发挥民间沟通作用和带头作用，克服交通不便、山高路远、天气变化无常等困难，始终积极参与，锲而不舍。这为吸引更多的区内外边民商户参与到互市贸易中来起到带动作用，同时也为繁荣边贸起到决定性的作用。随着国家和自治区对口岸建设的投入不断加大，基础设施逐步完善，边境贸易不断增长，区内外投资者络绎不绝，为我国面向南亚开放的重要通道建设提供了内在性发展动力。

（四）政策优势

政策优势始终是西藏经济社会长足发展的关键因素之一。建设我国面向南亚开放的重要通道，从中央到自治区都提供了大量的优惠政策，借助政策优势，也为西藏建设我国面向南亚开放的重要通道提供了基本保障。

1. 政策优势

党的十八届三中全会对全面深化改革做出系统部署，强调构建开放型经济新体制，提出加快沿边开放步伐，允许沿边重点口岸、边境城市、经济合作区在人员往来、加工物流、旅游等方面实行特殊方式和政策；建立开发性金融机构，加快同周边国家和区域基础设施的互联互通建设，推进丝绸之路经济带、海上丝绸之路建设，形成全方位开放新格局。这为西藏实施全方位对外开放、打造我国面向南亚开放的重要通道指明了发展方向，提供了根本遵循，带来了重大机遇。

在国家层面，一是制定并发布了《推动共建丝绸之路经济带和21世纪海上丝绸之路的愿景与行动》，圈定涵盖西藏在内、重点涉及的18个省（市、区），明确指出要推进西藏与尼泊尔等国家边境贸易和旅游文化合作。二是出台了《沿边地区开发开放规划（2014—2020年）》，构建了沿边地区开发开放"三圈三带"空间布局，这是"一带一路"倡议的具体化。作为西南国际经济合作圈——环喜马拉雅经济合作带的重要组成部分，西藏是古丝绸之路通向南亚的桥头堡。三是印发了《全国流通节点城市布局规划（2015—2020年）》，西藏首府拉萨和第二大城市日喀则分别被列为国家级和区域级流通节点城市，在国家层面进一步勾勒出西藏面向南亚开放的具体城市支撑。四是制定了《中共中央国务院关于构建开放型经济新体制的若干意见》，对统筹开放型经济顶层设计、加快构建开放型经济新体制做出了全面部署，强调形成全方位开放新格局、稳步发展跨境经济合作区、加快形成面向南亚的国际大通道，提出继续实施西部大开发、东北振兴、中部崛起、东部率先的区域发展总体战略，重点实施"一带一路"倡议、京津冀协同发展战略和长江经济带战略，推动东西双向开放，促进基础设施互联互通，扩大沿边开发开放，形成全方位开放新格局。五是召开了中央第六次西藏工作座谈会，专题研究推进西藏经济社会发展和长治久安，从国家战略高度提出西藏是我国面向南亚开放的重要通道。以上这些规划和政策设计都为西藏融入"一带一路"，扩大对外开放，参与孟中印缅经济走廊建设，推动中尼跨境经济合作区建设，加快环喜马拉雅经济合作带建设提供了重大机遇，必将进一步深化西藏与祖国内地和南亚各国的交往交流，必将在新的历史起点上进一步推进西藏经济社会发展。这就需要在主动适应经济发展新常态的大背景下，在守望相助中寻求合作，在互利共赢中实现繁荣，在交流互鉴中弘扬文化，在同舟共济中开创明天，让这条绵延两千年、横跨亚欧的"一带一路"成为西藏人民与全国各族人民团结交流的纽带、共同发展的道路，成为西藏在伟大祖国的怀抱中与全世界和平友好交往的纽带、合作共赢的道路。

2. 优惠政策对西藏建设"面向南亚开放的重要通道"的促进作用

中央对西藏的优惠政策为对接丝绸之路经济带和孟中印缅经济走廊建设提供了强大动力，必将促进中国通过西藏实现与南亚国家经济要素有序流动、资源高效配置和市场深度融合，推动南亚各国实现经济政策协调，开展更大范围、更高水平、更深层次的区域合作，共同打造开放、包容、均衡、普惠的区域经济合作架构。

（五）西藏社会稳定优势

西藏社会稳定与否，是建设南亚重要通道成功与否的根本因素，只有西藏稳定，才能促进重要通道的建设。当前，西藏社会总体稳定，对我国面向南亚开放的重要通道的建设极具意义。

1. 当前的西藏社会局势稳定的优势

近年来，西藏坚持依法治区，完善立体化社会治安防控体系，提升情报信息搜集、分析、研判能力，强化维稳协调联动机制，严密防范和依法打击十四世达赖集团的各种渗透、干扰、破坏活动，圆满完成重要时段、敏感节点和重点部位维稳防控安保任务；巩固深化"1+5+X"网格化管理模式和"双联户"运行模式，在网格化的基础上，延伸了联户单位，充分整合联户代表、驻村工作队、下沉干部等力量,确保了基层和谐稳定。积极开展"六建""六个一"法制宣传主题教育、和谐模范寺庙暨爱国守法先进僧尼创建评选、"9+5"建设、"两险一保"覆盖等各项工作,不断深化"教育、服务、管理"3项职能,确保了全区宗教领域的持续和谐稳定。全面贯彻落实民族政策,大力开展民族团结进步模范创建活动,引导全区各族各界积极投身民族团结进步事业,促进各民族手足相亲、守望相助。西藏自治区着力解决西藏面临的主要矛盾和特殊矛盾,抓牢发展、稳定两件大事,统筹发展、稳定各项工作,形成了治边稳藏的长效机制,开创了科学发展、和谐稳定、民生改善、民族团结、宗教和睦、生态良好、边疆巩固的新局面,对西藏建设我国面向南亚开放的重要通道产生了巨大的促进作用。

2. 西藏稳定对建设"面向南亚开放的重要通道"的积极影响

建设"面向南亚开放的重要通道",势必需要南亚各国稳定的社会环境,稳定的地缘政治环境是建设"面向南亚开放的重要通道"的前提和保障。从政治上看,西藏作为我国西部的重要边疆省区,西藏稳定对周边国家稳定具有平衡作用,维持西藏和谐稳定的局面是保持南亚国家格局大体平衡的重要保证,也能够对"丝绸之路经济带"建设产生积极影响。

"西藏自古以来就与相邻南亚、东南亚诸国的联系紧密,交往频繁。事实上,在公元19世纪英国殖民势力入侵南亚、东南亚前,尼泊尔、不丹、锡金(古代称哲孟雄,公元1890年沦为英国的'保护国',现已完全被印度吞并)、缅甸以及克什米尔地区都是旧西藏和清朝中央政府的藩属,始终与西藏地方和中央政府'互通有无',有着广泛的政治、经济、文化、宗教上的联系,后虽因英国的入侵导致政治格局发生巨变。"

进入21世纪以来,美国到处推行霸权主义,中国西藏的周边国家呈现出一种极其错综复杂的局面,而美国所推行的霸权主义不符合中国西藏的周边国家的利益,这些国家不希望原来的平衡状态因美国的介入而被打破,那么这种局面中能成为主要制衡因素的就是中国,而这些国家与中国的西南边疆地带相邻,毫无疑问,西藏又是制衡因素中最重要的一个砝码。因此,"西藏社会的稳定即使从亚洲国家战略制衡的意义上来说,其特殊的战略地位也包含着亚洲大陆板块腹心地带的平衡价值"[①]。因此,

---

① 孙勇等:《维护西藏地区社会稳定对策研究》,西藏人民出版社2015年版。

"一带一路"倡议提出来以后,孟加拉国、尼泊尔、巴基斯坦等国都积极响应,我们认为除了"一带一路"所带来的经济利益以外,平衡南亚各国之间的关系、消除美国的消极影响也是题中之意。一旦中国夯实在西南边疆特别是西藏的基础,对这些国家的战略来说是一个鼓舞,这些国家可以成为中国事实上的朋友、盟友,对建设我国"面向南亚开放的重要通道"具有重要战略影响。

三、西藏建设"面向南亚开放的重要通道"的路径与载体

积极承担国家在新的历史时期所赋予的战略重任,是西藏各级党政机关的重要工作目标,也是西藏各族人民的神圣使命。为了将这个重要任务完成好,就必须要有相应的工作抓手。经过论证,我们认为,西藏建设"面向南亚开放的重要通道"的具体思路由以下几个方面构成。

(一)路径与载体设想

1. 构建"中尼印不经济走廊"的背景

如前所述,南亚地区是与中国相邻的一个重要区域,是连接和沟通"丝绸之路经济带"和"21世纪海上丝绸之路"的枢纽和桥梁,是中国政府"一带一路"倡议的有机组成部分;西藏是"一带一路"倡议规划国内18个省区市中承担重要任务的自治区,肩负着北接"丝绸之路经济带"、南联"21世纪海上丝绸之路"的重要任务,是中共中央在2015年8月下旬召开的第六次西藏工作座谈会上确定的"我国面向南亚开放的重要通道"。结合国家领导人在2015年尼泊尔4·25大地震后,中国领导人于同年五六月份分别向印度、尼泊尔国家领导人提出共同建设"中尼印经济走廊"倡议并得到积极回应的情况,我们根据西藏的具体情况,提出由中国、尼泊尔、印度、不丹4国共同建设"中尼印不经济走廊",西藏是这个经济走廊的必经之地和纽带。

我们认为中央已经构建了这个经济走廊的基本轮廓,向外界释放将倾力打造这个经济走廊的重要信息,随后必然会全力支持西藏精心打造这个经济走廊,努力使其成为我国走向南亚的又一个重要通道和新时期振兴西藏的重要抓手。我们在此提出并论证构建"中尼印不经济走廊"的必要

性和具体思路。

2. 构建"中尼印不经济走廊"的具体思路

从一般意义上来说，跨越国境的经济走廊应该是指连接两个或两个以上国家的狭长地带，是指相关国家在其相连或相近区域进行的一种次区域经济合作形式。前面曾经提到的现有的6个经济走廊就是这样设计的，这6个经济走廊的具体运作方式，我们认为构建"中尼印不经济走廊"也必须有具体的路线图和物质载体。国家在"一带一路"建设规划提出来的"政策沟通、设施连通、贸易畅通、资金融通、民心相通"就是要求应当有具体的措施来扎实推进"一带一路"建设规划的实施。作为经济走廊，必须要有关于"路"的因素和相应的交通与运输等方面的连接方式。根据国家"一带一路"建设规划的要求和已经确定的其他6个经济走廊的相关做法，我们初步设计了"中尼印不经济走廊"的连接方式和交通运输方式。

我们认为该经济走廊所经过的地区和路径应当由两个通道构成（这个设想是借鉴了"中蒙俄经济走廊"的模式）。

第一条通道（西线）的具体的路径是青海格尔木（以藏青工业园为理论起点）—拉萨—日喀则—吉隆—加德满都（尼泊尔首都）—巴特那（印度的宗教圣地，位于比哈尔邦东部、恒河南岸），在此与印度的铁路和公路等交通设施连通。从目前国内外的实际情况分析，我们也可以将这条线路确定为"中尼印不经济走廊"的主要线路或主干线路。这条线路之所以要以位于青海省格尔木市的"藏青工业园"为起点，是因为便于将承担"中尼印不经济走廊"重任的西藏与青海省、构成"丝绸之路经济带"重要内容的"新亚欧大陆桥经济走廊"和"中国—中亚—西亚经济走廊"进行对接，使西藏处于国家"面向南亚开放的重要通道"上无法取代的战略地位。

第二条通道（东线）的具体的路径是青海格尔木（以藏青工业园为理论起点）—拉萨—日喀则—亚东—廷布（不丹首都）和印度锡金邦（或印度东北地区的其他地方）。从近期来看，该条通道的实际作用稍逊于第一条通道，但是，从长远战略意义上看，该通道的地位与作用不容忽视。该通道首先能够使不丹五国和印度东北部较为落后的地区迎来经济社会发展的历史性机遇。

(二) 交通运输与其他连接方式

在这里,我们将首先阐述"中尼印不经济走廊"的铁路、公路、航空和管道这 4 种连接方式与载体的情况。

1. 铁路

根据各种运输方式的修建成本和运输效益,在地质条件和环境条件许可的情况下,修建铁路和而后的铁路运输是目前所有经济走廊建设过程中不可或缺的重要内容。所以,该经济走廊将铁路的修建作为重要运输载体,既有较为良好的客观环境,也有历史渊源和现实的迫切需要。

中国驻尼泊尔前大使曾序勇曾以亲历者身份撰文回忆:1973 年,毛泽东在北京会见时任尼泊尔国王比兰德拉时,比兰德拉表示希望进一步加强同中国的关系,毛泽东回应说,中国将修建通往拉萨的青藏铁路,最终会通到加德满都。2015 年 4 月上旬,尼泊尔外交部发布公告称,时任中国西藏自治区政府主席洛桑江村 2015 年 4 月 1 日对到访的尼泊尔总统拉姆·巴兰·亚达夫表示,青藏铁路将从日喀则延伸 540 千米,在 2020 年延伸至两国边境的吉隆。2014 年年底,中国外交部部长王毅出访尼泊尔期间就青藏铁路由日喀则延伸至尼泊尔边境达成协议。2015 年 4 月初,尼泊尔总统亚达夫在访问中国西藏自治区时讲到,西藏自治区是尼中交往的重要通道,加强双方航空、口岸、道路特别是铁路方面的互联互通,对共享机遇、共创繁荣的作用巨大。对此,尼方对尼藏贸易合作的巨大潜力和美好前景充满信心,尼方坚定支持并愿意参与"一带一路"建设,并表达了希望尽快建成中尼铁路的愿望。① 时任尼泊尔驻华大使马赫什·库马尔·马斯基也在出席中国的有关论坛时表达了尼方的这一诉求。从以上情况可以看出尼泊尔政府及高层对中尼铁路建设的迫切期待,也在很大程度上反映了其之所以支持"中尼印不经济走廊"建设的一个很重要的原因,即尼泊尔希望融入地区互联互通的进程。在 2016 年 3 月中尼两国总理举行会谈时,尼方还请求中方在 2020 年直接从西藏日喀则将铁路延伸至两国边境城市吉隆,然后将尼泊尔的三大城市衔接起来。又据尼泊尔铁路局局长阿查亚介绍,2016 年 8 月,已有 7 家中国公司向尼泊尔铁路局

---

① 参见赵书彬、玉珍《尼泊尔总统亚达夫一行在藏参观访问》,载《西藏日报》2015 年 4 月 7 日。

提交了申请，要求获得对加德满都—吉隆铁路进行可行性研究的资格。承建博克拉国际机场的中国国际工程股份有限公司已经利用过去几年时间完成了对加德满都—博克拉电气化铁路和加德满都—吉隆铁路等项目的初步可行性研究。① 经过中尼两国的协商，2017年11月6日，由中国国家铁路局组织的23人代表团抵达尼泊尔，开始对该国建设铁路网进行基础性研究。代表团成员包括中国的铁路局、财政部、交通部、外交部的官员以及相关专家、咨询人士和承包商。由此可以看出，中尼之间的铁路联通问题已经进入实质性的前期工作阶段。正是基于以上的研究，我们认为经西藏通往南亚的铁路线路应由以下两条构成：

第一条线路（西线）的具体路径是格尔木—拉萨—日喀则—吉隆—加德满都—巴特那，我们初步估算这条铁路线总长度2100～2200千米（其中格尔木至日喀则1300多千米的铁路已经通车运营）。当我国"一带一路"倡议向国际社会发出后，该条铁路发挥了连接南亚、通向南亚的作用。2016年5月11日，甘肃省开通"兰州号"（兰州—日喀则—加德满都）南亚公铁联运国际货运列车。"兰州号"南亚国际列车采用公铁联运方式，分3段运输，从兰州到日喀则约2431千米，为铁路运输；从日喀则到出境尼泊尔的吉隆口岸约564千米，为公路运输；从吉隆口岸到尼泊尔加德满都约160千米，为公路运输，走完全程耗时约10天。这趟列车全列采用铁路集装箱，共计43车86个标准箱，货物品类包括日用百货等多个品类。②

据《南方日报》讯，2016年11月30日上午，我国继成功试运了从兰州出发到尼泊尔的国际联运货运班列"兰州号"后，又成功地开通从广州发往尼泊尔的一趟货运班列。在广东省、西藏自治区和广州市政府及相关部门领导的见证下，国内首列"广州—南亚"公铁联运国际货运班列开通暨中尼产业合作物流园合作意向签约仪式、广东广物国际铁路经济产业园运营有限公司揭牌仪式在广州白云区大朗隆重举行。尼泊尔商会代表和广铁集团、中铁集装箱集团等合作企业代表参加仪式。南亚班列的开通是

---

① 参见周盛平《"一带一路"点燃尼泊尔人的铁路梦》，中国网，2016年8月28日，http://finance.china.com.cn/roll/20160828/3880348.shtml。

② 参见《甘肃省首发"兰州号"南亚国际货运班列》，中华人民共和国商务部网站，2016年5月13日，http://www.mofcom.gov.cn/article/difang/201605/20160501317556.shtml。

继中欧班列开通并常态化后在国际班列方面的又一突破，打通了广东—西藏—尼泊尔公铁联运通道，填补了广州—南亚国际货运班列的空白。

通过公铁班列混合编组，实现国内贸易与国际物流无缝对接，打通广州与西藏的内陆通道的同时，使该货运班列成为广东首条贯穿沿海内陆直达尼泊尔、印度等国家的面向南亚开放的重要通道。这两列货运班列在西藏和内地之间搭建了一条便捷、高效的贸易通道，也为与尼泊尔等南亚、中亚甚至是欧洲国家的外贸合作提供了物流新通道。由此可以看出，西藏将会成为我国面向南亚开放的一条重要通道。

第二条线路（东线）的具体路径是格尔木—拉萨—日喀则—亚东—廷布和印度锡金邦，初步估算这条铁路线总长度 1700 多千米（其中格尔木至日喀则 1300 多千米的铁路已经通车运营）。如前所述，不排除由该条线路直接通到印度锡金邦后，再向印度东北部的铁路网延伸的可能。印度东北部是印度相对贫困的地区，也是印度在军事上对华比较敏感的地区，由此推断，印度对我们的这个规划设想会保持戒心或抵触情绪。因为从较长的历史来看，对于印度这样的国家，一旦经济社会发展计划与其军事安全考虑相矛盾，它总会基于安全第一、军事至上的原则做出选择。

2. 公路

公路运输对地形状况的要求相对较低，修建的成本也比铁路要低，由此决定了它是经济走廊中最为普通也最为重要的一种连接方式和运输方式。我们设计的该经济走廊中的公路交通运输应当与该走廊中的铁路线路为同一方向而并行，二者之间的功能与作用是互为补充的。具体来讲，有以下两条通道。

第一条线路（西线）的具体路径是格尔木—拉萨—日喀则—吉隆—加德满都—巴特那，然后与印度的公路交通网络相连。目前，这条公路中的中方一侧的公路设施情况较好，尼泊尔一侧约二三十千米的公路设施情况较差。据我们于 2016 年至 2018 年连续三年调研了解到的情况，尼方一侧的公路改造已经由我国通过援助的方式开展并由我国具体修建，预计在 2019 年中期就会得到解决。即使是在目前的情况下，该条公路的畅通性也是比较好的，充分发挥了经济走廊的连接作用。

第二条线路（东线）的具体路径是格尔木—拉萨—日喀则—亚东—廷布和印度锡金邦甘托克。若由拉萨经浪卡子到江孜再到亚东，则可以缩短 100 千米左右。目前，这条通往印度锡金邦的路段的公路畅通性比较好，已经发挥着经济走廊的功能和作用。至于什么时间能够将这条公路修建到不丹的首都廷布，这要等到两国建交后、或者说两个国家通过一个特别的方式在建交之前让经济贸易在民间组织的协调之下先进行。这种方式也不是不可以的。

3. 航空

在当前的社会历史背景下，航空运输是最为快捷的运输方式，可想而知，在不远的将来，这种运输方式一定会成为人们出行和货运的重要选择。在本课题所涉及的这个经济走廊中，对航空线路是这样进行设计的。基于西藏的地理条件和南亚相关国家的可能性需要，我们认为，通往南亚的空中通道可以有3条。第一条线路为北线，具体路线为拉萨国际航空港—阿里昆莎机场—新德里机场；也可以是拉萨国际航空港—阿里昆莎机场—加德满都国际机场。第二条线路为中线，具体路线为拉萨国际航空港—加德满都国际机场，该航线已经运行多年，实际上已经发挥着空中走廊的作用。第三条线路为东线，具体路线为拉萨国际航空港—亚东机场—不丹帕罗机场。

2014年8月19日，中国西藏航空公司在加德满都与尼方合作伙伴签署协议，联合成立喜马拉雅航空公司。2015年3月10日，喜马拉雅航空公司获得尼泊尔民航局AOC（运行合格审定证书），原计划航线为由加德满都至拉萨、成都等。喜马拉雅航空公司由西藏航空公司、尼泊尔喜马拉雅航空投资公司和尼泊尔雪人航空公司3家共同投资建设，其中西藏航空公司占49%的股份，尼泊尔两家合作方共占51%的股份。该公司于2016年4月3日获得A320飞机运行许可，于4月12日自尼泊尔首都加德满都至科伦坡首航成功。自此，喜马拉雅航空公司正式投入运营。从以上情况来看，该走廊的空中联系是贯通的，其作用正在日益彰显。[①] 据中新网拉萨2017年8月26日电（孙翔），西藏航空正式开通由西安至尼泊尔首都加德满都的直飞航线，旅客仅需约4个小时就可以从西安直达加德满都。西藏航空营销委相关负责人介绍，该航线采用具有强劲动力和先进导航设备的空客A319飞机执飞，确保整个旅途安全、舒适。这个举措也可以看成西藏积极具体落实中央"一带一路"倡议、用实际行动扎实推进"把

---

① 参见《喜马拉雅航空首航 首开加德满都—科伦坡航线》，民航资源网，2016年4月12日，http://news.carnoc.com/list/341/341997.html。

西藏打造成我国面向南亚开放的重要通道"的举动。

4. 管道

此处所讲的管道设施是指修建一条由中国西藏通往尼泊尔的石油运输管道，属于能源基础设施建设的范畴，这也是"丝绸之路经济带"的重要内容，是经济走廊的重要物质载体之一，应当是该经济走廊中中尼两国之间"设施联通"的应有内容，它与我们后面要讲的"中电尼送"工程一样，应当是双方能源合作的重要方面和战略工程，对尼泊尔将会产生深远影响。所以，我们认为，"中尼印不经济走廊"也同样有必要也有可能铺设格尔木（理论起点）—拉萨—日喀则—吉隆—加德满都输油管道，将中国的石油产品输往尼泊尔，缓解尼泊尔对石油的需求压力，帮助尼泊尔实现能源供应的多途径选择。对于中尼石油管道联通的想法，尼方有迫切的愿望，尤其是在尼泊尔 4·25 大地震后。我们应当顺势而为、借力推动、乘势而上，将这个工程当成我国的战略工程。该输油管线也可以考虑由南疆的某个地点作为中方的输出接口，然后再经西藏普兰至加德满都。以上这些设想还应当进一步测算，比较其经济成本、政治安全成本和社会效益等。在以后也可根据不丹的需求，将中国的石油产品输往该国。

2017 年 12 月 7 日，尼泊尔中部和南部 45 个县举行大选，超过 1223 万选民将选出 256 名省议会代表和 128 名国会议员，2017 年年底，尼泊尔选举委员会已经宣布，尼泊尔共产党（联合马列）和尼泊尔共产党（毛主义中心）结成的左翼联盟在联邦议会赢得超过 3/4 的席位，尼泊尔大会党被击败。但是，尼泊尔未来政局的发展仍需静心观察。左翼联盟政府在 2018 年年初组建，根据该国新宪法规定将执政 5 年。2017 年 12 月 7 日下午，两党在加德满都联合召开记者会。2017 年 12 月 19 日，尼泊尔共产党（联合马列）主席、前总理奥利访问中尼边境吉隆—热索瓦口岸的尼方一侧口岸，宣布将加强两国贸易和交通联系，尼泊尔决定对中尼边境口岸的联通设施进行现代化升级。奥利一行视察了将从中国边境延伸至尼泊尔的道路尼方一侧的情况，并询问了中尼跨境铁路联通项目的可行性。奥利在随后的集市活动上致辞时说，连接中国吉隆口岸的尼泊尔热索瓦口岸将会升级为国际性边境口岸。至此，中尼两国均宣布中尼吉隆—热索瓦口岸为国际性口岸。奥利还宣布，将把拉苏瓦县境内连接热索瓦口岸的 Galchi Trishuli Mailung 公路由双车道拓展成为四车道，以便更好地促进人员和货运的交通往来。该公路由中国公司承建。2016年10月，尼泊尔公路局签发授标函，由中国海外工程有限责任公司尼泊尔分公司参与组成的联营体成功中标该公路建设项目。公路施工地点为尼泊尔拉苏瓦县，全长46千米，由尼泊尔政府出资，工期21个月，施工内容为四车道标准沥青混凝土路面。

（三）输电线路、金融与网络

1. 电网工程

该工程包括由中国与相关国家共同修建电站、电网联通等能源合作的内容，是经济走廊建设的重要内容。因为在"一带一路"沿线的所有相关国家在能源上各有优势，也各有劣势。这种情况为相互之间的优势互补提供了机会。比如，尼泊尔这个位于喜马拉雅山脉南麓的国家从理论上来讲，水电蕴藏量为8300万千瓦，约占世界水电蕴藏量的2.3%，其中2700万千瓦可发展水力发电，这种丰富的水力资源在当今世界上是位居前列。有外媒曾指出，尼泊尔的水电行业一直被印度控制，印度目前直接或间接控制着尼泊尔大约1万兆瓦的水电站项目，但交付期限一拖再拖，对尼泊尔造成了巨大损失。[①] 尼泊尔基础设施落后，能源电力严重短缺。可喜的是最近几年由中国相关企业在尼泊尔建成了几座电站，初步缓解了尼泊尔严重缺电的状态，也积累了一些经验，为后续双方的合作奠定了基础。我们建议今后双方可以进行以下两个方面的合作：

第一，积极实施"中电尼送"计划，即将中国西藏的过剩电能通过电网向尼泊尔输送，以缓解尼泊尔对电能的迫切需要，真真切切帮助尼泊尔发展经济、推动社会进步、提升加工和出口能力。若这个措施能够落实，也将会在一定程度上减轻尼泊尔在能源方面对印度的过度依赖。

第二，由中国帮助或协助尼泊尔修建水力发电站。据路透社报道，尼泊尔投资委员会宣布，中国三峡集团负责承建尼泊尔境内一项总价值达到16亿美元的水电站项目，这也是尼泊尔单笔项目价值最高的海外投资。尼泊尔议会外资审查委员会说，这个在该国西赛提河上的水电站计划一旦完成，便能提供750兆瓦的电力。2012年，尼泊尔议会的一个委员会已

---

① 参见《尼泊尔批准中国三峡集团16亿美元建水电站 该国最大海外投资》，观察者网，2015年4月14日，http://www.guancha.cn/Neighbors/2015_04_14_315804.shtml。

经批准了这一项目。但是由于需要经过投资委员会的审批,加之尼泊尔国内政治势力的拉锯状况,因此又持续了两年多的时间。中国专家在2014年年底完成了技术考察,而中国外交部部长王毅也表示此计划最后必能通过。计划兴建的西赛提水电站项目预定在2021年至2022年之间完成,尼泊尔官方表示,水电站所在地的居民可以免费用电,其余的发电量将输往尼泊尔其他地区。西赛提水电站项目总造价16亿美元,是尼泊尔最大的水电站项目之一,中国企业的进入有望打破印度在尼泊尔水电站领域的垄断。中国并不是尼泊尔唯一求助的对象,2014年10月,尼泊尔与印度签署了关于电力贸易和跨边境输电线路联网建设的协议。除此之外,2014年尼泊尔还同印度签订了两项价值24亿美元的水电工程项目。① 据新华社2017年6月5日报道,中国葛洲坝集团和尼泊尔政府2017年6月4日在尼泊尔总理官邸签署合作备忘录,为双方进一步合作开发、建设装机容量达1200兆瓦的布迪甘达基水电站项目打下了基础。根据尼泊尔能源部公布的备忘录,双方将各派代表组织一个调控委员会,以落实协议的各项细则。根据项目详细报告,工程总耗资将约合24.1亿美元。2017年5月23日,尼泊尔政府召开内阁会议,原则上同意能源部的提议,以工程总承包的方式把这一"国家荣誉工程"交由中国葛洲坝集团开发。该水电站是一座蓄水式电站,主要建筑包括双曲拱坝和水库,距离首都加德满都约80千米。该项目被视为改变尼泊尔电力长期短缺的关键。葛洲坝集团是较早进入尼泊尔开发水电的中国公司之一。该公司已参与的项目包括上崔树里水电站和查莫里亚水电站。但是,在2017年11月14日,尼泊尔副总理卡马尔·塔帕表示,取消与中国葛洲坝集团合作的价值25亿美元的水电站建设项目。尼方称该决定不针对任何机构或个人、不牵涉政治。2017年11月16日,葛洲坝集团收到尼泊尔能源部发来的《尼泊尔能源部与中国葛洲坝集团关于以EPC+F模式开发布迪甘达基1200兆瓦水电站项目MOU的相关事宜的函》,尼泊尔政府决定终止上述合作备忘录。

以上问题说明中国企业响应国家"一带一路"倡议在走出去的过程中必然会遇到一些曲折或挫折,同时,我们也可以看出印度在南亚地区的影响力。

---

① 参见《尼泊尔批准中国三峡集团16亿美元建水电站 该国最大海外投资》,观察者网,2015年4月14日,http://www.guancha.cn/Neighbors/2015_04_14_315804.shtml。

2. 金融

"一带一路"倡议中提出的"资金融通"的应有之义就是让人民币沿着"一带一路"走向沿途各国，实现国际化。2015年11月24日，中国央行发布新闻称，已与尼泊尔央行签订双边结算与合作协议补充协议，中尼人民币结算已从边境贸易扩大到一般贸易，并扩大地域范围。① 这标志着中尼两国在金融合作方面进入实质性阶段，也必将会对南亚其他国家起到积极的示范作用。2016年10月1日，人民币正式加入了国际货币基金组织（IMF）特别提款权（SDR）货币篮子。也就是说，人民币可作为一国的外汇储备，将进一步加快人民币国际化的进程，改变原来人民币国际化主要依靠央行间货币互换的途径，这对构建"中尼印不经济走廊"必将产生积极影响。

中新网拉萨2017年10月18日消息称，当日由中国人民银行拉萨中心支行与尼泊尔驻拉萨领事馆就共同推进双边金融合作与发展进行座谈。中国人民银行拉萨中心支行副行长表示将积极推进西藏自治区商业银行在尼泊尔设立分支机构，并在中尼之间扩大双边本币结算、强化双边反洗钱部门间合作、加强双边金融基础设施建设等，以促进双边经贸、文化合作与发展。尼泊尔驻拉萨领事馆总领事介绍，目前，中国是尼泊尔第二大投资国，2016年尼泊尔从中国进口的货物量约值13亿美元。针对在尼泊尔设立商业银行分支机构，卡尔基建议邀请尼泊尔国家银行和有关商业银行赴华调研考察，还建议由双边使馆或有关政府部门详细沟通建立分支机构的程序。由此可以看出，西藏自治区商业银行将会沿着"一带一路"的线路向南、跨国发展，将首家海外业务机构设在尼泊尔。

3. 网络与信息

在通讯基础设施建设方面，"中尼印不经济走廊"也应当包含这方面的内容。很难想象在经济走廊的建设中没有通讯与网络联通的内容，因为通讯与网络是联系物质运输和人员往来的神经系统，假若缺此内容，其他联系与沟通将会无从谈起。比如，"中国—中亚—西亚经济走廊"建设过程中，在通讯基础设施建设方面，相关国家密切合作，成效显著。中国华为公司与哈萨克斯坦电信公司合作建设的覆盖哈萨克斯坦全境的4G通信

---

① 参见李婧暄《中国央行和尼泊尔央行签双边结算协议》，载《广州日报》2014年12月24日。

网络项目①，中哈俄、中吉、中塔跨境光缆项目等基本完成，联通中国、中亚、西亚的"信息丝绸之路"基本形成。这对我们积极建议实施的"中尼印不经济走廊"具有借鉴意义。用网络的方式将中国与尼泊尔、印度等南亚国家联通，并且由中国提供通讯设备与技术等，实现在通信与网络等方面的相互连通、信息共享，这对中国与相关国家深化合作都具有重要意义。据2017年8月13日《印度快报》的消息显示，自2017年8月起，尼泊尔可接入由中国企业提供的互联网服务，此举结束了印度对尼泊尔在该领域的垄断。

（四）口岸设施、物流园区与开放实验区

1. 口岸设施

从以上关于经济走廊的概念中，我们可以解读出国与国之间连接的节点就是各自的口岸。有口岸，就必然会有相应的设施。西藏与南亚各国之间是通过陆地相连的，其口岸性质多为陆路口岸。

中华人民共和国成立后，特别是在改革开放后，根据历史传统、边民的生产与生活需要及中国与邻国外交关系等情况，我国先后在西藏边境地区约4000千米的地带开设了5个国家口岸：樟木口岸、普兰口岸、吉隆口岸、日屋—陈塘口岸、里孜口岸。其中吉隆口岸、樟木口岸、普兰口岸为国家一类陆路通商口岸或国际口岸；亚东口岸目前处于待恢复开放阶段；樟木、吉隆、日屋—陈塘、里孜等口岸面向尼泊尔开放；普兰口岸兼容中印、中尼边境贸易；亚东口岸在历史上兼顾中印、中不边境贸易，也曾经是国际性的口岸。

从目前各个口岸的地位与建设水平来看，吉隆口岸因地理位置、自然环境状况等有利因素，将会成为西藏走向南亚的重要通道；普兰口岸也具备了自然条件、人文环境、基础设施等方面的诸多优势，今后一定会有很好的发展前景；日屋—陈塘口岸被西藏自治区基本确定为以旅游为特色的口岸。

2. 物流园区等新型开放经济类型的设计

（1）物流园区。

---

① 参见禹伟良、林雪丹、黄文帝、张光政、程晨《开启中国——中亚合作新窗口》，载《人民日报》2014年9月30日。

根据国内相关省区市在"一带一路"建设过程的做法,特别是沿边有关省区的做法,西藏落实国家提出的"打造我国面向南亚开放的重要通道"和建设"中尼印不经济走廊"的过程中也一定要建设一批与经济走廊相适应的物流园。

根据2015年6月1日商务部等10部门联合印发的《全国流通节点城市布局规划(2015—2020年)》,拉萨市被列为37个国家级流通节点城市之一,日喀则被列为全国66个区域级流通节点城市之一。另外,位于青海格尔木市、西藏那曲的物流园都有一定的规模;日喀则市的仓储物流园经过积极的建设,到2017年年末基本完成基建施工任务。日喀则市的仓储物流园位于日喀则市珠峰开发开放试验区曲布雄乡拉日铁路北侧山体与拉日铁路之间,是一个集仓储、物流等功能为一体的综合性、现代化、智能化的大型园区。项目总投资约15亿元,规划总用地约1265.79亩,总建筑用地面积约24.36万平方米,包括综合服务中心、联运办公场所、仓储库房、冷库、打包车间、电商中心、周转房、酒店等14块不同功能的区域;吉隆口岸二线物流园(达曼村旁)基本建成。当然也不排除在各个口岸的所在地或者附近都会有一些物流园的建设,这是沿着"经济走廊"跨过国门、走向国外的必备条件之一。

(2) 开放试验区。建议国家能够从西藏的实际出发,在吉隆口岸率先尝试类似于广西壮族自治区东兴、云南瑞丽、内蒙古满洲里等重点开发开放试验区的做法,将吉隆口岸重点打造成我国面向南亚的一个重点开发开放试验区。云南瑞丽重点开发开放试验区对西藏具有直接的借鉴意义,建议参照这个开发开放试验区的相关做法,构思西藏吉隆开发开放试验区。

(3) 自由贸易区。国家"十三五"规划在关于强化区域和双边自由贸易体制建设的内容中指出,加快实施自由贸易区战略,逐步构筑高标准自由贸易区网络。积极同"一带一路"沿线国家和地区商建自由贸易区,加快区域全面经济伙伴关系协定、中国—海合会自贸区、中日韩自贸区等谈判,推动与以色列、加拿大、欧亚经济联盟和欧盟等建立自贸关系以及亚太自贸区相关工作。全面落实中韩、中澳等自由贸易协定和中国—东盟自贸区升级议定书。继续推进中美、中欧投资协定谈判。① 根据目前及今

---

① 参见《十三五规划纲要:推进"一带一路"建设 加快实施自贸区战略》,证券时报网,2016年3月17日,http://finance.sina.com.cn/roll/2016-03-17/doc-ifxqnsty4470032.shtml。

后一个时期的具体情况，我们认为西藏的自由贸易区可以首先在吉隆口岸进行试点，待积累到相关经验后再考虑在普兰口岸等地推广。

（4）保税区。根据西藏2017年1月召开的"两会"消息，拉萨综合保税区将于2017年3月开工建设，预计到2020年，进出口商贸额将达到350亿元，建成之后将成为辐射南亚的国际商贸中心，未来或将升级为自由贸易区。"今后的发展不是就西藏讲西藏，而应通过对外贸易来转变旧的思维，创造出新的发展模式，这才是拉萨综合保税区及未来建设自贸区的意义所在。"全国政协委员、西藏自治区政协委员会常委索朗多吉接受中新社记者采访时如是说。索朗多吉指出，无论从国家发展政策还是市场潜力来看，西藏已具备设立综合保税区、进一步加大对外开放的条件。索朗多吉认为，要"进化"思想，需要有综合保税区发展经验的积累，在扩大对外贸易的过程中吸收先进的理念、人才、体制、机制，营造西藏的战略支柱产业，从而"进化"发展模式。

如果以上这些设想能够得到顺利实施，那么，西藏在推进"一带一路"建设过程中的具体内容——建设"中尼印不经济走廊"的实施过程就会有比较丰富的内容。

西藏融入"一带一路"的历史基础与现实任务[①]

牛治富　崔海亮[②]

2013年9月和10月，习近平主席分别提出建设"丝绸之路经济带"和"21世纪海上丝绸之路"的倡议。2015年3月，国家发改委、外交部、商务部联合发布了《推动共建丝绸之路经济带和21世纪海上丝绸之路的愿景与行动》。这一倡议逐渐被周边国家所认可、赞同、响应，现已成为中国近期对外开放的重大举措。2015年8月，中央召开第六次西藏工作座谈会，对西藏在"一带一路"倡议中的任务和功能做了明确的规划和定位，即把西藏打造成为我国面向南亚开放的重要通道。经过实践和讨论，从上到下，对西藏在"一带一路"建设中的功能定位愈来愈清晰，认识越来越统一而深刻，西藏是"一带一路"倡议中基础设施互联互通的重点区域和国家构建全方位开放格局的前沿地带。这是建立在对"一带一路"的历史的全面考查与对西藏周边环境及西藏自身发展实际的深刻认知与把握之上的定位与认识，具有深刻的历史渊源与现实基础，也是西藏的重大任务。

一、内涵与价值："一带一路"倡议的提出及规划

当前，和平与发展的时代主题没有变，世界多极化、经济全球化、文化多样化、社会信息化深入发展。世界经济在深度调整中曲折复苏，世界新一轮科技革命和产业变革蓄势待发，发达国家推进高起点"再工业

[①] 本研究报告系牛治富教授承担的2011西藏文化传承发展协同创新中心（西藏民族大学）2016年自设重大委托课题"西藏在'一带一路'战略格局中的功能定位与任务研究"的阶段性研究成果。

[②] 作者简介：牛治富，男，西藏民族大学南亚研究所所长、教授；崔海亮，男，延安大学马克思主义学院副教授；课题组成员王东红、任莉萍、刘星君分别参与了部分章节的撰写。

化"，发展中国家加速工业化，全球治理体系正在发生深刻变革，发展中国家群体力量继续增强，国际力量对比逐步趋向平衡。以习近平同志为核心的党中央面对国内外新的形势，凭借30多年的发展成就和累积的国家综合实力，积极参与建构国际新秩序，提出了一系列新思路、新战略、新机制，"一带一路"倡议就是其中之一。

2013年9月，中国国家主席习近平在哈萨克斯坦纳扎尔巴耶夫大学演讲时提出共同建设"丝绸之路经济带"。同年10月，习近平主席在出访东南亚国家期间，提出共建"21世纪海上丝绸之路"的重大倡议。两个构想强调相关各国要打造互利共赢的"利益共同体"和共同发展繁荣的"命运共同体"，这契合沿线国家的共同需求，为沿线国家优势互补、开放发展开启了新的机遇之窗，是国际合作的新平台。

2015年3月28日，经国务院授权，国家发改委、外交部、商务部联合发布了《推动共建丝绸之路经济带和21世纪海上丝绸之路的愿景与行动》，目的是让古丝绸之路焕发新的生机活力，以新的形式使亚欧非各国的联系更加紧密，使互利合作迈向新的历史高度。该文件从时代背景、共建原则、框架思路、合作重点、合作机制等方面阐述了"一带一路"的内容，明确了"一带一路"的框架和任务、主张和内涵，提出了共建"一带一路"的方向和思路。该文件指出：中国愿与沿线各国家一道，不断充实完善"一带一路"的合作内容和方式，共同制定时间表、路线图，积极对接沿线国家发展和区域战略的合作规划。

"一带一路"重点圈定了我国18个省（市、自治区），包括新疆、陕西、甘肃、宁夏、青海、内蒙古6西北省区；黑龙江、吉林、辽宁3东北省；广西、云南、西藏3西南省区；上海、福建、广东、浙江、海南5省；内陆地区则圈定了重庆市。该规划明确了各省在"一带一路"中的定位及对外合作的重点方向，其中对西藏的定位是"推进西藏与尼泊尔等国家边境贸易和旅游文化合作"。

在总体布局中，国家共设计了6条经济走廊，包括中蒙俄经济走廊、新亚欧大陆桥经济走廊、中国—中亚—西亚经济走廊、中国—中南半岛经济走廊、中巴经济走廊、孟中印缅经济走廊。六大经济走廊作为"一带一路"的重要支柱、"一带一路"倡议的主要内容和骨架，将沿线60多个国家列为中国对外交往的优先对象，将"一带一路"构想落到了实处。

可见，"一带一路"贯穿了亚欧非大陆，一头是活跃的东亚经济圈，一头是发达的欧洲经济圈，中间的广大腹地是发展中国家经济体，发展潜力巨大。根据"一带一路"路线的走向，陆上依托国际大通道，以沿线中心城市为支撑，以重点经贸产业园区为合作平台，共同打造新亚欧大陆桥、中蒙俄、中国—中亚—西亚、中国—中南半岛等国际经济合作走廊；海上以重点港口为节点，共同建设通畅、安全、高效的运输大通道。中巴、孟中印缅两个经济走廊与推进"一带一路"建设关联紧密，要进一步推动合作，取得更大的进展。

可以看出，"一带一路"将依靠中国与有关国家既有的双边、多边机制，借助既有的行之有效的区域合作共赢的平台，发挥其作用。在我国古代，丝绸之路在世界版图上延伸，承载着沿途各国人民互利互惠的贸易交往和文化交流的心愿。如今，一个新的构想在世界政治经济版图中从容铺展。"共商、共建、共享"、合作共赢、共同发展是"一带一路"倡议的精髓，此中的关键是同沿线各国打造政治互信、经济融合、文化包容的利益共同体、命运共同体和责任共同体，促使沿线各国、各地区投资和贸易的便利化水平进一步提升、高标准的自由贸易区网络基本形成、经济联系更加紧密、政治互信更加深入、人文交流更加广泛、不同文明互鉴互荣、各国人民相知相交，形成全球治理、发展的新模式。

"一带一路"既是对古丝绸之路、各国发展之路复兴计划的传承与超越，也是在经济发展新常态背景下中国发展的现实需要，特别是对中国富裕优质产能的市场扩展、资源获取、战略和国际地位提升①，它对国内全面深化改革，相关省份开放开发，乃至促进中华民族伟大复兴具有重要意义，也是中国发挥大国责任，率领周边及全球经济发展做出的重大贡献。

二、历史基础：西藏是古代中国丝绸之路的重要节点和通道

面向南亚开放的重要通道历史悠久，成就辉煌，作为古丝绸之路的重要节点，西藏被打造成中国面向南亚开放的重要通道，具有充分的历史渊源。这些经西藏而被冠以不同名称的通道在历史中的兴衰，为今天西藏融入"一带一路"提供了借鉴。

---

① 参见王义桅《"一带一路"：机遇与挑战》，人民出版社2015年版。

1. 汉唐时期的高原通道

从汉代开始，逐渐形成的古丝绸之路分为陆上和海上两部分。而在陆上形成了北线、中线与南线等众多分支。实际上，在青藏高原上还存在着与这几条线同样悠久的高原丝绸之路。中国考古学者们对西藏阿里的考古证明，以阿里为中心的青藏高原西部曾被人们认为是人迹罕至的荒蛮之地、化外之域。近年来，考古学家们发现了丝绸、茶叶、黄金面具、金属器、料珠、首饰、各类粮食等大量遗物，证明了这一区域自汉晋时期已经纳入丝绸之路宏大的交通网络，通过新疆塔里木盆地的丝绸之路延伸到这一地区，并且与印度河上游地区和喜马拉雅山南坡地带往来密切、互动频繁，由此带来区域文化的复杂性，并在前吐蕃时期达到较高的繁荣程度，有的西藏史籍把这一时期的对南亚、西亚的贸易文化通道用当时较具代表性的贵重商品——麝香命名，称为"麝香通道"。从整个历史演进来看，该地区通过与周边其他文明接触、商业往来而建立起来的区域文化增强了人类在高海拔地区的生存能力，最大限度地拓展了活动空间，为吐蕃王朝的建立和扩展乃至藏文明的发展和藏族的形成奠定了重要基础。

到了唐代，在青藏高原上形成了一条重要的交通线路，被称为唐蕃古道。唐蕃古道是一条从长安出发，经今青海、西藏，再由吉隆出境，经尼婆罗（今尼泊尔）到印度的交通线。这条线在唐太祖、唐太宗、唐高宗、武则天执政时期十分繁忙，被学者们称为青藏高原上的丝绸之路。唐蕃古道的西藏拉萨经吉隆到印度的这一段在西藏的历史和唐代对外交往的历史上占有重要地位。有的学者称之为唐蕃古道芒域段或蕃尼古道，是我们今天称之为面向南亚开放的重要通道的重要渊源。它的重大作用在于：第一，它是唐代青藏高原上的重要官道，唐朝和吐蕃的官方使者通过唐蕃古道经吉隆出使古印度，其中最著名的有唐贞观二十一年（公元647年）唐朝王玄策出使古印度，在今吉隆留下了著名的遗迹，这就是1990年西藏文管会文物普查队考古发现的摩崖石刻。据学者不完全统计，从公元634—841年的200余年间，唐王朝经吐蕃往返印度大约有591人次，几乎每月一次。第二，唐蕃古道芒域段是唐王朝及吐蕃与古印度、南亚往来的重要的商贸大道。吐蕃的盐、皮毛及唐王朝的丝绸、茶叶经此道大量输入古印度和南亚大陆。第三，唐蕃古道吉隆段是重要的求法之道。印度高僧菩提萨埵、莲花生大师、阿底峡大师都是经过此道来吐蕃传教。一批唐朝的僧人和吐蕃僧人也是经此道前往古印度求法。其中如玄照和尚，当年经此道去印度求法还得到文成公主的资助。第四，唐蕃古道吉隆段是唐代青藏高原上重要的迎亲大道。公元7世纪30年代，尼婆罗尺尊公主从芒域古道于吉隆入境与松赞干布联姻，留下千年佳话。第五，这一高原丝绸之路是军事通道。吐蕃及上面提到的王玄策出使古印度被劫持后逃出，到吐蕃借兵1200人、尼婆罗借兵5000人打败阿罗那顺，也是经过这里。吐蕃历史上对古印度用兵据考证也是从这里出发并返回。从西藏的角度说，丝绸之路及面向南亚开放的重要通道对西藏自身的发展的帮助可能更为显著。这既是西藏对丝绸之路的贡献，也是丝绸之路、面向南亚开放的重要通道对西藏的意义。"大唐天竺使出铭"石刻见图36。

图36 "大唐天竺使出铭"石刻

实际上，在唐代，自吐蕃控制丝绸之路南道和河西陇右干道以来，吐蕃向西北通过丝绸之路南道进入中亚，向西打通与克什米尔的通道，向南打通吉隆通向尼泊尔的通道，向东南打通与云南和四川的通道，向东通过青海、甘肃即唐蕃古道连接丝绸之路的起点西安。至少在公元763年，吐蕃不仅控制并开通了从长安通往中亚的大部分丝绸之路干道，并且在青藏高原开通了连接丝绸之路干道的数条重要支线，开辟了丝绸之路不经新疆而是经印度进入中亚之后连接欧洲的另一条干道。

总体上看,自公元7世纪吐蕃逐步打通丝绸之路的各个支线以来,形成了一张连接东、西、南、北的交通网络,唐代内地先进的科学技术和文化,南亚以印度、尼泊尔为首的佛教文化沿着这些干道、通道进入西藏,从而成就了吐蕃时期及其后的辉煌文明。因此,从汉代开始,丝绸之路面向南亚开放的重要通道不仅是西藏的交通干道,也是西藏政治、经济、文化、技术、宗教等各个领域发展的命脉。可见,面向南亚开放的重要通道历史悠久,成就辉煌。

2. 清代以后西藏面向南亚的通道

唐代以后,特别是1792年与廓尔喀的战争之后,尼泊尔与西藏拉萨之间通过樟木与吉隆的贸易的路线就成为西藏与境外交流的主要通道,拉达克穆斯林也开始从拉萨向加德满都河谷转移,成为拉萨对外贸易的主流。直至近代,又以东南方向连接云南与四川的道路为主干道,通向南亚的众多通道被称为"茶马古道"。这其中包括亚东口岸,经过春丕谷孔道、锡金和不丹进入印度,这条路线的开通也为西藏商人提供了一条方便的路径。1949年前,春丕谷的西藏亚东商务总管邦达仓就是当时的第一富商。另外,从拉萨走山南经过达旺进入印度也是一条重要的路线。还有,从打箭炉经过巴塘、察隅、下察隅日马、瓦弄进入萨地亚是一条西方人和印度、西藏人士100余年多次往返探路走过并留下丰富记载的交通路线,该路线即西藏通往南亚的——今天称为孟中印缅经济走廊的一个通道。总之,从古至今,中国西藏与南亚各国间先后形成的商道、官道、民间大小通道有50多条,可以看出"丝绸之路""唐蕃古道""茶马古道"的重要作用;南亚大通道从古代至今既是西藏的政治、经济发展之道,也是西藏文化、文明民族形成的腾飞之道。

这里还应特别指出的是,西藏通往南亚的古通道中,尤以阿里普兰通往尼泊尔、印度的通道更具文化宗教意义,被称为朝圣之道。这是因为西藏西部阿里的冈仁波齐山和玛旁雍措被南亚的印度教教徒、耆那教教徒认为是世界的中心,是众山之源的神山、众水之母的圣湖,如同藏传佛教教徒对拉萨的尊崇一样,印度教教徒一生以能到此朝圣为最光荣圆满的盛事。因此,从古至今,这条通道被称为朝圣之路。冈仁波齐山与玛旁雍措见图37。

中华人民共和国成立以后,特别是改革开放以来,中国西藏对外开放

图 37　冈仁波齐山与玛旁雍措

形成新的格局，通向南亚的通道不仅有陆上的亚东、樟木、普兰、吉隆、日屋等，而且逐渐形成陆上、空中及公路、铁路的新格局，正呈现加速发展的趋势。

3. 南亚大通道建设是西藏发展的新机遇

机遇作为影响事物发展的机会、契机，具有许多特点，如古人所说的"机不可失，时不再来"强调的就是关节点、全局性。大到国家、民族，小到个人，抓住机遇，才能获得大发展。国家只有走在时代的前面，才能做到国家富强、人民幸福。错失机遇就可能落后，这样的例子举不胜举。西藏及藏民族的发展就是在历史的关节点上抓住了 4 次机遇，才有今天的良好局面。

（1）西藏发展的 4 次机遇。

第一次重大机遇出现在公元 7 世纪，吐蕃地方王朝果断与中原唐王朝和南面的尼婆罗联姻，加快了藏族的形成。众所周知，公元 7 世纪，松赞干布统一青藏高原各部落，迁都拉萨。他审时度势，主动迎娶唐王朝文成公主入藏，同时也迎娶尼婆罗尺尊公主。这一历史联姻事实上把当时世界上先进的文明成果引进吐蕃。文成公主进吐蕃，带来中原先进的科学技术、天文、历算、医学、文献。尼泊尔作为佛祖释迦牟尼的诞生地，具有当时比较高的宗教文化、艺术及建筑水平。这两次联姻使吐蕃迅速由原始部落制联盟向奴隶制过渡。在这个过程中，也使沟通中原与吐蕃、连接古印度天竺的古丝绸之路南路的唐蕃古道和尼婆罗道（蕃尼古道）形成，继而发生了著名的唐代贞观时期大臣王玄策出使天竺及其被劫持，吐蕃出兵相助，打败古印度西拉迪提亚王叛臣提拉布阵提王阿尔裘那（也有说阿罗那顺）的故事，也留下了今天在西藏吉隆的《大唐天竺使出铭》。这是当时的南亚大通道，这一通道始终是联结中原尤其是吐蕃与南亚诸国的经济、文化、贸易纽带。这次机遇的把握对藏族形成、发展具有重大意义，松赞干布成为藏族乃至中华民族发展史上的伟大英雄。尺尊公主像见图 38。

图 38　尺尊公主像

第二次重大机遇出现在公元 10 世纪后，西藏抓住伊斯兰教东侵印度次大陆的机会，大量吸收古印度佛教文明成果和人才，促成西藏藏传佛教后弘期的到来、西藏文明复兴发展的机会。公元 9 世纪，朗达玛灭佛，吐蕃社会上层分裂，奴隶大起义，导致吐蕃王朝灭亡。这次社会大动荡摧毁了原有的政治格局，也一定程度上毁坏了吐蕃的经济、文化。此后，吐蕃社会进入分裂割据时期。政治上，吐蕃奴隶社会灭亡，从此开始缓慢地向封建社会过渡，但文化上还没有一个比较系统的意识形态支撑。恰好当时是公元7世纪在阿拉伯半岛兴起的伊斯兰教兴盛对外扩张的时期。公元10世纪前后，伊斯兰教东进中亚、印度，迫害古印度的印度教和佛教。大批古印度佛教徒四处逃奔，寻找出路，一部分人就到了中国的阿里及前藏。因为唐朝灭亡，中原进入五代十国时期，与吐蕃的联系也有所减弱。然而朗达玛灭佛并没有把佛教从吐蕃大地上根除，事实上也不可能把一个作为重大的意识形态的宗教文化完全消灭。在社会上，留存下来的佛教文化在新的历史条件下重新燃起。吐蕃这时的地方割据势力，如阿里的拉喇嘛益西沃，积极寻找佛教文化，为新兴封建主服务。这样的机缘巧合促使佛教在西藏重新传播，历史上称之为后弘期。

  西藏藏传佛教后弘期分为上路传法和下路传法，根据公认的说法，从公元918年到1247年是后弘期的形成期，是大量翻译古印度佛经的时期，也是藏传佛教各种教派重新组合的重要时期。据恰白·次旦平措在《西藏通史》一书所述，这一时期，受伊斯兰教东侵迫害，从印度、克什米尔、孟加拉国、尼泊尔等地入吐蕃传法的班智达有73名之多，他们入藏后，为发展佛教、丰富藏族文化做出了不可磨灭的贡献。其中的代表人物是贝丹·阿底峡（约1043年到阿里）以及克什米尔的班智达释迦室利（公元1127—1225年）。释迦室利在东印度学佛期间遇到伊斯兰军东侵，公元1204年来到西藏，萨迦班智达向其学法，释迦室利晚年曾经想回家乡克什米尔复兴佛教，走到阿里就病故了。贝丹·阿底峡尊者像见图39。

  古印度的这些班智达入藏后培养了不少藏族翻译人才，他们将古印度的包括大小五明在内的经典翻译过来。其中，如吉觉·达瓦俄色于第一绕迥火兔年（公元1027年）首次翻译《时轮》经，因而创立了畅行西藏的藏历六十年周期计算法，以此火兔年作为藏历绕迥纪年的开始之年。此外，还译有《甘露》《胜乐》等许多教法的经典。其后翻译《时轮》经的还有匝弥·桑吉扎，卓·喜饶扎翻译了《时轮详经》，热巴·曲饶与印度班智达萨满达室利一起翻译《时轮》等。

  恰白·次旦平措曾指出："西藏佛教前、后弘期涌现的译师比较情况：前弘期自吞弥·桑布扎到朗长回期间共涌现58名译师，后弘期从大译师仁钦桑布到党囊·多罗那他以前共有157位译师。从萨迦班智达的时期开始计算，西藏出现了35位译师，也就是说，除了萨迦班智达以后的

图39　贝丹·阿底峡尊者像

35位译师，仅在西藏分裂割据时期涌现的译师就达122位，是前弘期西藏译师数量的两倍。"

应该指出，公元10世纪，从西藏周边的各种地缘政治力量和文化水平的对比中可以看出，印度佛教文化是除中原儒家文化外较为先进的、内容丰富的文化。这种以宗教文化为表征的文化适应了西藏由奴隶制向封建制过渡时期经济社会的意识形态需要，促进了西藏文明的发展。至于西藏佛教文化后来形成政教合一体制，一直延续到1959年，严重阻碍西藏社会的发展进步，那是后来的多种历史因素造成的，并不能否认在后弘期第一阶段佛教文化对西藏社会的促进作用。

西藏历史上的第三次重大机遇出现在公元1247年阔端与萨迦班智达·贡嘎坚赞的凉州会盟，西藏正式成为元朝中央帝国行政管辖的一部分。如上所述，后弘期第一阶段到公元1247年，西藏经济、文化在古印度佛教徒和文化的滋润下有了发展，封建农奴制——豁卡庄园制开始形成，但在政治上，西藏仍然是一盘散沙，各部族互不统辖，这一定程度上阻碍了西藏社会的进一步发展。而这时的世界形势是蒙古族在中国的漠北兴起。蒙古铁骑横扫欧亚大陆的时期也是统一中国的历史时期。蒙古族灭了西夏王国，打到欧洲、中亚、阿拉伯半岛，也征服了印度。蒙古族为了最后消灭南宋王朝，必须先巩固青藏高原，在这样一个大的世界形势下，受阔端的邀请，西藏的萨迦班智达·贡嘎坚赞带着两个侄儿——八思巴和恰那多吉，到凉州会盟，商讨西藏归入元朝的相关事宜，实现西藏地方的统一，最终促进全中国的统一。西藏纳入元帝国，奠定了长远发展的政治基础。这对藏族和中国历史的进一步发展都具有深远意义。元朝的统一不仅使西藏人民免受兵戎之灾，更促进了西藏交通、宗教、文化的发展，从科技上说，内地先进的雕版印刷技术由此传入。这一点可以用马克思评论中国四大发明对人类文明进步的意义来加以说明。马克思说，火药、指南针、印刷术是预告资产阶级社会到来的三大发明。火药把骑士阶层炸得粉碎，指南针打开了世界市场并建立了殖民地，而印刷术则变成新教的工具，总的说来，三大发明变成科学复兴的手段，变成对精神发展创造的最强大的杠杆。明清以后，西藏历史典藏、建筑艺术、医药文明等的大兴盛就是证明。因此，给予这一历史机遇的把握多高的评价也不过分，贡嘎坚赞叔侄也成为藏族历史上的千秋人物。凉州会盟遗址——武威白塔寺见图40。

图40　凉州会盟遗址——武威白塔寺

西藏历史上的第四次重大机遇出现在现代，1951年5月23日，以阿沛·阿旺晋美为代表的进步人士与中央人民政府签订和平解放西藏的《中央人民政府和西藏地方政府关于和平解放西藏办法的协议》。众所周知，从公元1840年以后，中华民族包括西藏各族人民在内遭受西方列强的长期凌辱、侵略，这个事实本质上是中国近代农业文明落伍、封建专制统治腐朽、科学技术落后导致的。在西方从公元17世纪后开启的近代科学文明与农业文明的大博弈中，我们处于下风。西藏更是深陷封建农奴制的泥潭，长期处于停滞倒退的边缘。尤其是受帝国主义、殖民主义者的蛊惑，西藏上层中存在一小撮分裂主义分子，妄图把西藏从中国分裂出去。公元20世纪中叶，在中国共产党的领导下，中华人民共和国各民族人民经过近百年的奋斗，终于迎来了整个国家的新生。1949年中华人民共和国成立，在这样一个历史关头，西藏是遵从历史发展的轨迹，顺应历史发展的潮流，以马列主义社会主义意识形态这个先进的文化为指针，与其他各民族携手并肩前行，还是听从帝国主义分子的煽动，脱离母体，分裂出去？这显然是摆在西藏人民面前的重大历史选择，同时也是重大的历史机遇。这事关西藏民族的长远发展，事关西藏各族人民前途，稍有不慎，后果不堪设想。在这个历史机遇面前，以阿沛·阿旺晋美为代表的有识之士在中国共产党、中央人民政府的领导和帮助下，冲破帝国主义和一小撮分裂主义分子的阻挠，毅然决然走上和平统一的道路。这个机遇的把握开启了西藏的新发展。这从历史发展及其比较中可以看得十分清楚。阿沛·阿旺晋美等人也成为同松赞干布、贡嘎坚赞一样彪炳千秋的藏族英雄。这个历史机遇的把握对西藏人民走向现代化的意义无法估量。

（2）西向南亚开放的重要通道建设机遇的丰富内涵与特点。

与历史上四次大机遇的把握一样，今天，西藏人民又一次站在发展的关节点上，面临着新的机遇。这种机遇既与历史上的机遇有相似之处，又有诸多区别。相似之处是同样的地缘条件、相似的对象——南亚诸国、近似的任务，区别在于有着不同的时代背景、历史任务与特点。

第一，不同的历史背景。前四次机遇的历史背景如上所述，是处在中世纪历史时期，从社会形态说，处于封建甚至奴隶制文明时期，经济、政治、文化、宗教都处于较低水平，各个民族、国家的交往、交流不很充分。西藏正是在这样的时代背景下，艰难起步，获取发展机会、发展空间。当今是经济全球化的时代，人类社会总体上已走出农业文明，经过工业文明，正处于迈向信息文明的时代。按照马克思主义的观点，各民族在这样的时代不可能关起门来搞建设，人类历史已由民族历史走向世界历史。任何民族的真正发展都必须与其他民族相互学习和交流，交往、交融已成为时代的主旋律。从西藏的总体政治、经济环境来看，它是中华人民共和国不可分割的一部分，是统一的中国经济的一部分，而中国已成为世界第二大经济体。中国以超过10万亿美元的经济总量和稳定高速的增长率成为全球经济的重要引擎，正引领着世界经济的发展，这就是"一带一路"倡议提出的大背景，也是建设面向南亚开放的重要通道任务提出的前提。经济全球化的时代背景给了我们一个重要的战略判断，当今世界处在和平与发展的新时期。这与公元9世纪直到公元20世纪上半叶中国所处的那个战火纷飞的各民族不停征战的时代有着巨大区别。

第二，不同的历史基础。西藏在公元20世纪50年代以后与祖国同步，一道迈上社会主义康庄大道。在中国共产党的领导下，西藏实现了四大跨越——政治形态上的跨越，由人治、君主专治、政教合一走向民主法治；社会形态上的跨越，由封建农奴制社会走向社会主义社会；经济形态上的跨越，由落后的自然经济、小农经济走向工业经济、商品经济、市场经济；意识形态上由宗教神学占统治地位走向以人类先进的社会科学理论——马克思主义理论为指导。公元20世纪下半叶，西藏用短短几十年的时间实现跨越上千年的飞速发展，由黑暗走向光明，由落后走向进步，由野蛮走向文明，由专制走向民主，由封闭走向开放。从面向南亚开放的重要通道与唐蕃古道的角度说，其基础有着天壤之别。有人对和平解放尤其是改革开放以来西藏交通能源的变化做了这样的描述：青藏公路使藏族群众大步进入社会主义；格（格尔木）拉（拉萨）输油管道为西藏的发展提供了口粮，经济发展有了保障；兰（兰州）西（西宁）拉（拉萨）光缆为西藏装上了千里眼、顺风耳，使世界屋脊与整个世界连在一起；青藏铁路就像一个助推器，推动西藏在社会主义市场经济的大潮中大步前行，而面向南亚开放的重要通道建设则可能使西藏搭上腾升的飞船，翱翔在无垠的太空，冲出青藏高原，驶向广阔的"深蓝"——印度洋。西藏的对外开放又一次站在一个新的历史起点上。

第三，不同的内容。前4次机遇涉及政治、宗教、文化、经贸、科技等多个方面。虽然以茶马互市为标识、以茶马古道为标志，经济上取得了长足的发展，但更多的是政治、宗教、文化的融合和进步。而这次的面向南亚开放的重要通道建设侧重的是经济发展与人文交流。有人认为，面向南亚开放的重要通道建设机遇从内容上说，包括六大机遇，即中国西藏对南亚的交通发展的机遇、贸易发展的机遇、金融发展的机遇、旅游发展的机遇、能源发展的机遇、物流发展的机遇。国务院副总理张高丽在2015年5月29日于重庆召开的欧亚交通产业对话会上的讲话提到，"一带一路"建设是三位一体——基础设施、制度改革、人员交流，五大联通——政策沟通、设施联通、贸易畅通、资金融通、民心相通的全方位、立体化、网络状大联通。西藏的面向南亚开放的重要通道建设必然以上述内容为坐标，结合西藏和南亚区域各国的实际展开。

第四，不同的主动性。前4次机遇某种意义上说，西藏更多的是单向接收者，无论是宗教、政治、科技文化、医学、工艺，大都是单向接收者。而这一次面向南亚开放的重要通道的机遇则是以中国西藏的面孔，以祖国强大的经济、科技、实力为后盾出现在南亚市场上。中国的开放内涵已变成参与经济全球化和全球治理，提供中国智慧和全球治理理念。西藏面向南亚开放的重要通道建设也缺不了这一点。

第五，不同的目标。这次西藏面向南亚开放的重要通道建设不再是民族的形成、意识形态的指导思想、科技的进步（如天文、医学、工艺）以及国家政治基础的统一问题，而是涉及西藏民族如何在新的全球化历史条件下同全国人民一道实现全面小康，进一步打开对外开放的大门，融入全球化，实现现代化。具体来说，就是使西藏各族人民通过面向南亚开放的重要通道建设更快富裕起来，在"两个一百年"奋斗目标建设中有其独特的支撑。

第六，不同的科技手段。前4次机遇的把握从手段上说无非是中国人的古老发明——纸、火药等，交通工具上无非是牦牛、马匹。今天的面向南亚开放的重要通道建设机遇则是以现代通信设施、"互联网+"及日益强大的工程建设设备为手段，创造更多、更快的硬件通道和软件交流。

综上所述，我们可以清楚地看出，西藏历史与现实中的机遇以内地为主，同时与南亚相关联。第一次为南亚尼婆罗的尺尊公主与松赞干布联姻；第二次以伊斯兰教东侵古印度，大量佛教高僧入西藏，输入南亚产生的佛教文化为主要内容；第三次为1247年的凉州会盟，也有南亚的影子——蒙古军队挡住伊斯兰军入侵吐蕃及中原；第四次机遇以排除殖民主义、帝国主义遗留在部分南亚国家的殖民心态和思维干扰为背景。这一切都成为西藏发展的机遇。在新的历史条件下，如何更好地发挥这些互联相通的条件，将消极的因素变成积极的，将不利的变成有利的，将已有的成果进一步扩大，将未发挥的因素进一步发挥好，将潜在的、稍纵即逝的机遇变成现实的成果，是摆在西藏各族人民面前的一项重大历史课题。抓住这个机遇，提高这种机遇意识，就会使西藏同全国人民一道在"两个一百年"宏伟目标的奋斗中、在现代化的征程上成为一匹奔驰千里的骏马。

三、现实任务：把西藏打造成我国面向南亚开放的重要通道

如上所述，丝绸之路是一个内涵十分丰富、地域相当宽广的概念，面向南亚开放的重要通道也一样，从唐蕃古道、麝香通道到茶马古道，也是涵盖多省区的地域。从目前国家及学界对南亚的界定来看，南亚区域包括印度、尼泊尔、不丹、斯里兰卡、孟加拉国、马尔代夫、巴基斯坦、阿富汗8国，而面向南亚开放的重要通道也至少涉及中巴经济走廊、孟中印缅经济走廊、海上丝绸之路以及中尼印不经济走廊等，显然面向南亚开放的重要通道建设如同南亚国家的界定一样，首先要有一个广义的和狭义的理解和界定。广义的面向南亚开放的重要通道虽然同历史上的丝绸之路一样，是指包括南亚各国，以及巴基斯坦、阿富汗、中国西藏、中国云南等到印度等国的各种通道，而狭义的面向南亚开放的重要通道根据《愿景与行动》及中央第六次西藏工作座谈会的规定和描述，我们认为，我们今天所探讨的面向南亚开放的重要通道建设应主要指西藏自治区直接面对的尼泊尔、不丹、印度等国历史、现实中的口岸、传统贸易通道。西藏面向南亚开放的重要通道建设主要是着力建设西藏向这3个国家的对外开放的通道。

1. 西藏在"三圈三带六廊"格局中的地位和任务

自从2013年9月习近平总书记在哈萨克斯坦首倡振兴古代丝绸之路经济带，以及2013年10月在印度尼西亚提出21世纪海上丝绸之路以来，国内的研究、规划有一个不断深化、具体的过程。

2013年国务院50号文件《关于加快沿边地区开放的若干意见》提出经略周边的原则，2014年国务院24号文件《关于沿边地区开发开放的规划（2014—2020）的通知》提出了"三圈三带"的规划，"三圈三带"

即西北国际经济合作圈、东北国际经济合作圈、西南国际经济合作圈以及中蒙俄经济合作带、鸭绿江中朝经济合作带、环喜马拉雅经济合作带。《愿景与行动》加上这几年各省、市、区相继提出的几个经济走廊规划，目前主要形成的是：中国中南半岛经济走廊、中国—中亚—西亚经济走廊、中蒙俄经济走廊、孟中印缅经济走廊、中巴经济走廊、新欧亚大陆桥（新铁路），等等，实际上形成了圈—带—廊、"三圈三带六廊"的规划格局。

西藏在这个大规划格局中属西南国际经济合作圈、环喜马拉雅经济合作带的范围。在这个区域中就包含有孟中印缅经济合作走廊。这是由西藏的区位环境决定的，也是我们今天讨论的出发点和必须明确的认知。

关于西藏在"一带一路"倡议中的地位与任务，事实上也有一个认识和发展的进程。《愿景与行动》中对西藏的定位是"推进西藏与尼泊尔等国家边境贸易和旅游文化合作"。2015年8月召开的中央第六次西藏工作座谈会进一步指出，要将西藏打造成为中国面向南亚开放的重要通道。根据这一要求，结合西藏的历史、地理、人文状况，西藏自治区提出了西藏不仅要着力打造面向尼泊尔方向的通道建设，全面展开以政策沟通、设施联通、贸易畅通、资金融通、民心相通的"五通"建设，而且也应建设中尼印不经济走廊，这方面已做了大量的工作，与此同时，还提出了西藏应是环喜马拉雅经济合作带的重要参与者，理应积极参与孟中印缅经济走廊，打通东南方向面向印度洋出海口通道。应该说，这一目标和任务有其悠久的历史文化根据。

西藏面向南亚开放的重要通道建设的现实路径选择是一个多角度、多层次、立体的多面体。任何事物的发展都是历史发展的结果，因此，对任何建设来说，历史的基础是最不能忽视，也是最深厚、最牢靠的出发点。高原丝绸之路、唐蕃古道、茶马古道理所当然是"一带一路"和面向南亚开放的重要通道建设可以借鉴的宝贵成果，然而，时代已发展到了21世纪，今天中央提出"一带一路"建设的倡议，既是对历史上古丝绸之路的继承，又有着崭新的丰富内涵；西藏面向南亚开放的重要通道建设也应在原有历史的基础上，根据当今中国及西藏的实际，做出符合现实要求和具有可操作性的路径选择，这也是理所当然的要求，也是今天讨论这问题的意义所在。我们认为，这种现实路径选择可以从国家层面、西藏层面入手，也可从政治、经济、文化等诸多角度入手，加以尝试。

从国家层面上看,西藏面向南亚开放的重要通道的建设应以国家关于"一带一路"的总体倡议方向为基准。

第一,认识和理解"一带一路"新的丝绸之路精神内涵,习近平总书记在2016年4月30日中央政治局第三十一次集体学习时发表重要讲话,给出了丝绸之路崭新完整的内涵。他指出,"一带一路"倡议唤起了沿线国家的历史记忆,古丝绸之路是一条贸易之路,更是一条友谊之路,在中华民族同其他民族的友好交往中,逐步形成了以和平合作、开放包容、互学互鉴、互利共赢为特征的丝绸之路精神。这十六字丝绸之路精神也应是我们理解西藏面向南亚开放的重要通道建设的指针。

第二,认识"一带一路"倡议下的国家总体战略格局。在这里,我们不妨重复叙说和回顾这个格局。2013年国务院发布50号文件《关于加快沿边地区开发开放的若干意见》,提出了经略周边的原则、任务。2014年国务院24号文件《关于沿边地区开放开发规划(2014—2020)的通知》提出了"三圈三带"的总体规划。在此之前,有关省区已形成如孟中印缅经济走廊、新欧亚大陆桥走廊、中国—中南半岛经济走廊、中国—中亚—西亚经济走廊、中巴经济走廊等具体规划。这就事实上形成陆路上的"圈—带—廊"格局,是对"一带一路"倡议的具体化,也给出了面向南亚开放的重要通道建设的地理坐标。

第三,以"四个全面战略布局"和五个新发展理念为纲,统领谋划面向南亚开放的重要通道建设。党的十八大以来提出的全面建成小康社会,全面改革开放,全面依法治国,全面加强党的建设的"四个全面"战略布局和创新、协调、绿色、开放、共享的新发展理念是新时期中国发展全方位战略的总的顶层设计和原则。无论是"一带一路"倡议还是面向南亚开放的重要通道建设,实际上都是这个总体布局的展开和应用,是全面改革开放,创新、共享的具体措施。

第四,以国家周边外交战略和总体安全观为指导,做好面向南亚开放的重要通道建设。党的十八大以来,以习近平同志为核心的党中央从21世纪新的国际环境出发,在原来以邻为善、以邻为伴,坚持睦邻、安邻、惠邻等外交理念的基础上,进一步丰富和发展外交理论,提出了以和平发展、合作共赢为核心的新型国际关系理念。合作共赢,政治上"对话而不对抗,结伴而不结盟";经济上互利合作、深度交融,寻求利益最大公约数;文化上并育而不相害,推行彼此包容、相互欣赏而不排斥的文化合作模式；安全上树立共同安全、合作安全、综合安全和可持续安全的观念。提出坚持正确的义利观，做到义利兼顾，要讲信义，重情义，扬正义，树道义。作为边疆民族地区的西藏在建设面向南亚开放的重要通道中，面对的是经济比较落后、基础设施薄弱、国内政治局势不稳定的尼泊尔等国，这些国家中的某些国家，比如印度，与中国西藏又有许多历史遗留问题，比如1700多千米的边境问题，双方战略互信不足。因此，在面向南亚开放的重要通道建设中，需认真自觉地贯彻这些新的总体安全观，这也是考验西藏各级部门和企业的智慧和政策水平的试金石。这些总体是非常重要的原则。

第五，"三位一体""五大联通"的论述为西藏面向南亚开放的重要通道建设提供了具体抓手。习近平总书记2013年9月7日在哈萨克斯坦纳扎尔巴耶夫大学演讲，初步提出了"五大联通"，经过几年的发展，中央现正式提出了基础设施、制度改革、人员交流的"三位一体"设计和政策沟通、设施联通、贸易畅通、资金融通、民心相通的全方位、立体化、网络状大联通，这应是西藏面向南亚开放的重要通道建设的具体切入点，也是中央提出的互利互通战略的具体化。以交通运输为基础的建设为"硬件"建设，规则衔接融通为基础"软件"建设，加上各国人民之间的跨境往来与交流，就成了三位一体的格局。

第六，自由贸易区战略是具体突破口。当今世界的竞争不是单个国家间的竞争，而是区域合作，是地区与地区之间的竞争。中央为此提出要实施自由贸易区战略，全国及各地方针对对象和自身特点加强顶层设计，谋划大棋局，既要谋子更要谋势，逐步构筑起立足周边、辐射"一带一路"、面向全球的自由贸易的网络。

第七，"三个共同体"建设的新高度、新目标是西藏面向南亚开放的重要通道建设的灵魂和指针。2015年习近平总书记在联合国成立70周年系列峰会上发表了重要讲话，强调要建立平等相待、互商互谅的伙伴关系，营造公道正义、共建共享的安全格局，谋求开放创新、包容互惠的发展前景，促进和而不同、兼收并蓄的文明交流，构建尊崇自然、绿色发展的生态体系，从而形成打造人类命运共同体、利益共同体和责任共同体的总布局和总路径。这一理念表达了中国追求和平发展、同各国合作共赢的真诚愿望，契合世界人民的共同期待，顺应人类社会发展进步的潮流，为维护和完善国际秩序和国际体系创设了美好愿景，注入了强劲动力。这一外交新理念开辟了中国特色大国外交的新境界。实际上也是党的十八大以来一系列外交理念特别是"一带一路"倡议的新发展和具体化，也是西藏面向南亚开放的重要通道建设的纲领和指针，亦是人类命运共同体命题内涵的精练阐述，具有重大的实践指导意义。

对于这一重要命题，国内学者们有多种阐述，比较一致的看法是其在中国处在"两个一百年"奋斗目标和中华民族伟大复兴中国梦的关键时期提供了连接内外的共同目标。人类命运共同体理念超越狭隘民族国家利益，体现了国家间关系与意识形态的全球观和世界眼光，是思考人类未来的"中国方略"。作为国际社会应为之共同奋斗的理想，"人类命运共同体"并非抽象的虚无缥缈的理念。学者们将之深化、细化，使之成为能够分步实施的具体目标。具体来说，有人把它细化为"三个共同体"，即"利益共同体""命运共同体"和"责任共同体"，也有人把它细化为5个甚至6个，加上"安全共同体、文化共同体、价值共同体"。其中文化与价值共同体可能引出更多歧义，但只要仔细分析，它与习近平总书记提出的促进和而不同、兼收并蓄的文明交流是有所关联的。在局部地区，对中国的西藏与南亚各国来说，这种文化与价值共同体似乎还更为直接、深远，更显而易见，值得认真探讨。

2. 西藏在中尼经济走廊建设中的地位和任务

在推进"一带一路"建设中，中国西藏所靠近的南亚是"带"与"路"的交汇处，人口、经济的特点也决定其是"一带一路"的重要方向、重点区域和合作伙伴，其直接面对的是印度、尼泊尔、不丹。2015年5月，中国领导人向来华访问的印度总理莫迪提出了建立中、尼、印三国经济走廊的倡议，得到其积极回应，莫迪提议建立联合研究小组，探讨中尼印经济走廊倡议。孟中印缅经济走廊进展缓慢、中巴经济走廊并未定位为中国通向南亚的主渠道，中尼印经济走廊建设中，印度担心中国建设的走廊形成"C"型包围，因此对"一带一路"持消极态度。就现在的形势看，实质性地开展先试工作的是尼泊尔。尼泊尔作为佛教和建筑等东方智慧和亚洲价值的发祥地、南亚区域合作联盟秘书处所在地和联合国2030年可持续发展议程中的减贫重点国家，具有诸多后发优势。中尼两国合作中，地方合作走深、走实，西藏自治区可以在其中发挥重要作用，应运用中国西藏和尼泊尔合作的良好基础，为中尼两国合作探路乃至为"一带一路"南亚方向的合作提供示范，为开创中国周边外交新局面提供样板，使中尼印经济走廊建设逐渐从经济合作框架建设升级为中国面向南亚的主通道。

一是政策沟通上谋划马尼泊尔在其2017年大选后的交往。尼泊尔自1990年恢复多党民主制以来，在27年间选出了26届政府，没有一届政府能坚持到任期结束，大多数政党执政不到12个月。政治不稳定、政府更迭频繁，给尼泊尔经济社会发展造成了严重的负面影响。2008年，经历了10年内战的尼泊尔废除了君主制；2015年正式颁布新宪法。按照宪法精神，尼泊尔成为世俗的联邦制国家。2017年11月26日和12月7日分两个阶段举行的选举是尼泊尔2015年新宪法实施后的第一次全国大选，联合国秘书长古特雷斯认为这次选举标志着"尼泊尔执行2015年宪法所规定的联邦制度的历史性时刻"。在此次尼泊尔大选中，尼泊尔共产党（联合马列）和尼泊尔共产党（毛主义中心）两个政党组成的左翼联盟取得了压倒性的胜利。德乌帕率领的尼泊尔大会党将会在2018年交出权力，尼泊尔共产党（毛主义中心）领袖普拉昌达与奥利领导的尼泊尔共产党（联合马列）组成的左翼联盟在2018年2月组建新政府。

尼泊尔政党中，尼泊尔大会党、尼泊尔共产党（联合马列）、尼泊尔共产党（毛主义中心）、尼泊尔民族民主党（2016年11月21日由尼泊尔民族民主党和民族民主党合并组建）、尼泊尔民主论坛［2017年4月5日由马德西人民权利论坛（民主派）与其他两个较为边缘的党派合并而成］为前五大党。从选举结果来看，尼泊尔大会党和尼泊尔共产党（联合马列）组成的左翼联盟获得了多数选举票，尼泊尔新宪法也设定了严格的对总理的罢免规定，但是由于政治联盟内部的权力划分和利益关系，未来政府的稳定性还有待观察。尼泊尔地方选举投票现场见图41。

由于近些年来尼泊尔政府更替频繁，经济社会发展缓慢，尼泊尔民众迫切希望建立一个稳定的政府，带领尼泊尔走出经济落后的泥淖。德乌帕作为亲印度的尼泊尔领导人，他与美国等西方国家有较密切的关系。据悉，美国驻尼泊尔大使馆有600多名员工，加上当地工人，达1000多人，2014/2015财年（2014年7月16日—2015年7月15日），尼泊尔接受援助的国家前4位分别是英国（1.68亿美元）、美国（1.32亿美元）、日本（3988万美元）、中国（3795万美元），中国对尼泊尔的实际援助仅占尼泊尔接受外援总额的4%。作为南亚自由贸易区和孟加拉湾倡议多元技术和经济合作自由贸易区的成员国、南盟的常设秘书处所在国，尼泊尔遭到

图 41　尼泊尔地方选举投票现场

美国的多元渗透。

因此，从尼泊尔的政局走向看，尼泊尔共产党虽然在选举中获胜，但是政府仍面临着一系列的社会问题，这些都会影响到中国西藏。这都需要我们的相关机构提前预估和做出应对方案，深化执法安全合作，以便妥善解决尼泊尔地方选举后的系列问题，推进中国西藏与尼泊尔的进一步务实合作。

二是推进航空铁路等领域设施联通。西藏目前有5个机场，即拉萨机场、阿里机场、日喀则机场、林芝机场以及昌都机场。目前西藏民航已开通航线79条，通航国内外42个城市，2017年全年旅客吞吐量达450万人次。由西藏航空有限公司与尼泊尔投资人共同组建的喜马拉雅航空公司于2014年8月成立，是西藏航空公司在尼泊尔民航领域最大的海外直接投资项目，2016年4月12日实现首航。喜马拉雅航空是尼泊尔的基地航空公司，在该国航空领域位居第二，待喜马拉雅航空完成航线布局后有望成为第一。目前，喜马拉雅航空已开通尼泊尔首都加德满都至卡塔尔多哈、马来西亚吉隆坡、缅甸仰光、阿联酋迪拜4条国际航线，累计载客量达10余万人。

目前，位于加德满都的特里布万机场是尼泊尔唯一的国际机场，仅有1条跑道可以支持国际航班所需的大中型飞机起落，机场各种设施均很简陋，多年被归入世界最落后机场之列。中国国航、南方航空、东方航空、四川航空、西藏航空等 6 家公司开通了加德满都往返成都、拉萨、昆明、广州、西安、上海、香港的定期直航航线。2016 年 4 月 13 日，中工国际工程股份有限公司承建的尼泊尔第二个国际机场——博卡拉国际机场开工，时任总理奥利和尼共（联合马列）总书记卡纳尔、联合尼共（毛主义中心）主席普拉昌达和尼泊尔大会党秘书长柯伊拉腊一起出席了奠基仪式。但因 2016 年 7 月 24 日奥利下台和外部力量的干涉，预计 2020 年完工的在尼泊尔第二大城市修建的国际机场工程进展缓慢。

铁路方面，2006 年 7 月建成通车的青藏铁路结束了西藏不通铁路的历史，成为西藏连接祖国内地的大动脉、对外开放交流的大平台、旅游快速发展的大通道，最大限度地促进西藏经济社会的发展。西藏也随之迎来了铁路建设的热潮：拉日铁路于 2014 年 8 月建成通车，拉林铁路于 2015 年 6 月全面开工建设，川藏铁路康定至林芝段、中尼铁路日喀则至吉隆段等项目规划研究工作全面启动。截至目前，西藏铁路运营里程将近 1000 千米。

2017 年 9 月，外交部部长王毅在北京同尼泊尔副总理兼外交部部长马哈拉会谈，决定建设中尼跨境铁路，双方已同意积极开展项目勘察、设计、可行性研究、人才培训等合作，争取尽快让这一设想变成现实，以造福两国人民。尼泊尔作为中国的近邻，与其他南亚国家一样，其国内经济发展相对滞后，存在着社会综合交通基础设施落后的发展瓶颈问题。现阶段的中尼经贸运输主要通过中尼公路完成，建设中尼跨境铁路能够有效地促进尼泊尔的交通基础设施发展。

尼泊尔依赖印度电信运营商，尼泊尔互联网主要通过锡陀塔那迦、比尔根杰、比拉德讷格尔等南部城镇与印度相连，获得入网服务。2018 年 1 月 12 日，中尼陆上跨境光缆开通暨商用化仪式在位于加德满都的尼泊尔电信（NT）总部举行，标志着尼泊尔正式接入中国互联网服务。中尼光缆的建成预示着中尼两国在"一带一路"建设合作方面进入一个新阶段。随着中尼光缆投入运营，尼泊尔运营商将有机会显著降低国际互联网宽带的采购成本，使终端客户得到实惠。接入中国互联网将催生尼泊尔互联网经济大爆发，形成尼泊尔经济发展的新引擎。

另外，西藏在能源（跨境电网和太阳能）、电力（水电）、公路和城市基础设施领域也可以与尼泊尔进行合作。如尼泊尔水利资源丰富，约占全球水电储量的 2.3%，但路灯、交通信号灯等因电力短缺而难以长期运营,因此,尼泊尔政府计划10年内建设11个水库工程,如中资企业在尼泊尔投资的第一个发电项目——上马相迪A水电站,目前发电量突破3亿千瓦时,有效地缓解了尼泊尔的用电紧张状态。尼泊尔的路况较差,首都加德满都城市内的主干道甚至都是未硬化或不平整的道路,尼泊尔交通基础设施建设需求量巨大,这都是西藏大有所为的地方。

三是口岸建设以及文化与旅游合作服务贸易畅通。2016年3月,尼泊尔政府投资委员会办公室和尼泊尔政府工业部为时任尼泊尔总理奥利访华而引进外资出版了39页的《尼泊尔投资指南》(汉语版)。西藏自治区相关部门应密切关注尼泊尔政府相关部门发布的政策信息,解读尼泊尔政府为吸引外资新批准的工业企业法、经济特区法、外商投资和技术转让法、知识产权法和公司法等。除加快建设中国·尼泊尔工业园外,引导西藏优质企业参与国家相关活动,赴尼泊尔白热瓦等11个经济特区和达马克等11个工业园区进行后续建设和从事相关经营活动。

西藏自治区政府积极响应和推进构建环喜马拉雅经济合作带、孟中印缅经济走廊,稳步推进中尼边境经济合作区建设,积极融入"一带一路"面向南亚开放的重要通道建设,不断推进"三互"(信息互换、监管互认、执法互助)大通关、"单一窗口"、关检合作"三个一"(一次申报、一次查验、一次放行)、全国海关通关一体化改革等项目落地所带来的"硬环境"的改善。据拉萨海关统计,2017年前11个月,西藏对外贸易进出口总值为55.03亿元,贸易逆差1.33亿元。西藏自治区应在边境口岸地区建立中尼口岸协调机构,建设边境经济特区,消化中尼贸易的不平衡问题(双边贸易总额中90%以上是中国对尼出口)。除现有"兰州号"(兰州—日喀则—加德满都)南亚公铁联运国际货运班列常态运营,"广东—西藏—尼泊尔"公铁联运国际货运班列开通,应联合37个国家级流通节点城市,使更多省份或城市经西藏开通公铁联运国际货运班列。"兰州号"货运班列见图42。

同时,还要打造好佛教之旅的线路,联合国内旅游规划团队"走出去",为尼泊尔境内佛教文化与旅游资源做规划,与特里布文大学相关研究中心组成文物古迹修复与考古团队,援建相关博物馆、图书馆、文化馆等公共文化服务设施,建立佛教圣地联盟,以便连接阿里、拉萨等地的朝圣之旅。

四是促进西藏银行走出去,推动中尼资金融通。应在尼泊尔设立金融

图42 "兰州号"货运班列

机构。2015年3月,中国银行正式推出尼泊尔卢比现钞结售汇业务,成为国内首家开办此业务的银行。2017年10月,中国人民银行拉萨中心支行与尼泊尔驻拉萨领事馆在拉萨就共同推进双边金融合作与发展开展座谈会时表示,中国人民银行拉萨中心支行将积极推进西藏自治区商业银行在尼泊尔设立分支机构。目前,尼泊尔境内可以直接使用人民币和中国的银联卡进行消费,人民币在尼泊尔受到了广泛的喜爱和欢迎。

五是健全合作机制,深化中尼民心相通。用好合作机制。如中国—尼泊尔经济贸易联合委员会(1983年成立)、中国西藏—尼泊尔经贸洽谈会(1985年创办,每两年一届轮流在西藏和尼泊尔举办)、中国—尼泊尔非政府合作论坛(1996年设立)、中国西藏—尼泊尔经贸协调委员会(2010年成立)、中尼贸易投资论坛(2012年成立)、尼泊尔手工艺品贸易洽谈会、尼泊尔—中国工商会、尼泊尔—中国投资促进中心、中国西藏旅游文化国际博览会(藏博会,2014年举办)。利用好2014年国家提出的未来5年向南亚提供10000个奖学金名额、5000个培训名额、5000个青年交流和培训名额、培训5000名汉语教师等举措,以及中国—南亚科技合作伙伴计划、中国—南亚博览会等互利合作的新平台。

加强汉语、藏语、尼泊尔语人才培训培养。西藏高校应联合相关机构，加强中尼边境地区中方警察、商贸人士、外事管理人员等关于尼泊尔国情、礼宾知识、日常交际语言的培训，联合援藏高校，开展对尼官员、媒体人士、旅游管理人员等有关基础汉语、中国国情、西藏族聚居区情的培训。

随着中国实力的增强，越来越多的尼泊尔人士愿意学习中文。2015年1月，由尼泊尔马卡鲁出版社编印、尼泊尔特里布文大学国际语言学院教师帕拉迪普编著的首册本土汉语教材《简单读写汉字》（中、尼双语）出版发行就是尼泊尔"汉语热"的标志之一。目前，仅有2007年由中国河北经贸大学与尼泊尔加德满都大学共同创办的加德满都大学孔子学院，中国每年向尼泊尔派遣约130位汉语教师志愿者（成立了尼泊尔汉语志愿者之家）为尼泊尔中国文化中心（2017年3月首开实用汉语培训班）等提供一定的汉语学习服务。截至2015年年底，全球已有135个国家和地区开办了500所孔子学院和1000个中小学孔子课堂。而中国大陆仅西藏的高校未与国外高校合办孔子学院。

因此，西藏大学、西藏民族大学应与特里布文大学、博卡拉大学、蓝毗尼佛教大学（2016年10月，蓝毗尼中华寺举行隆重仪式，接受来自西藏的珍贵礼物——藏文版大藏经《甘珠尔》100部和《丹珠尔》225部）取得进一步联系，经国家汉办审核，共同创办孔子学院，在私立大学可先行开设汉语教学点并面向对中国文化感兴趣的学生发放短期赴华留学奖学金，组织文艺展演、汉语和中国文化巡讲项目，举办2至3周的大学生寒暑期交流项目。西藏的主要高校应建立国际文化交流学院，吸引学生来藏留学和外籍教师来藏教学，打造南亚汉语和藏语教育人才的培养培训基地，开展南亚政治、经济、语言、文化、民族、宗教、教育、艺术等问题的研究，包括设立尼泊尔研究中心（目前国内有近10家尼泊尔研究中心，西藏自治区内有3家单位设立尼泊尔研究中心，包括西藏民族大学、西藏大学和西藏社会科学院），加强基地和智库建设（西藏民族大学南亚研究所获批进入教育部区域国别研究中心备案名单，是西藏自治区唯一的一家获批机构，设有印度研究中心、尼泊尔研究中心和不丹研究中心）、学科和学位点建设（如设立尼泊尔语、印地语等专业）。西藏自治区应尽可能对学术交流人员出入境、合办国际会议审批等提供便利，公派学生赴南亚留学，放宽自费留学南亚出入境条件。

3. 西藏与内地周边省区互联互通的地位和任务

从西藏地方与祖国的关系史角度看，西藏自古以来是中国不可分割的一部分。第六次西藏工作座谈会提出了 60 多年的实践过程中形成的党的治藏方略，即"六个必须"，其中包括"必须把中央关心、全国支援同西藏各族干部群众艰苦奋斗紧密结合起来，在统筹国内国际两个大局中做好西藏工作"。"把西藏打造成为我国面向南亚开放的重要通道"是继"两屏四地"后对西藏的又一战略地位定位，面向南亚开放的重要通道的建设也离不开统筹国内、国际两个大局。

西藏是"一个斗争复杂、举世瞩目、非常敏感的地区"。统筹国内外大局是做好西藏工作的基本方法之一。进军西藏、和平解放西藏、平息叛乱、民主改革、自卫反击作战、西藏自治区成立、平息拉萨骚乱等重大事件，深入开展反分裂斗争，全国支援西藏格局的完善以及建成青藏铁路的壮举，把西藏作为全国唯一省级集中连片特殊困难地区以推进扶贫攻坚都体现了这一基本做法。统筹国内外大局对面向南亚开放的重要通道建设也有重要启示。

在中央和国家层面，面向南亚开放的重要通道建设中的统筹国内外大局就是既要认识西藏的特殊地位，稳重促改体制障碍，提高对口援藏效力，防止他省效仿攀比，促进民族宗教和谐，也要阐明涉藏核心利益，创造良好的国际环境，对话妥善管控分歧，促进邻国战略对接，加强通道利好宣传。

从西藏自治区层面来说，面向南亚开放的重要通道建设中的统筹国内外大局。一方面，要充分认识机遇与挑战，积极发挥自治权利，做好理论制度设计，找好重点突破方向，增进区内团结协调，加强邻省竞争合作；另一方面，要加强藏族文化交流，加快跨境口岸建设，做好通道对外释疑，加强国际藏学合作，开好赛事组建联盟，推进特色产品走出去。西藏族聚居区内各地也要树立统筹国内外全局的战略思维，"不光是看到西藏，而且看到全国的事""不要只管西藏的事，也要关心北京、天津、上海、成都、西安、兰州的事，关心全国的事"。

开放是藏族形成和发展的基本条件，中国共产党在西藏和平解放以来已为进出藏修建了多条多维通道。当代西藏要获得长足发展和长治久安，必须搭好国家战略"便车"，发挥自身优势，加强对内和对外双向开放。面向南亚开放的重要通道建设是中国共产党治藏方略的实践化，是"一带一路"在西藏的具体化，给西藏经济社会发展带来了新的重大机遇。西藏主动融入"一带一路"，建好联结"一带"和"一路"的多条面向南亚开放的重要通道，既要赢得国家的关心，又要依靠各种干部群众的自力更生，还要发挥各种地缘优势，促进国内外公众了解一个全面、真实、立体的西藏，维护西藏自然资源安全和人文资源的永续发展，为国家发展和人类文明做出更大贡献。

以民心相通为例，公元20世纪初的西藏地方学生主要以南亚为核心的留学、公元20世纪50年代开启的以陕西咸阳为核心的培训与学习以及1985年开始至今的以22个省市内地西藏班（校）为核心的学习都促进了西藏地区学生与外部学生乃至沿线群众的相互了解、相互帮助、相互欣赏、相互学习。再如交通基础设施（公路、铁路、机场、桥隧、港口等）、能源基础设施（油气管道、电缆等）和通讯基础设施（邮政、光缆、网络等）等的互联互通，中国西藏在利用国内外多种资源获得长足发展的过程中，基础设施联通积累了充足经验。

西藏融入"一带一路"，既要实现内部地（市）、县（区）、乡镇、村等的设施联通，也要实现与内地和周边省区的设施联通，还要推进与缅甸、印度、不丹、尼泊尔、克什米尔等国家及地区乃至"一带一路"沿线国家的设施联通，完成国家"一带一路"倡议赋予西藏的任务。如正在建设的川藏铁路是促进西藏基础设施互联互通、实现开放开发的一项重点工程，西藏将连入长江经济带。西藏自治区的总体思路是以口岸互联互通为基础、以开放型产业发展为核心，重点建设吉隆口岸，科学推进樟木口岸恢复重建，加快发展普兰口岸，加快陈塘、日屋口岸建设，恢复开放亚东口岸，完善拉萨航空口岸功能，以拉萨为中心，以日喀则为前沿，推进中尼跨境经济合作区建设，打造对外面向尼泊尔等南亚国家、融入孟中印缅经济走廊，对内连接陕甘宁青经济带、大香格里拉经济圈、川渝经济圈等区域发展带的开放开发新格局。特别是西藏利用地理优势，发挥好应有的开放功能，提高行政能力，用好各种合作机制，发挥好区内企业和私人力量，利用中央赋予的权力，发挥地方合作的优势，淡化部分不利的国际舆论，为全国稳定发展提供良好环境，为"一带一路"布局拓展空间，为讲好中国故事、传播中国形象、提供中国方案贡献力量。

四、在人类命运共同体的崇高视角下打造西藏面向南亚开放的重要通道

1. 人类命运共同体的本质特性及与南亚各国共建的可能性

中央关于构建以合作共赢为核心的人类命运共同体的外交新理念，为推进面向南亚开放的重要通道建设提供了新视角。2015年习近平总书记在联合国成立70周年系列峰会上发表了重要讲话，提出了打造人类命运共同体的总布局和总路径。习近平总书记后来在多个场合进一步指出，打造人类命运共同体就是提倡对话而不对抗、结伴而不结盟的政治新道路；"大河有水小河满，小河有水大河满"的经济新前景；"命运与共，唇齿相依"的安全新局面；"并育而不相害"的文明新气象。这一外交新理念开辟了中国特色大国外交新境界，实际上也是党的十八大以来一系列外交理念特别是"一带一路"倡议的新发展和具体化，也是西藏面向南亚开放的重要通道建设的纲领和方针，具有重大的实践指导意义。

人类命运共同体还被细化为"利益共同体""命运共同体"和"责任共同体"乃至"安全共同体""文化共同体""价值共同体""网络安全共同体"等。关于利益共同体、命运共同体、责任共同体的内涵及建设路径，2015年5月27日张高丽副总理在重庆召开的亚欧交通产业座谈会上提出的"三位一体""五大联通"就是一个很好的诠释，即基础设施、制度改革、人员交流；政策沟通、设施联通、贸易畅通、资金融通、民心相通。这也可视为具体的操作点和抓手。

人类命运共同体本质上是发展与生存的相互连接的共存现象。几个共同体的核心是安全与发展，基础是文化、价值观。在当今世界经济、政治全球化的背景下，就表现为各民族、各个国家相互依存、安全度相互提高的状态，也就是所谓"一荣俱荣，一损俱损"。理解"共同体"的一个很重要的思维特征是求同存异，和而不同，尽量寻找多国之间的共同点、共同基础和契合点。应该指出的是，世界上不存在完全一致的利益、文化、安全需求及价值判断，只有相对的共同点。这就是习近平总书记提出的"和而不同、兼收并蓄"的文明交流的哲理渊源及其有生命力并能为世界各国接受的根本缘由。事实上，人类社会在以上各个领域的确存在着一些共同点，不仅有共同利益、共同安全、共同责任需求，也有共同文化、共

同价值的文化与价值理念。这是人类社会不同时代、不同民族、不同国家能够交流、交往、交融存在于这个星球上的基础和前提。只不过由于受时代、阶级的影响，不同国家对这些共同性的文化、价值理念有着不同的理解、解释，但那只是不同的实践罢了。冷战结束以来，西方某些国家打着人权、自由等旗号，将自己的理念说成"普世价值观"，以此来干涉别国内政，甚至侵略他国，其本质就在于把这些名词加上了他们特有的内涵，站在本国及国际垄断资产阶级的利益立场上肆意践踏、歪曲事实，并不是这些文化、价值观念本身有什么问题。

仔细分析南亚8国，特别是与西藏毗邻的印度、尼泊尔、不丹，贯彻"一带一路"倡议，实施面向南亚开放的重要通道建设，这几个国家都大有可为。如这些理念在2015年中尼两国4·25大地震救灾活动以及2015年中印俄3国外交部部长莫斯科会晤、中印边境谈判特别代表北京会晤等外交活动中都有体现，也是具体实践，是中国和平外交方略的继续和发展。2015年，时任尼泊尔总理奥利访华时已就中尼命运共同体达成一致看法。事实上，中国提出的打造政治互信、经济融合、文化包容的利益共同体、文化共同体、责任共同体、命运共同体的理念已被国际上不少国家所接受并赞扬，其中以文化交流与包容为核心的共同体更具特色和基础性。文化与价值的共同体在价值理念上的契合点是人类命运、利益、安全、责任共同体的基础，而且这两个共同体更具有基础性、长远性、广泛性、民众性，当然也最具争议性。而西藏在构建面向南亚开放的重要通道直接面对的印度、尼泊尔、不丹等就具有以上的特征。

众所周知，西藏与印度、尼泊尔、不丹等山水相连，地缘相近，具有构建共同体的地缘优势。而这种地缘优势千百年来不仅存在于经济、贸易、安全、责任方面，而且与文化、价值观紧密相关。文化方面，表现在西藏文化与印度、尼泊尔等周边文化有相当多的关联性。表现在民俗上的神山圣湖崇拜、佛教宗教信仰、佛教艺术、建筑、佛教造像艺术、科学技术、天文历算、音乐、民俗等诸多方面，像临终关怀、对死亡的认知与坦然等方面尤为显著。西藏文字来源于印度古文字，藏传佛教作为佛教的三大分支之一，其来源于古印度、尼泊尔更是众所周知。这些就为文化包容与价值共同体的构建提供了坚实的基础。事实上，佛教的十诫与我们今天大力倡导的社会主义核心价值观（富强、民主、文明、和谐、自由、平等、公正、法治、爱国、敬业、诚信、友善）有许多相通之处。在2015

年召开的全国宗教工作会议上，习近平总书记再次强调我们党和国家的一贯方针：努力引导宗教与社会主义社会相适应。为什么能够相适应？因为许多文化、价值的理念是相通甚至是相同的，所以可以"相适应"。从佛教及藏传佛教以和为贵、和谐、慈悲为怀等理念可见一斑。再比如，崇尚和平、非暴力等观念是中国西藏与南亚印度等国家的重要价值理念。在20世纪50年代，中、印、缅3国之所以能共同倡导和平共处五项原则，不完全是因为3国近代以来有相同的历史遭遇，而是因为有这种共同价值理念作为基础，这也是人类共同体及共同价值理念的最显著的例证。至于安全共同体，中国西藏与南亚诸国都面临民族分裂主义势力、宗教极端势力和暴力恐怖主义势力的威胁，这方面的共同点更是不言而喻的。

正因如此，国家对西藏的定位是我国面向南亚"内联外接"的桥头堡、基础设施互联互通的重点区域和国家构建全方位对外开放格局的前沿地带。中央认为，西藏与南亚地区山水相连，文化习俗相近，存在着天然的人文纽带和亲近感，充分发挥好这些优势，采取多种方式争取沿线国家民众对"一带一路"倡议的理解、支持和参与，可以筑牢"一带一路"建设的友好基础。也正因如此，2016年5月26日至29日时任印度总统慕吉克访华期间，习近平总书记与其会谈时提到孟中印缅经济走廊、亚洲基础设施投资银行、"区域全面经济伙伴关系"、印度的"东向行动"与中国在"一带一路"倡议对接等问题，两次讲到"人文相亲"，说两国应保持战略沟通，完善中印关系顶层设计，加强高层交往、政治互信、战略对接，实现合作共赢、和平发展、合作发展、包容发展。两国还发表了"发展伙伴关系"联合声明。事实上，几年来，中印两国在亚洲基础设施投资银行、金砖国家体制，以及中印边贸、边界管控、安全领域的合作在不断深化。正如我国著名南亚问题专家马加力指出的，中印两国在政治上的合作性大于对抗性，经济上的互补性强于竞争性，文化上的亲缘性重于排斥性，对国际事务的看法的相同性多于相悖性。

从人类命运共同体、利益共同体、责任共同体及文化包容、价值理念等高度来认识和引领西藏面向南亚开放的重要通道建设，将会使这个通道的建设减少不少迷茫，过滤相应阻力，排除更多干扰，进展可能更为顺畅。从实践上说，西藏自治区"十三五"规划纲要中，运输口岸、铁路建设、中尼边境自贸区以及金融互换点建设等都是直接的现实路径的展开，这既是历史的继承，也是现实的创新。可以预期，西藏面向南亚开放的重要通道建设一定会像历史上的唐蕃古道、麝香通道、茶马古道对藏族文化、民族形成的推动作用一样,对今天西藏的现代化建设产生直接的、更为重大的贡献。

2. 西藏融入孟中印缅经济走廊的可能性

由于其独特的历史与区位,西藏理所当然地加入了"一带一路"倡议、"三圈三带六廊"的宏伟规划,其中就包括孟中印缅经济走廊的建设。然而,这一看似有理可行的计划和愿望不是一个简单的经济规划问题,在实际操作上存在不少困难。

如前所述,西藏在历史上是"丝绸之路"的重要部分,这不仅体现在西藏是北方陆上丝绸之路的南方分支,具体来说,是北方丝绸之路的青藏高原分支,既包括唐蕃古道、蕃尼古道,也包括吐蕃王朝沿喜马拉雅山北麓向西通向拉达克、中亚、西亚的"黄金之路""麝香之路",还体现在西藏也是"古南方丝绸之路"的重要部分,"古南方丝绸之路"也被称为茶马古道的南方分支"蜀身毒道"的一部分。

这条古道早在公元前2世纪前后就已存在。从四川成都出发,向南经云南的保山、腾冲到缅甸的密支那,往西到印度的萨地亚,再往西到今天的孟加拉国、印度,转海道进入中东、中亚和欧洲。西藏的林芝市察隅县很早就有经过瓦弄到萨地亚的贸易通道,至今仍存在使用的边民小额贸易的察隅县吉太村与缅甸边民贸易的通道。这些通道既是古南方丝绸之路"蜀身毒道"的一部分,也是今天西藏参与孟中印缅经济合作走廊的历史根据与历史渊源,直至今天,部分古道仍然在起作用。这里应特别指出的是,在第二次世界大战中,为反抗日本帝国主义的侵略,中印缅各国人民修建了举世闻名的中印公路,即史迪威公路,东起中国云南昆明,经过保山、腾冲到缅甸的密支那,再经过孟关、新平洋直达印度的雷多,也是古南方丝绸之路"蜀身毒道"的当代版本。

由于中印1962年的边界冲突及各种因素的影响,这条古南方丝绸之路在一定程度上处于沉寂状态。但这也是今天提出孟中印缅经济合作走廊的历史根据与现实基础。

西藏参与孟中印缅经济合作走廊建设既是历史的承续,也是现实的要求。地处青藏高原南沿的西藏是国家面向南亚"内联外接"的桥头堡,也是基础设施互联互通的重点地区和国家构建全方位开放格局的前沿地带。西藏与喜马拉雅区域国家和地区的关系对"一带一路"的成功实施至关重要。因为西藏处于"新疆—云南连接走廊"的中心地带，北连丝绸之路经济带，南接21世纪海上丝绸之路，其重要的战略地理位置对中国发展与喜马拉雅区域国家和地区的关系起决定性作用。专家们认为，中国应将西藏打造成通向南亚的经济前沿，西藏也应是保护与发展喜马拉雅文化和艺术的领头羊。目前的普遍共识是西藏将由中国与南亚国家地理联系的前沿转型为开放合作的前沿。在此当中，西藏应致力于打通孟中印缅经济走廊并向南延伸，从而成为连通太平洋与印度洋的喜马拉雅大陆桥的交通枢纽。为此，马加力建议，西藏要走出去，应当建立一个"跨喜马拉雅通道"。

西藏不仅应积极参与到国家"一带一路"倡议及其"圈—带—廊"的格局安排中，努力打造环喜马拉雅经济合作带或跨喜马拉雅经济合作带，而且应建立自己的"圈—带—廊"战略格局，即西藏不仅要作为西南国际经济合作圈——环喜马拉雅经济合作带的一分子，而且应积极构建中尼印（包括不丹）的经济走廊，形成东、中、西3个大的通道群。西通道群就是藏西以阿里普兰为主的通向尼泊尔，也包括通向印度拉达克和中亚的通道，特别是经过219国道到新疆的喀什与中巴经济走廊相连接。中通道群以吉隆、樟木（正在重建）、亚东、日屋为主的通向尼泊尔、印度、不丹的通道，尤其是吉隆口岸，这是当前的重点方向和重点口岸。东通道群就是设法参与到以云南为主的孟中印缅经济合作走廊和中国—中南半岛经济走廊的建设中。其中的战略安排应以中通道群为重点，以中尼段为先行，以西通道群为辅，积极创造条件打通面向云南的东通道群，从而实现如上所述的连接新疆到云南的走廊，连通丝绸之路经济带与21世纪海上丝绸之路，其中，参与到孟中印缅经济走廊，面向云南的这个通道群是关键。

以上是以中国西藏的地理优势、历史渊源以及部分现实的依据为出发点得出的带有理想化的建构和设想。现实的状况远不是那么简单。我们面临不少困难和问题，这些困难和问题有自然的因素，更多的是基于政治的因素。在我们看来，这些困难和问题至少包括以下几个方面：

首先，南亚重要一方印度的态度。从地理因素考虑，西藏参与孟中印缅经济走廊最便捷的路线是从西藏林芝市南端紧邻印度的察隅县出发，通过瓦弄到印度阿萨姆邦的萨地亚。这条线在历史上也是西藏参与南丝绸之路的一个重要支线。但瓦弄是1962年中印边境自卫反击战的重要战场——瓦弄之战所在地，今天的中国地图按常理划在中国境内，但实际上，在1962年的边境战争后，瓦弄一直由印度控制。在当前印度对"一带一路"倡议心存疑虑的情况下，印度几乎不可能同意开放这条线，因此，此路不通。

其次，西藏参与孟中印缅经济走廊的第二条理想路线是从察隅县西南端的吉太村到缅甸的葡萄县。据了解，葡萄县没有通往察隅的公路。而且从吉太村到察隅县也不通公路，需翻越高度4000米的几座大山。从吉太村有到缅甸的传统贸易路线均是骡马道，因为葡萄县处于喜马拉雅山与横断山脉结合部的亚热带丛林地带，山高林深，如能打通或修通一条从吉太村到缅甸葡萄县的公路，这不论对西藏还是缅甸方来说，无疑都是一个大利好，但目前也只能预测与建议。

再次，即使从察隅县到缅甸葡萄县有公路，再往南到孟关，这就进入1941年修通的中印公路，即史迪威公路，正式进入孟中印缅经济走廊，问题也仍然存在。密支那至印度雷多公路全长458千米，是缅甸通往印度的重要国际公路。史迪威公路在第二次世界大战结束后就逐渐处于废弃状态。现在从密支那到加迈一段近200千米全年可通车，其余路段在干旱季勉强可以通车。从中国云南的宝山到腾冲再到缅甸的密支那的200多千米已在中国的帮助下，近年来修成了沥青路面。由密支那往西到印度的雷多，雨季容易塌方，基本不通，旱季勉强可以通行。印度阿萨姆邦雷多的地方官员基于中国近年的孟中印缅经济走廊建设的宣传与自身发展经济的需要等考虑，倒是很积极，强烈希望打通这条路，但作为印度的地方小官，有无这个财力与权利仍是一个问题。加之缅北克钦邦的混乱政局，这条线包括孟中印缅经济走廊倡议本身也是多年未有成效，孟中印缅多次协商，实质性的动作不多，可以说似镜中花、水中月，何况西藏的参与有这么多自然和政治上的掣肘！那么，西藏打通东南方向的通道的出路何在呢？这需要从更宽广的视野中谋划，具体就在六大经济走廊中的中国—中南半岛经济走廊上寻找破解难题的钥匙。

众所周知，云南是中国—中南半岛经济走廊从云南出发到新加坡的两条线中一条的解码。而西藏的察隅县察瓦龙乡到云南的贡山县丙中洛乡有一条公路叫丙察公路，全长87千米，从察隅县到察瓦龙乡的公路全长270千米，2009年修通，因为建设滇藏新通道，它很快就得到改造升级为油面三级公路的机会，察隅县到察瓦龙乡的路段被称为察察段，投资1.8

亿元；丙中洛乡到察瓦龙乡段正在改建。

这条线实际上是丙察然公路东段，由丙中洛乡到察瓦龙乡再到西藏波密县然乌镇，在此与川藏公路318国道连接。而贡山县往东往南连接云南省的宝山地区，与昆明到瑞丽的高速公路相连，最终与通向缅甸皎漂港的公路相连通。这条线就为西藏东部的林芝市、昌都市找到了通向孟中印缅经济走廊乃至印度洋的一个大通道。这也就是中国"一带一路"规划的西南国际经济合作圈，从陆上西北的中巴经济走廊通过新藏公路209国道到拉萨，再到318国道与新滇藏公路相连，向南到缅甸皎漂港，从皎漂港到斯里兰卡的汗班托塔港，穿过印度洋到巴基斯坦的瓜达尔港，真正的环大喜马拉雅地区经济圈由此"圈"起来了；也使环喜马拉雅经济合作带的环"环"起来了。这个"环"的陆上通道——中间通过西藏的普兰口岸、吉隆口岸、樟木口岸、日屋口岸、亚东口岸到察隅的吉太村通缅甸传统贸易点，形成通向南亚的现代与传统相结合的大小不等的通道群，跨喜马拉雅经济合作带也就成为现实。如果加上空中航线、网络联通，一个空中地上、网络传媒、海上陆上的国际立体环喜马拉雅经济圈带就形成了。这可看作西藏的外圈一带三廊，也有内圈，即这个经过云南的通道可视为西藏通向大香格里拉经济圈的内圈的一环。如果再加上通向内地东、北方向的川渝经济圈和陕甘经济圈，一个内外圈相结合的环喜马拉雅经济圈和带不是也就成为现实了吗？这样就真正实现了西藏北联丝绸之路经济带、南接"21世纪海上丝绸之路"的愿景，实现了太平洋与印度洋的连接，也使西藏真正成为面向南亚"内联外接"的桥头堡。这里应特别强调的是，这样一来，这个通过滇藏新通道实现的环喜马拉雅经济合作带不是原来意义上的或传统意义上的陆地上的环喜马拉雅经济合作带，而是一个陆海并进、东西连接、南北贯通、几个走廊相链接的大环带。这是在中印两国战略互信不足、从西藏察隅到瓦弄再到印度萨地亚的路不通、史迪威公路不畅的情况下不得已而为之的一个大环带。既可以把它理解为环带，也是目前西藏参与环喜马拉雅经济合作带开放建设、参与孟中印缅经济走廊建设的必然的选择。

综上所述，西藏参与孟中印缅经济走廊有自然的障碍，更有印度战略互信不足的大问题，那么这样一个环喜马拉雅经济带的构建与实施必然会引起印度的猜忌，那个莫须有的"珍珠链"战略就是证明。这也可从印度不参加2017年5月北京"一带一路"国际合作高峰论坛窥见一斑。因此，我们必须坚持中央关于"一带一路"合作倡议的原则精神，特别是加强习近平主席关于丝绸之路十六字精神概括的宣传释疑，即大力宣传、践行"和平合作、开放包容、互信互鉴、互利共赢"的方针，逐渐减少印度的疑虑，从而最终为孟中印缅经济走廊、中印尼经济走廊和环喜马拉雅经济合作带的顺利推进创造互信的气氛。与此同时，西藏应争取国家立项，加快建设察隅县吉太村到缅甸葡萄县的公路。在目前情势下，加快新滇藏公路建设而为西藏东部市县扩大开放营造便捷的贸易通道是最佳选择。

3. 中国西藏与不丹的互联互通展望

不丹是中国 14 个陆上邻国中唯一没有同中国建交的国家，也是除印度之外，没有同中国划定边界的陆上邻国之一。自古以来，不丹同中国西藏的政治经济文化联系十分密切。公元 7 世纪，不丹是附属于吐蕃的一个部落。雍正十二年（公元 1734 年），不丹首领接受了清政府册封，正式成为中国的藩属国。1947 年印度独立后，不丹在对外关系方面接受印度的指导。1959 年，因西藏发生叛乱，不丹中断了与中国西藏在政治、经济、文化上的官方交流，但民间经贸与宗教文化交流仍然存在。不丹的宗教文化、政治制度、经济贸易、教育医疗、风俗习惯都深刻地受到西藏的影响。不丹民族与藏族在种族血脉、文化基因方面的一致性促使不丹民族与藏民族在心理情感方面的认同。民心相通基础上的中不两国得以保持和平稳定的双边关系。近年来，随着不丹现代化进程的加快，与中国西藏的经济文化交流日益密切。"一带一路"倡议的实施为进一步改善中不关系提供了契机，在民心相通的基础上加强不丹与中国西藏的经济文化交流，将会进一步增进中不两国的政治互信和边贸发展，为妥善解决两国的边界问题、建立睦邻友好的伙伴关系创造有利条件。

（1）不丹与中国西藏的经济交流。

自古以来，西藏一直是不丹重要的贸易伙伴，双方在经济方面的交流也比较密切。历史文献中提到西藏与不丹的贸易地点主要有帕里、拉雅、瓦吉、龙纳、阔亭、萨布、参巴、拉康、多卡尔、贡拉、错那等。居于中国西藏一侧的与不丹经济贸易的口岸主要有亚东、帕里和拉康。

亚东地处西藏南部，是由喜马拉雅山脉南麓进入西藏的重要通道，有"西藏的咽喉"之称。1894 年，设亚东关，亚东成为转运和销售外国商品的市场。在 1959 年之前，西藏的进出口贸易有 80% 左右是通过亚东关实现的。帕里位于亚东县内，东临不丹，为西藏边境的货物转运城镇，西藏的大部分土特产集中在帕里外运。帕里主要进行的是边民之间的物物交换。拉康位于洛扎县境内，南面与不丹相邻，其贸易方式也是以物物交换为主，双方边民交换的物资主要有盐巴、大米、玉米、牛羊肉、水果等。

由以上3个边境口岸的贸易情况可以看出，在历史上，不丹与西藏的经济交流主要是双方边民之间的边境贸易，其交易方式主要是以日用必需品的物物交换为主，通过这种物物交换，双方互通有无，满足了双方日常生活的需要，也密切了双方的联系与情感交流，相互通婚又增强了双方的情感联系与文化交流。

当前，中不两国之间的边境贸易不断发展，不丹对中国商品有很大需求，但由于政策、交通、思想观念等方面的原因，当前两国之间的经济交流还存在不足。虽然我国在边境线开设了多个边贸点，主动同不丹加强经济交流，但是不方持消极态度，对过境商人实行严格控制。另外，由于存在偷越边境等问题，我国的边贸管控十分严格，需要履行复杂的程序，参与的经济主体非常有限，内地商人很难参与。

（2）"一带一路"背景下中国西藏与不丹经济、文化交流的现实基础。

《愿景与行动》明确提出，"一带一路"沿线各国的经济互补性较强，彼此合作以政策沟通、设施联通、贸易畅通、资金融通、民心相通为主要内容。2015年8月，中央第六次西藏工作座谈会召开，明确提出西藏要主动融入"一带一路"，构建面向南亚开放的重要通道。面向南亚开放的重要通道建设主要是为了推进西藏与尼泊尔、印度、不丹等南亚国家的经济贸易和旅游文化合作。目前来看，中国西藏同尼泊尔的边境贸易与文化合作推进得比较快，但是由于中印之间缺乏政治互信，印度对我国的"一带一路"倡议持抵制态度，与印度合作的难度较大。不丹与中国西藏的边境贸易与旅游文化合作虽然总量还不大，但合作的前景十分广阔。中国西藏与不丹经济文化交流的必要性和可能性都存在。

中不边境的亚东口岸被称为"西藏的咽喉"，是由喜马拉雅山脉南麓进入西藏的最重要的通道，也是建设面向南亚开放的重要通道的重要口岸。构建面向南亚开放的重要通道必须把亚东口岸的建设放在一个突出位置，不可避免地要加强与不丹的经济文化交流。

目前，中不两国尚未建立正式的外交关系，双方边界也存在小片争议区。今后与不丹的联系势必会更加紧密。利用实施"一带一路"倡议的契机，抓住面向南亚开放的重要通道建设的大好机遇，加强与不丹的经济文化交流，促进双方人员流动与旅游文化合作，有利于增进双方的政治互信，为解决双方的边界问题创造良好条件。

加强与不丹的经济文化交流，进一步改善双方的关系，可以减少不丹对印度的依赖，促使不丹在一些重大国际问题上采取支持中国的立场，扼制印度对不丹政治、经济方面的控制，可以为中国与南亚国家的合作提供更加广阔的空间与战略回旋的余地，扩大中国在南亚的影响力。

不丹与中国西藏有长期的密切的经济文化交流，有着共同的宗教文化与历史记忆，种族血脉相同，文化基因相同，促使双方民众情感上的亲近。建立在民心相通基础上的中不两国的经济文化交流具有现实的可能性，双方合作的前景十分广阔。

首先，中国西藏与不丹在经济交流上具有较强的互补性。西藏与不丹气候差异较大，各自有着不同的具有地方特色的物产种类。一般而言，传统上的双方交易是以西藏的盐巴、牛羊肉来换取不丹的大米、蔬菜、水果，这种交易互通有无，满足了双方的生活需要，也大大方便和提高了边民的生活。近年来，随着中国经济、科技的快速发展，西藏群众的生活水平也有了明显的提高，西藏边民的许多日用工业品都对不丹边民有很大的吸引力。许多中国的轻工业产品很受不丹人的欢迎，比如胶鞋、水壶、电子表、彩电、冰箱等。洛扎县的色乡隆东、边巴、拉康3地的边境物资交易会至今仍然十分繁荣，每次举办7天，高峰期的不丹客商多达五六百人。不丹生态环境良好，一些土特产品包括藏药原材料，我国需求明显，双方经济的互补性很强。毗邻的印度、缅甸和孟加拉国都是人口大国，市场需求非常庞大。随着边境的不断开放，边贸潜力不可估量。如果能进一步改善边境口岸的交通设施，与不丹的贸易量将会大大增加。

其次，共同的宗教文化和种族血脉已经成为不丹与中国西藏边民交流的情感纽带。西藏宗教文化对不丹的影响开始于公元7世纪松赞干布时期，至今已有将近1500年的历史。在这1000多年里，虽然不丹与中国西藏有过冲突与战争，但宗教文化的纽带一直维系着。特别是不丹与中国西藏形成的"子寺—母寺"的宗教关系模式促使不丹与中国西藏形成共同的民族文化认同，长期形成的不丹对中国西藏的宗藩关系又加深了不丹对中国西藏在心理上的依赖，双方长期的经贸往来又使双方边民的日常生活融为一体，长期亲密的经济、宗教、文化交流的共同历史记忆成为双方民心相通的情感纽带。不丹群众把中国西藏群众看作与自己种族相同、语言相通、宗教文化相同的同族人。今天，中国实施"一带一路"建设，倡导"和平合作、开放包容、互学互鉴、互利共赢"的"丝绸之路精神"，将会唤醒不丹与中国西藏亲密合作交流的共同历史记忆，将会加深双方的情感维系与经济文化交流。

建立在民心相通基础上的不丹与中国西藏的经济文化交流已经具备了坚实的民意基础和社会基础，双方具有良好的合作前景。

（3）"一带一路"背景下加强中国西藏与不丹经济文化交流的措施。

虽然目前不丹与中国尚未建交，中不两国关系发展中也存在印度带来的消极影响因素，但双方已经具备民心相通的社会基础，抓住实施"一带一路"倡议的良好机遇，采取切实有效的措施，将会为不丹与中国西藏的经济文化交流开创一个新局面。

在民间交往日益密切的基础上促进双方的高层互访，增强政治互信，加强政策沟通。虽然中不尚未建立正式的外交关系，但双方高层仍然保持友好交往，在一些重大的国际问题上，不丹往往采取支持中国的立场。如1971年，不丹支持中国恢复在联合国的合法席位，后来又多次在联合国大会上支持中国挫败反华、涉台提案。自1979年以来，双方领导人每年均互致国庆贺电。1994年以来，双方高层互访也逐渐增多。在2015年8月23日至26日举行的双方第23轮边界会谈中，中国外交部副部长刘振民表示，中方高度重视与不丹的传统友好关系，愿与不方共同努力，推动两国各领域交流合作，欢迎不丹积极参与"一带一路"倡议和亚洲基础设施投资银行，携手共谋发展。不丹领导人表示，不中两国虽尚未正式建交，但两国关系友好，双边交流合作日益密切，在国际场合相互理解、相互支持，堪称大小国家和睦相处的典范。不丹政府坚持一个中国政策，致力于深化与中国的交流与合作。中国应在双方不断增加政治互信的基础上加强政策沟通，使不丹积极支持参与中国"一带一路"的倡议，实现双方发展战略的对接。

构建"中尼印不经济走廊"，实现中不两国的设施联通。我们认为，构建"中尼印不经济走廊"已经具备了现实的可操作性。目前西藏通往尼泊尔的公路拉萨—日喀则—吉隆—加德满都和通往不丹的公路拉萨—日喀则—亚东—廷布都是畅通的，拉萨—日喀则的铁路已经于2014年通车。

如果能进一步修建日喀则—吉隆、日喀则—亚东的铁路,对中尼、中不经贸的发展将发挥重大促进作用。目前,中不两国边境贸易通道的交通设施还十分落后,亚东作为传统的通商口岸,交通设施条件较好。但是帕里镇以及洛扎县的色乡隆东、边巴、拉康等边贸交易点通往不丹的山口还不通公路,其货物交易主要靠畜力驮运和人工背负,大大限制了交易量的扩大,已经不能满足双方边民交易的需要。在加快建设亚东口岸的同时,还要大力加强与不丹之间的边境通道和边贸市场的交通设施建设,提高与不丹的基础设施的互联互通水平。

积极开展同不丹的旅游文化合作。不丹以独特的旅游文化资源吸引着大量的中国游客。出于保护自然生态的考虑和基础设施落后的限制,不丹采取了"高值低量"的旅游产业政策,对入境不丹游客的类型和数量实施宏观调控。虽然不丹吸收中国游客数量有限,但中国对入境的不丹游客的数量却没有限制。中国西藏的旅游市场对不丹游客的吸引力很大,许多不丹人也有到西藏旅游朝圣的愿望。为便利印度香客赴中国西藏神山、圣湖朝圣,我国于2014年向印度增开了乃堆拉山口的朝圣路线。宗教文化旅游也是加强不丹与中国西藏联系的一个重要途径,我们可以对不丹旅客采取更加优惠的政策,为不丹旅客入境旅游提供方便。

继续扩大双方的边境贸易。边境贸易是实现民心相通的重要途径。目前,不丹与中国西藏的边境贸易额不断扩大,但边贸市场还不规范。边贸交易商品品种单一,多数属于低档的轻工产品,甚至有一些假冒伪劣产品,势必制约双方边贸的健康发展。西藏要发挥地缘优势、区位优势和资源优势,发挥沟通内地的大通道作用,尽快制定出西藏自治区边民互市贸易商品种类清单,发展特色贸易产品,逐步扩大高新技术、高附加值产品的出口比例和贸易规模。通过扩大边境贸易,进一步密切双方的经济交流,巩固传统友谊,增强政治互信。

大力开展双方的学术文化交流。《愿景与行动》中提出,要"广泛开展文化交流、学术往来、人才交流合作、媒体合作、青年和妇女交往、志愿者服务;扩大相互间留学生规模,开展合作办学;互办文化年、艺术节、电影节、电视周和图书展等活动"。不丹与中国在这些方面都存在广泛的合作领域,特别是学术交流方面,双方合作的潜力很大。不丹与中国有长期密切的政治、经济、文化交流,但不丹由于长期战乱,档案资料缺损严重。相反,西藏则有一套完善的档案管理制度,档案保存比较完整。

在文献资料共享的基础上，加强不丹与中国西藏的学术交流，对不丹与中国西藏关系史的研究特别是对双方近现代史的研究有重大的推动作用。近年来，中不在文化、教育等领域的交往取得较大发展。2005年4月，中国文化部部长助理丁伟率中国艺术团首次赴不丹演出获得成功。2009年8月，不丹内政与文化大臣明朱尔·多尔吉来华出席在内蒙古鄂尔多斯举行的"亚洲文化部长圆桌会议"。2010年9月，不丹松珠活佛赴西藏自治区朝圣。2010年11月，不丹亲王、不丹奥委会主席吉格耶尔·乌金·旺楚克赴广州出席第十六届亚洲运动会开幕式。近年来，不丹公主德禅·旺姆·旺楚克先后赴西藏自治区和五台山朝佛。我国文化部也数次组织中国艺术团赴不丹首都廷布举行访演。另外，不丹与中国在留学生和青年交流、艺术团体交流、媒体合作等方面也存在良好的合作前景。2017年中国新疆艺术团在不丹首都廷布演出现场见图43。

图43　2017年中国新疆艺术团在不丹首都廷布演出现场

加强不丹与中国西藏的宗教文化交流。不丹与中国西藏的宗教文化交流源远流长，经过1300多年的发展，不丹的竹巴噶举派深深地扎根于不丹民族文化之中，成为不丹国民精神的一部分，宗教作为社会的凝聚剂这一功能在不丹发挥得淋漓尽致。藏传佛教在不丹国家认同建构中发挥着十分重要的作用。竹巴噶举派的主寺热龙寺就在西藏江孜县的热龙乡，不丹僧人也有到热龙寺朝拜学习的传统。此外，西藏的一些神山、圣水也是不丹民众内心向往的朝拜圣地。在当今新的历史条件下，加强不丹与中国西藏的宗教文化交流对巩固不丹与中国西藏的传统友谊、加深双方群众的宗教情感认同、促进双方民心相通具有重大意义。江孜热龙寺的藏戏表演现场见图44。

图44　江孜热龙寺的藏戏表演现场

4. 中国西藏与印度的互联互通

2017年5月14日至15日，"一带一路"国际合作高峰论坛在北京召开，世界130多个国家和70多个国际组织的领导人和约850名代表参加了会议，但是印度作为亚洲的大国，莫迪政府却缺席了此次会议。印度政府的缺席引起世界各国包括印度国内各界的激烈评论。印度的决策既有其深刻现实政治考量，也有其深厚的传统地缘政治理论的影子。

（1）印度媒体及部分学者、政界人士对"一带一路"倡议的认知与评价。

其实印度政府的态度并不奇怪，一直以来，印度对"一带一路"倡议持保留态度，社会各界持有不同的观点。比较理性的一些人认为，"一带一路"倡议是能为印度带来发展机遇、促使印度经济快速发展的好机会。印度著名媒体人、中印关系专家尚卡尔·杰哈认为,中印两国正面临着一个世纪性的机遇,这一机遇不但会促进两国的发展,同时也会减少导致世界不稳定的因素。他还指出,中国和印度的互补性非常明显,两国合作的框架已经存在,这个框架正是"一带一路"倡议。① 这是印度媒体表示支持印度参与"一带一路"的典型观点。

与此同时,莫迪政府缺席此次峰会也引来了相当数量的尖锐批评意见。2017 年 5 月 17 日,《参考消息》刊文指出,印度缺席"一带一路"论坛是莫迪政府犯下的"巨大错误"。②

卡内基印度中心主任拉贾·莫汉解释,一方面,印度是因领土主权矛盾而缺席,巴基斯坦控制的克什米尔地区正好是中巴经济走廊的一部分,新德里表示强烈反对;另一方面,印度此举是对中国与巴基斯坦之间日益升温的伙伴关系不满。③ 印度认为"中巴经济走廊"这个取名是中国间接承认该争议地区属于巴基斯坦。拉贾·莫汉在"一带一路"的文章中强调中印在这一领域存在尖锐的地缘政治竞争,即中国、印度相互争夺对南亚中小国家的影响。④ 印度观察家库卡尔尼认为,印度不参加"一带一路"峰会是在孤立自己,印度完全可以与其他有顾虑、担忧的与会者一样直接去北京表明自己的主张。⑤《印度斯坦时报》强调,美国、韩国、日本这几个与中国关系不和睦的国家也派出了代表团,像菲律宾、越南这些与中国有领土主权争议的国家也派出了元首级人物参加。⑥

尚卡尔·杰哈进一步指出,印度对"一带一路"意图的质疑以及担

---

① 参见刘洋《印度缺席一带一路论坛,印媒批莫迪犯"巨大错误"》,载《参考消息》2017 年 5 月 17 日。
② 参见刘洋《印度缺席一带一路论坛,印媒批莫迪犯"巨大错误"》,载《参考消息》2017 年 5 月 17 日。
③ 参见四川大学南亚研究所《印度因领土主权问题缺席"一带一路"论坛》,载《联合早报》2017 年 5 月 14 日。
④ 参见毛四维《印度为何不参加"一带一路"?一个权威回答》,载《凤凰国际智库》2017 年 5 月 10 日。
⑤ 参见刘洋《印度缺席一带一路论坛,印媒批莫迪犯"巨大错误"》,载《参考消息》2017 年 5 月 17 日。
⑥ 参见刘洋《印度缺席一带一路论坛,印媒批莫迪犯"巨大错误"》,载《参考消息》2017 年 5 月 17 日。

忧"一带一路"威胁自己在"印度洋"主导战略的地位太过于"以印度自己为中心"。①也有一些媒体和部分学者认为,"一带一路"倡议投入成本高,担心投入与产出不符;质疑"一带一路"倡议的真实企图,担心本国的核心主权利益,大国独立外交受到影响。从地缘政治角度分析,印度担忧中国"一带一路"倡议会促使中国更大程度地进入印度的南亚"后院"。这些评论点出了印度政府态度背后的传统地缘政治与冷战思维的病根所在。

(2) 传统地缘政治学观念及英国人的遗产与尼赫鲁的梦境。

传统地缘政治学的思想可以追随到亚里士多德、斯特拉博、博丹、孟德斯鸠、康德和黑格尔等,但地缘政治学的创立者是弗德里希·拉采尔、鲁道夫·契伦、阿尔弗莱德·马汉、哈尔福德·麦金德。②传统地缘政治学起源之时正是西方社会达尔文主义盛行的时期。"物竞天择,适者生存"的生物规律被广泛应用于社会领域。他们的著作都反映出了处于上升时期的资本主义对领土扩张的强烈需求以及打造海外帝国的大战略。

拉采尔被称为"地缘政治学的鼻祖",他提出的国家有机体理论认为"所谓生存竞争即争夺空间的竞争"③。契伦被称为"地缘政治学之父",他继承了拉采尔的国家有机体学说和生存空间理论,认为小国必定要臣服于大国,组成更大的国家。拉采尔和契伦的理论对德国地缘政治学发展起了重要作用。麦金德提出了"心脏地带"理论,英国人的全球战略受到此理论启发。杜黑提出了"制空权",他认为制空权的获得是取胜的关键。斯皮克曼强调边缘地带的重要性,认为控制边缘地带者统治欧亚大陆,统治欧亚大陆者控制世界。④

19世纪末,科学技术的不断进步、海路交通的发展又进一步扩展了地缘政治学者的研究视野,由于资本主义进入帝国主义阶段,部分地缘政治学者代表本国利益,以国为单位,彼此借鉴,希望对本国的对外扩张与

---

① 参见毛悦《从印度对"一带一路"的认知与反应看印度外交思维模式》,载《国际论坛》2017年第1期。

② 参见寇琳《试析印度因素对中国和尼泊尔关系的影响》,云南大学硕士论文,2016年。

③ 这句话是拉采尔得意的门生之一、美国的人文地理学者爱伦·丘吉尔·森普尔(Ellen Churchill Semple, 1863—1932)的名言,足以代表拉采尔的思想。

④ 参见丁力《地缘大战略:中国的地缘政治环境及其战略选择》,山西人民出版社2009年版。

争霸有所贡献。国际问题著名专家苏浩将传统地缘政治学理论的特点归纳为扩张性、二元性（海权论与陆权论）、对抗性（海权与路权的对抗）、霸权性，认为传统地缘政治理论是一种鼓吹扩张、对抗和挣脱的学说。①

如上所述，这种地缘政治理论长期以来作为英印政府认识国际战略格局和制定国家外交政策的理论基础和工具。在麦金德的"心脏地带说"和当时的国际战略背景影响下，发生了英国和俄国围绕中国西藏的争夺，引发了1888年和1904年英国两次侵藏的战争。1849年，英国征服印度后，印度就成为大英帝国向亚洲侵略的战略基地。大英帝国战略家们提出了"拱卫印度安全"的"三个缓冲区、两个同心圆和一个内湖"的战略思想，以确保英国在南亚长时期地榨取最大限度的经济利益。② 当时受英国侵略影响的西藏便是缓冲区之一，其目的是保证印度不受中国"威胁"。

印度从1947年独立以后，某种程度上继承了英国的这种地缘政治战略思想。正如尼赫鲁早在1934年的自传中写道，"对于未来的远景，他认为将来会建立一个联邦，其中包括中国西藏、印度、缅甸、锡金、阿富汗和其他国家"。后来他又在《印度的发现》一书中修正，把他的"大印度联邦"定格在印度洋地区、东南亚和中亚西亚，而印度必将成为该地区的政治经济中心。③ 1947年印度独立后，尼赫鲁便开始实践他的"大印度联邦"构想。1947年3月，悬挂在尼赫鲁政府会场上的亚洲地图将西藏置于中国版图之外；同年5月，尼赫鲁临时政府向西藏提出"继承并保持英国在西藏的特权和利益"。1949年中华人民共和国成立后，尼赫鲁政府阻止西藏去北京商谈和平解放问题，还试图阻碍解放军进藏。1951年2月，印度军队乘朝鲜战争之机出兵侵占了中国西藏达旺地区。1954年10月，尼赫鲁访华甫归，一条非法的"麦克马洪线"出现在印度官方地图上，迫使中国接受这一事实。1958年12月，尼赫鲁给周恩来写信表示这些土地（中国地图表明属于中国）只能属于印度，没有争端，甚至支持西藏农奴主叛乱，否认中国对西藏的主权。

---

① 参见苏浩《地缘重心与世界政治的支点》，载《现代国际关系》2004年第4期。
② 参见牛治富《论英国第二次侵藏战争爆发的地缘政治因素及其在当今的影响》，载《西藏民族学院学报（哲学社会科学版）》2005年第1期。
③ 参见尼赫鲁《印度的发现》，齐文译，世界知识出版社1956年版。

中国的平叛胜利使尼赫鲁划西藏为印度战略缓冲区的梦想成为泡影。但"大印度联邦"构想促使他仍然向中国提出,把西藏有争议的12.5万平方千米土地划为印度领土,这一行为导致中印关系恶化。尼赫鲁完全拒绝了中国政府防止边界冲突的各项建议,一意孤行地执行"前进政策"①,继续侵占中国领土,促使1962年10月中印边界战争爆发。

从20世纪50年代至今,印度对中国的战略行动中都可以看到尼赫鲁的梦境印记,也为我们认识今天印度的态度提供了很好的参照系。英国殖民主义留下的地缘政治战略思想对当代的印度处理与中国关系以及应对"一带一路"倡议产生了重要的影响,这次印度政府对待"一带一路"国际合作高峰论坛的态度只不过是最新的例证罢了。印度媒体有文章报道中称印度欲打"西藏牌"向中国施压。② 中印两国在以下几个问题上有分歧:第一,边界问题争端;第二,中国反对印度加入核武器集团;第三,中国在中巴经济走廊框架之下在巴基斯坦占领的克什米尔地区活动频繁,印度对此表示关切;第四,中国一直在反对印度将"穆罕默德"头目马苏德·爱资哈尔列入联合国安理会制裁名单的申请。针对中国提出的"一带一路"倡议,印度一直担忧中国对自己在南亚地区和印度洋地区的地位有所影响,对"一带一路"倡议存在一定程度的误解与质疑。仔细分析,其他论调只不过是寻找借口罢了,真正的原因如上所述,是印度自身束缚在传统地缘政治思维窠臼中不能自拔的自然反映。这才是莫迪政府缺席此次峰会的真正症结所在。

(3)中印经济往来的丰厚现实与传统地缘观念的冲突。

冷战结束后,随着新工业革命的到来,世界科学技术、经济水平等都有了前所未有的发展,国际地缘政治格局也发生了不可逆转的变化,国际多极化格局正在形成。喜马拉雅山脉地区作为重要的地缘战略区域,已不再是阻碍中国与南亚各国间的区域和次区域合作的因素。

印度作为南亚的大国,也具有重大地缘政治价值。正如布热津斯基在《战略远见》一书中所论述的,亚洲地缘政治有两个相互重叠的"三角形",印度是其中的一个重要单元。中国—印度—巴基斯坦,中国—日本

---

① 参见代泽华《印度的"前进政策"与中印边界战争——一种认知理论的视角》,载《理论界》2011年第5期。

② 参见张彦《印度欲打"西藏牌"向中国施压》,载《参考消息》2017年4月5日。

—朝鲜半岛—东南亚在这两个三角形中发挥支撑作用。中国与印度两个国家之间存在亚洲首席地位的争夺。中国、印度属于世界新兴格局的一部分,但在政治上,两国之间缺乏信任,互相防范。① 布热津斯基的三角形论有一定道理,印度和中国作为亚洲的两个大国,从地缘政治角度来说是存在地缘竞争的,但是在新形势下,更多的是相互依存与合作。虽然两国存在边境问题,但是在经济全球化大背景下,中国与印度的经济往来表现是传统地缘政治观念所不能容纳和解释的。

中国是印度主要的贸易伙伴,两国原材料和世界市场上的竞争非常激烈。两国以印度的软件产业与中国的硬件产业的互补性为基础,经济关系很密切。下面我们通过近几年中印之间在经济上的往来数据以及在科技支持交流方面的事实案例来说明这一点。如智能手机产业(2015 年印度手机市场第一季度份额:"O、V 联米围剿三星"见表 3)、太阳能产业(2016 年 4 月—2017 年 1 月印度太阳能进口数据见表 4)等。

表 3　2015 年印度手机市场第一季度份额:"O、V 联米围剿三星"

市场排名	品牌	销量(万台)	占印度市场比例	同比增长
1	三星	600	22%	—
2	小米	400	14%	3%
3	VIVO	260	9%	36%
4	联想	300	10%	—
5	OPPO	—	—	—

根据南亚网(http://keji.nanya.net.cn/technology/2017 - 04 - 30/content - 5950.html)整理

根据表 3 数据分析,韩国的三星排名第一,中国的小米市场份额仅次于三星,排名第二,VIVO 达到 36% 的增长速度排名第三,OPPO 排名第五。我们可以计算出小米、VIVO、联想三者的份额已经超过了 33%,加上 OPPO,中国品牌的份额极有可能超过 40%,占据印度手机

---

① 参见李哲夫《亚洲地缘政治的两个"三角形"》,载《南风窗》2016 年第 9 期。

市场的半壁江山。① 由于印度人口数量仅次于中国且印度智能手机处于普及阶段，因此市场非常广阔。在印度深受欢迎的中国企业——小米公司的活动现场见图45。

表4　2016年4月—2017年1月印度太阳能进口数据

名　　称	金额（亿美元）
印度太阳能进口额	21.7
印度太阳能出口额	0.6
中国太阳能占印度进口额	19

数据来源：2017年4月30日印度《经济时报》

图45　在印度深受欢迎的中国企业——小米公司的活动现场

根据表4数据分析，2016年4月到2017年1月，中国出口到印度的太阳能设备占据了87%的市场份额。经过探究，中国太阳能设备在印度受到青睐的主要原因是印度不生产多晶硅以及缺乏规模经济效应，中国太阳能的价格比印度本土厂商的价格低10%～20%。②

---

① 参见中华人民共和国驻印度经商参处《第一部印度制造的小米手机诞生》，http://in.mofcom.gov.cn/article/jmxw/201508/20150801076375.shtml，2015年8月10日。
② 参见中华人民共和国驻印度经商参处《中国成为印度最大的太阳能设备出口国》，http://in.mofcom.gov.cn/article/jmxw/201705/20170502568067.shtml，2017年5月2日。

2011年，阿里UC浏览器进入印度市场，现在已经成为印度市场份额第一的移动浏览器。阿里等企业也开始在印度培养自己的提供商和自媒体人，同时阿里在印度和印尼市场投入2亿人民币，扶持当地自媒体生态圈的发展。① 根据2017年3月8日《日本经济新闻》，中国阿里巴巴等集团向印度One97通讯旗下从事电商业务的子公司继续增加投资2亿美元，将全面开发持续扩大的印度电商市场。② 再如，信息技术方面。2017年4月21日，在云南昆明召开了中国移动面向南亚、东南亚辐射中心——国际信息通信枢纽发展论坛会议。在这个项目建设中，中国移动面向"一带一路"，强化网络国际化布局，旨在围绕相关领域展开探讨，通过加强与周边国家在各个领域的交流合作，提高"一带一路"建设中信息网络的互联互通和共建共享。2017年5月1日，有报道称，中国帮助印度做好身份证统一技术，文章写到在印度"生物身份识别系统"的5年建设期间，中国长期参与，为其提供核心技术支持。

根据以上资料，可以得出两个方面的认识。首先，可以看出中印两国在这些重要的现代科技产业——太阳能产业、智能手机产业诸多方面都有密切的联系，并且中国在印度的这些领域占据了一定的市场，甚至未来还有更好的发展趋势。在经济全球化的背景下，科学技术的发展占据经济竞争的重要地位，已不再是传统地缘环境所影响的本地区产业能阻碍的。这些与经济往来都是无法切断的，所以从经济角度来看，印度应坚定地抛弃地缘政治思维，以促进双方的经济发展。其次，从电子商务、信息技术案例可以看出，随着网络信息化的发展，传统的经济贸易模式有了新的发展。这些互联网信息技术的交流发展在中印两国的交往中具有非常重要的作用，这是传统地缘政治所解释不了的，应该用新的思维和理论来认识与思考，而中国提出的"一带一路"倡议就包含了这种新思维。

（4）"一带一路"倡议的精神内涵及其对中印未来发展的启示。

习近平于2017年5月14日在"一带一路"国际合作高峰论坛开幕式上指出，"我们推进'一带一路'建设不会重复地缘博弈的老套路，而讲

---

① 参见何星宇、薛媛《印度成中国互联网公司出海首选地内容或是下一个风口》，国际在线，http://www.010lm.com/roll/2017/0317/5213813.html，2017年3月18日。

② 参见《阿里巴巴向印度电商企业追投2亿美元》，南亚网，http://keji.nanya.net.cn/technology/2017-03-09/content-4864.html，2017年3月5日。

开创合作共赢的新模式;不会形成破坏稳定的小团体,而将建设和谐共存的大家庭"。① 习近平在讲话中完整地阐述了"一带一路"倡议的内涵——和平合作、开放包容、互学互鉴、互利共赢。他进一步指出,对于大多数亚洲国家来说,发展是解决地区问题的"总钥匙"。以亚洲地区的大国中国和印度来看,这应该是中印两国发展的根本指导原则。

  习近平的这些论述是基于中国的基本地理环境特点和中国地缘心理的传统和历史延续性的。中国从来都是以维护世界和平为主题来进行外交政策的,从来没有企图成为某一地区或世界的霸权国家。中国强调大国作用以及独立与主权,对外部世界表现出明显的保守态度和强烈的反霸倾向。② 中国"一带一路"的倡议不是地缘政治的工具,更不是西方传统的地缘政治学理论的体现和延伸,而是21世纪经济全球化的新型国际关系,是践行亚洲集体安全观、打造人类命运共同体的新尝试。印度应该认识中国的外交理念以及重新考量新形势下中印两国之间关于"一带一路"倡议的合作与交往。

  印度第17任总理辛格表示,印度和中国之间犹如"龟兔赛跑",认为现在的中国是"兔子",印度是"乌龟","但千年乌龟十年兔",最终谁跑得远还要进一步看。这是印度的雄心,值得赞扬,印度有成为大国的潜力。我们始终认为,中国和印度的关系要避免"修昔底德陷阱",要能够跨越各种地缘政治障碍,不应该让历史遗留的边界问题阻碍现实发展,应该用现实问题去解决历史遗留问题。

  印度应清醒地认识否定"一带一路"倡议可能会带给它的影响。

  第一,拒绝参与"一带一路"不等于印度占据南亚国家后院,拒绝"一带一路"倡议只会错失共同发展的机遇,甚至错失国家综合实力增长的机会。在南亚地区的经济贸易和安全中,印度具有独一无二的地位和作用。根据麦金德的心脏理论学说,印度处于心脏地带,在地缘上占据优势。但是在科技快速发展的今天,地缘地理上的区位优势已经不是决定成为南亚地区主要大国的主要因素。只有奋发图强,缩小差距,才能应对目

---

① 习近平:《携手推进"一带一路"建设——在"一带一路"国际合作高峰论坛开幕式上的演讲》(2017年5月14日,北京),新华网,http://news.xinhuanet.com/politics/2017-05/14/c_1120969677.htm,2017年5月14日。

② 参见刘从德《地缘政治学导论》,中国人民大学出版社2016年版。

前亚洲经济蓬勃发展的新形势。

第二,拒绝"一带一路"倡议会疏远印度与南亚其他各国家的关系。南亚国家中,孟加拉国、斯里兰卡、马尔代夫和巴基斯坦早已加入"一带一路"的建设队伍,2015年,尼泊尔就曾宣布加入"一带一路",阿富汗各界对"一带一路"态度积极。在这样的环境下,如果印度选择置身事外,长此以往,会形成相对孤立的状态,在经济贸易上失去了与南亚各国更大程度的交流合作机会。同时也应该看到,"一带一路"建设的进程不会因为印度的消极态度而受影响。

第三,中印都应以新的思维来看待"一带一路"倡议背景下中印两国的合作。印度既想在经济上获得帮助,同时在政治上又保持强烈的防范心理。对于"一带一路"倡议,中印双方可以保留各自的认识。由此我们也可以进一步思考与设想,中国与印度两个亚洲大国在"一带一路"背景下的合作,可以从具体项目或细节入手,开展合作来促进经济增长,获得共同发展。①

(5)实现中印两国和平相处应有的信心和应坚持的原则。

从以上论述中,我们可以得到一些基本的结论,那就是中印两国同为世界文明古国,两国有着悠久的文明和互学互鉴的历史传统,在几千年的文明交往中,相互学习借鉴、友好和平交往是主流。近代以来,双方都有相似的历史遭遇,当前都共同面临着振兴民族经济、改善民众生活、实现现代化的共同任务。也就是说,两国的根本任务相似,由此我们相信,中印两国的和平相处是可以实现的,亚洲也可以实现"龙象共舞"。

在此基础上,我们也要明确地认识到,中印两国在中国"一带一路"倡议的实施中尽管有许多不一致的认知甚至疑虑,但这不是不可跨越的障碍,这不是哪一方的意愿使然,而是当今世界国际大势、国际格局变化的必然,其中不乏中国不断倡议和坚持的基本认识与原则。

第一,在21世纪和平与发展的国际社会大背景下,中印两国和平共处、共同发展是人类社会发展趋势的必然。中国外交部部长王毅提出中印双方应认真落实两国领导人共识,确保中印关系健康稳定向前发展。确保中印关系不脱轨、不对抗、不失控是处理中印关系的重要原则和方法。今

---

① 参见林民旺《印度对"一带一路"的认知及中国的政策选择》,载《世界经济与政治》2015年第5期。

后的中印关系，如双方能严格地按照此原则冷静处理，中印和平友好、合作共赢的良好愿景是可以实现的。

第二，中国提出"一带一路"倡议及面向南亚开放重要通道的建设，是符合和平发展时代背景下经济全球化趋势的，是任何国家和民族在当今时代发展不可回避的康庄大道。除此之外，很难找到其他更适合的路。"五通"建设就是一条具体的道路，走这条路应当切实践行共建、共商、共享的原则。

第三，中印两国是事实上的具有共同利益的亚洲命运共同体。我们必须要广泛宣传，加强民心相通，切实有效地形成舆论基础和共识，更好地形成有益于两国和平发展的国际环境。

第四，中印在具体的实践中，应加强战略沟通，增加战略互信，消除战略疑虑，开展战略合作，双方应视对方为机遇而不是挑战，是伙伴而不是对手。双方要切实将这些重要判断落到实处，形成更广泛的共识，变为更具体的举措，不断扩大双边关系的积极面，不断积累两国交往的正能量。

第五，对于中国西藏来说，应服从国家战略布局，维护边境地区的安全和稳定，妥善处理好西藏的稳定和发展关系，积极主动地对外开放与开展合作，紧抓"一带一路"和面向南亚开放的重要通道建设的机遇，加强和印度、尼泊尔、不丹等南亚国家的经贸往来，利用相近的宗教、文化和旅游资源加强交流，实现西藏的又一次跨越式发展和新一轮的对外开放。

说明：

《西藏"一带一路"的历史基础与现实任务》是课题"西藏在'一带一路'战略格局中的功能定位与任务研究"的阶段性成果。其中，牛治富教授撰写了主要部分，崔海亮副教授撰写了第四部分中的第3节——中国西藏与不丹互联互通展望；研究生任丽萍参与了第四部分第2节——西藏融入孟中印缅经济走廊的可能性、第4节——中国西藏与印度的互联互通两部分的撰写；王东红副教授撰写了第三部分第2节——西藏在中尼经济走廊建设中的地位和任务；刘星君研究实习员改写并更新了2017年以来的最新数据；王东红做了第一次统稿，刘星君参与了第二次统稿。